# Introducción a la mitología griega

Carlos García Gual

# Introducción a la mitología griega

Primera edición: 1992
Tercera edición: 2013
Novena reimpresión: noviembre 2025

Diseño de colección: Estrada Design
Diseño de cubierta: Manuel Estrada

Ilustración de cubierta: Fondo de kílix ático: Minotauro corriendo
© Album / Universal Images Group / Werner Forman
Selección de imagen: Carlos Caranci Sáez.

Reservados todos los derechos. El contenido de esta obra está protegido por la Ley, que establece penas de prisión y/o multas, además de las correspondientes indemnizaciones por daños y perjuicios, para quienes reprodujeren, plagiaren, distribuyeren o comunicaren públicamente, en todo o en parte, una obra literaria, artística o científica, o su transformación, interpretación o ejecución artística fijada en cualquier tipo de soporte o comunicada a través de cualquier medio, sin la preceptiva autorización.

© Carlos García Gual
© Alianza Editorial, S. A., Madrid, 1992, 2025
  Calle Valentín Beato, 21
  28037 Madrid
  www.alianzaeditorial.es

PAPEL DE FIBRA
CERTIFICADA

ISBN: 978-84-206-7544-2
Depósito legal: M. 7.892-2013
Printed in Spain

# Índice

9 A modo de prólogo

**Primera parte: Definiciones**
15  1. Propuesta de definición del término *mito*
36  2. La tradición mitológica. Cómo fue en Grecia

**Segunda parte: Figuras y motivos**
55  1. Mitología y tradición poética
69  2. Mitología como sistema y conglomerado
79  3. La familia olímpica
86  4. La *Teogonía:* esquema general y temas principales
99  5. El mito de Prometeo
111  6. El mito de las edades
115  7. Los doce dioses
164  8. Divinidades menores
170  9. Los héroes griegos
178  10. Héroes más famosos

**Tercera parte: Interpretaciones**
195  1. Interpretaciones de los mitos: el alegorismo y el evemerismo
216  2. La mitología clásica en el Renacimiento
239  3. La perspectiva romántica sobre el mito
257  4. La mitología comparada en sus comienzos

278   5. La interpretación de los mitos en el siglo XX
307   6. Estudios recientes sobre mitología clásica (1984-2004)

337   Apéndice. Algunos textos para una reflexión

361   Notas

389   Bibliografía sobre mitología (1984-2004)

# A modo de prólogo

Tan sólo unas cuantas líneas para indicar lo que este libro quiere ser y lo que no. Por lo pronto, indicaré de antemano que no es ni pretende ser un repertorio mítico ni un manual de mitología. Tampoco una divagación literaria acerca de los atractivos de los mitos griegos y su proyección artística. No voy a recomendar esos relatos que se recomiendan a sí mismos. Simplemente pretendo facilitar la perspectiva de su estudio y ofrecer algunas reflexiones previas a su lectura o relectura.

Somos ya sólo lectores descreídos de esos fascinantes relatos. Penetramos en ese mundo imaginario de la mitología, un entramado quimérico y fantasmagórico, a través de los textos más o menos clásicos, pero siempre antiguos, y de algunas imágenes del arte griego o romano. A través de los poetas y mitógrafos escuchamos la lejana melodía. Incluso en otra lengua, en traducciones y en alusiones truncadas, percibimos su poesía y su extraordinaria seducción y, acaso, algo de la antigua religiosidad ligada a los personajes divinos y heroicos que los animan. Estas páginas son tan sólo una invitación a frecuentar esos antiguos relatos. Una introducción a ese mundo dramático y memorable, basada en algunas reflexiones y múltiples lecturas.

Queda así el libro conformado en tres partes: sentidos del mito, principales temas y personajes de la mitología griega e interpretaciones de esos mitos y esa mitología. Como decía, estos apuntes surgen de numerosas lecturas, y he querido aludir a todas ellas. De ahí que ofrezca muchas referencias puntuales a libros y artículos. Esas referencias no tienen nunca un propósito erudito. Podría haberlas multiplicado fácilmente. Tan sólo he señalado aquellos libros o ensayos que me han parecido atractivos o pertinentes, a riesgo de ser subjetivo e incompleto. Espero haber indicado con precisión las direcciones más sugerentes de los estudios mitológicos actuales.

He pretendido exponer los problemas y cuestiones con la mayor sencillez y claridad. Sigo el consejo de J. L. Borges: «No debemos buscar la confusión ya que propendemos fácilmente a ella». Y en este terreno de los estudios sobre mitología no faltan los comentadores confusos. No sé si habré logrado evitar la oscuridad, pero lo he intentado una y otra vez.

Esta edición amplía notablemente con dos nuevos capítulos la *Introducción a la mitología griega*. El primero de ellos trata de los enfoques sobre el mito en una etapa fundamental de la modernidad europea: el Romanticismo. Las aportaciones de los pensadores y los poetas de esa época renovaron a fondo las perspectivas teóricas sobre el sentido más hondo de los mitos y su vivaz función poética, y convenía recordarlos en un justo homenaje. (Para las notas puntuales sobre esa época he acudido a algunos bien informados y agudos estudios de estos años que cito con agradecimiento y puntualidad.) El otro capítulo añadido intenta ofrecer una puesta al día de los enfoques más recientes con la bibliografía oportuna, ya que no exhaustiva. Las citas incorporadas quieren ser, ante todo, sugerencias. Recuerdan, de un lado, que la tradición mitológica perdura también, como es muy sabido, en espléndidos reflejos, poéticos y polícromos, en las artes plásticas; y, de otro, que ideas sobre los mitos y teorías sobre su sentido y función se encuentran en muy decisivos pensadores y poetas de diversas épocas desde los griegos hasta nuestros días. Me gustaría que los lectores vieran así las citas diseminadas en estas páginas: como unas cuantas sugerencias para abrir ventanas de luz y airosos puntos de fuga en la lectura de estos prosaicos apuntes.

Madrid, julio de 2006

# Primera parte
# Definiciones

# 1. Propuesta de definición del término *mito*

La palabra «mito», que tiene un tufillo de cultismo y una amplia vaguedad en su significado, ha logrado estos años una notable difusión. Se habla de «el mito de la masculinidad», «el mito de la unidad árabe», o se dictamina que «el instinto maternal es sólo un mito necesario». La calificación de una idea, una teoría o incluso una determinada figura como «un mito» expresa una cierta valoración, no siempre negativa. Hay un perfume llamado «mito» y la palabra aparece referida también a cierto automóvil como un elogio superlativo. No es tan sólo en el uso coloquial y periodístico donde aparece el término cargado de connotaciones varias. Hace ya tiempo E. Cassirer tituló un espléndido libro *El mito del Estado;* hace años Octavio Paz escribió que «el modernismo es un mito vacío», y J. Gil de Biedma, refiriéndose a su niñez, confesaba en un poema que «De mi pequeño reino afortunado / me quedó esta costumbre de calor / y una imposible propensión al mito».

No sirve de mucho acudir al *Diccionario de la Real Academia*. (Sirve tan sólo para advertir qué anticuada ha quedado la definición allí propuesta.) Porque definir *mito* como «fábula, ficción alegórica, especialmente en materia religiosa» es remitir a una acepción arqueológica, un tanto dieciochesca, válida tan sólo para ilustrados y retóricos de hace más de dos siglos. (Esa definición ya estaba anticuada cuando la Academia decidió recoger la palabra en su Diccionario, en su edición de 1884, hace algo más de cien años.) La mención del término «fábula» remite a un vocablo latino utilizado para traducir el griego *mýthos;* pero hoy «fábula» en un sentido tan genérico resulta un latinismo. Que el mito sea una «ficción alegórica» es el resultado de una visión «ilustrada» y «racionalista», una concepción muy antigua y de larga persistencia, pero hoy totalmente arrumbada y en desuso.

Para explicarnos el amplio uso del término en la actualidad podemos pensar en sus atractivas connotaciones y en su imprecisa denotación. A lo que aparece como fabuloso, extraordinario, prestigioso, fascinante, pero, a la vez, como increíble del todo, incapaz de someterse a verificación objetiva, quimérico, fantástico y seductor, parece convenirle el sustantivo «mito» o el adjetivo «mítico». En su aspecto negativo, el «mito» está más allá de lo real, pertenece al ámbito de lo «fabuloso» y de la «ficción». Fulgurantes figuras del espectáculo, catapultadas por sus éxitos deslumbrantes y la propaganda exagerada a sublimes alturas, se convierten en «mitos». Ideas fundamentales o creencias de secular so-

## 1. Propuesta de definición del término *mito*

lidez pueden ser calificadas de «mitos», y con ello se les niega su objetividad y se las encuadra en el ámbito ficticio y quimérico de lo imaginario. El término «mito» puede ser una ambigua etiqueta.

A tal propósito, no estará de más evocar el brillante epílogo de Roland Barthes en sus *Mythologies* (1957), que lleva el título de «El mito, hoy», donde trata con perspicaz agudeza de los sentidos y usos de la palabra «mito», en el contexto contemporáneo. Frente a los mitos antiguos están los mitos modernos que Barthes analiza y de los que investiga su trasfondo ideológico. Con su enfoque semiótico, ese ensayo de Barthes merece una relectura. Pero no es de esas mitologías ni de esos mitos construidos por la modernidad y manipulados por la política y la propaganda de los medios de comunicación de lo que vamos a tratar en estas páginas.

Nuestro objetivo es acercarnos a los mitos antiguos, a la mitología griega, tal como está constituida en su propia tradición y tal como ha sido heredada por la tradición de la cultura europea. Vamos a tratar de esos mitos, en el sentido más clásico y antiguo, no de los nuevos, renovados o modernos mitos. De esos mitos de los que cabe preguntarse si los griegos creyeron en ellos y hasta dónde y cuándo funcionaron como tales, como hace P. Veyne. Pero que están ahí, en los textos de la literatura clásica y en las imágenes del arte griego, y forman un repertorio bien delimitado: la mitología clásica.

Parece, en principio, que definir el término en esta acepción ha de resultar bastante más fácil. Y, sin embargo, también en este uso, más histórico y científico, encontramos dificultades. Antropólogos, filólogos, psicólogos, sociólogos y teólogos manejan el término con tales divergencias que se ha dicho que la palabra puede recubrir «connotaciones infinitas», aun cuando tuviera una denotación común a todos esos usos. Las distintas perspectivas, en sus enfoques particulares, privilegian aspectos del mito y acepciones convenientes a su propia teorización, de modo que no es tan evidente hallar un núcleo semántico común a todos ellos. Se podría exagerar y decir que las definiciones del mito son casi tantas como las perspectivas metódicas sobre él. Ni siquiera los estudiosos de los mitos griegos y las mitologías históricas coinciden en sus definiciones.

Unas veces, por un exceso de simplicidad, se proponen definiciones demasiado precisas. Por ejemplo, la de Jan de Vries, que dice: «Mitos son historias de dioses. Quien habla de mitos tiene, por tanto, que hablar de dioses. De lo que se deduce que la mitología es una parte de la religión»[1]. (Es cierto que muchos mitos tratan de dioses, pero no todos; muchos, y los mayores, mitos tienen un fondo religioso, pero no todos; algunos se relacionan con el «cuento popular», *el folktale,* y no requieren la fe religiosa.) La relación entre mitología y religión es importante, pero más compleja de lo que frases tan rápidas presuponen.

Los antropólogos, tanto los funcionalistas como los estructuralistas, han enfocado el mito desde una perspectiva amplia y con una concepción penetrante de su configuración y función, destacando su significado en el contexto social o su valor como instrumento mental en la representación colectiva del mundo de la mentalidad arcaica. Tanto unos como otros han visto en el mito una

## 1. Propuesta de definición del término *mito*

forma de representar la realidad, un molde imaginario de comprender y dar sentido a la situación y actuación del hombre en ese mundo comprensible y domesticado gracias a los mitos. Esa mirada amplia de los antropólogos es, para el estudioso actual, algo irrenunciable.

Pero tanto contra los simbolistas, como contra los funcionalistas y los estructuralistas –contra Malinowski, M. Eliade y C. Lévi-Strauss, por ejemplo–, cabe expresar una protesta crítica, como hizo G. S. Kirk en su excelente libro sobre *El mito* (1970): «No hay ninguna definición del mito. No hay ninguna forma platónica del mito que se ajuste a todos los casos reales. Los mitos [...] difieren enormemente en su morfología y su función social»[2].

Los reparos y cautelas del profesor Kirk han sido aleccionadores. Desde su perspectiva de helenista e historiador del pensamiento griego, conocedor riguroso de la tradición helénica, pero también como buen lector de la moderna bibliografía sobre estas cuestiones, Kirk se muestra escéptico en cuanto a definir de modo unívoco y preciso el vocablo «mito». Aceptar una definición sesgada supone ya decantarse por un enfoque definido, parcial, que excluye otros posibles; supone privilegiar ciertos mitos y recortar y descartar otros. Pero, ¿no resulta excesiva esa renuncia a cualquier definición unitaria? ¿No conlleva esto una exagerada asepsia crítica? Sin una cierta delimitación, y la definición no es otra cosa, de objetos y objetivos, ¿cómo trazar una aproximación metódica a la mitología?

Advierto que el término «mitología» tampoco le parece útil a G. S. Kirk, quien, sin embargo, traza una distinción muy clara de sus dos acepciones básicas: repertorio de mitos y estudio de los mitos. Pero sobre este punto volveremos más adelante. Por de pronto, señalemos que aquí no vamos a tratar del «mito» como una forma de pensamiento primitivo, como *Denkform,* en esa acepción un tanto idealista que está en la visión de la cultura helénica como un progreso «del mito al logos», *Vom Mythos zum Logos,* según el famoso título de un claro libro de W. Nestle.

Añadamos a las dificultades mencionadas las que algunos estudiosos han señalado respecto de los usos del término griego *mŷthos.* Sin etimología clara, puesto que no aparece ningún término de la misma raíz en otras lenguas indoeuropeas, la palabra se va definiendo en la literatura griega. M. Detienne, L. Brisson y C. Calame han estudiado bien[3], desde una precisa observación filológica y con finos análisis, la progresiva definición del término desde Homero hasta Platón. En oposición a *lógos,* la palabra *mŷthos* pasa a designar el «relato tradicional, fabuloso y acaso engañador» (y ya Píndaro lo emplea en tal sentido[4]), en contraste con el relato razonado y objetivo. Platón inventa sus *mŷthoi,* que pretenden encubrir alegóricamente verdades que están más allá de lo comprobable mediante el *lógos.* Es probablemente en los tiempos de la Sofística cuando *mŷthos* –en contraste con *lógos*– se perfila con ese significado de 'viejo relato' (cercano a los cuentos de vieja, fabulación fantasiosa, pero no forzosamente falsa, no siempre *pseudos,* aunque no garantice tampoco la *alétheia,* 'la veracidad'). Los usos del vocablo *mŷthos* en Platón son muy sintomáticos de su evolución semántica y de sus varias connotaciones.

## 1. Propuesta de definición del término *mito*

Por otro lado, Platón utiliza ya el término «mitología», *mythología,* en una acepción plenamente moderna, con una precisa conciencia de lo que un repertorio mítico supone para una sociedad tradicional.

Aunque no todos los empleos del término en la época clásica indiquen ese valor léxico bien definido, parece razonable pensar que Platón ha tomado de la época esa oposición entre *mýthos* y *lógos,* y que otros coetáneos suyos eran bien conscientes de la significación de *mýthos* que Platón atestigua, pero no inventa[5]. Es muy interesante que Aristóteles, en su *Poética,* emplee la palabra en dos sentidos: como relato tradicional y como argumento dramático. (Recordemos que los argumentos trágicos eran «relatos heredados», *mýthoi paradedoménoi*[6].) Para uno y otro siguieron los latinos empleando una misma palabra: *fabula.*

A partir de la *Poética* de Aristóteles se acentúa, pues, esta coincidencia entre esos dos aspectos del *mýthos:* el relato tradicional y arcaico, venido de muy atrás, y la ficción literaria, que el dramaturgo crea sobre una pauta «mítica». *Fabulae* son para un latino tanto los textos de un Apolodoro o un Higino, repertorios mitológicos, como las tragedias de Eurípides o las comedias de Aristófanes. Los poetas helenísticos y los romanos, que utilizan los antiguos mitos en sus alusiones y en sus recreaciones poéticas, contribuyen también a esa consideración de los mitos como *fabulae,* ficciones o fabulaciones. Las *Metamorfosis* de Ovidio son mitos ya recontados como literatura, guiada por el mero placer de narrar (su *Lust zu fabulieren,* según la frase goethiana), donde los mitos son argumentos para la poesía cuyo origen y trasfondo religioso se perciben apenas como una gracia arcaica que late en la trama ingenua que el poeta Ovidio sutilmente repinta y recrea.

Esa confusión entre los relatos arcaicos y las ficciones poéticas, designados unos y otras con el vocablo *fabulae*, persiste a lo largo de la tradición medieval y renacentista. Sólo en el siglo XVIII, gracias al descubrimiento de otras mitologías y de las reflexiones de los simbolistas acerca de los pueblos primitivos volverá a distinguirse el «mito» de la ficción poética[7]. Será Christian Gottlob Heyne, a finales del siglo, quien introduzca, en su docta prosa latina, el término *mŷthos* y lo redefina –en oposición a *fabula*– con una significación sorprendentemente moderna[8]. Su ensayo «Interpretación del lenguaje mítico o simbólico de acuerdo con sus orígenes y las reglas derivadas del mismo» (*Sermonis mythici sive symbolici interpretatio ad causas ed rationes ductas inde regulas revocata*), de 1807, le acredita como el fundador de los estudios de Mitología con perspectiva moderna. Es la época de Vico, los Schlegel, Herder, Schelling, etc. Los *Prolegomena zu einer wissenschaftlichen Mythologie* de K. O. Müller aparecen algo después, en 1824. La Mitología como disciplina «científica» avanza ya sobre un camino firme.

Con todo esto se perfila el campo de investigación. Pero el problema de definir el término «mito» sigue en pie. Mantener escépticamente el rechazo de una definición general mínima, que nos permita distinguir qué es lo que consideramos propiamente un mito y qué no, es decir, advertir qué usos del término consideramos pertinentes y qué acepciones desestimamos en la batahola de sus

## 1. Propuesta de definición del término *mito*

aplicaciones, nos parece extremado. Intentemos partir de una definición mínima, que permita delimitar el objeto del que vamos a tratar[9]. En ese sentido, propondré la siguiente: «Mito es un relato tradicional que refiere la actuación memorable y ejemplar de unos personajes extraordinarios en un tiempo prestigioso y lejano».

El mito es un *relato*, una narración, que puede contener elementos simbólicos, pero que, frente a los símbolos o a las imágenes de carácter puntual, se caracteriza por presentar una «historia». Este relato viene de tiempos atrás y es conocido de muchos, y aceptado y transmitido de generación en generación. Es lo contrario de los relatos inventados o de las ficciones momentáneas. Los mitos son «historias de la tribu» y viven «en el país de la memoria» comunitaria. La *tradición mítica* es un fenómeno social que puede presentar variaciones culturales notables, pero que existe siempre, y en Grecia presenta una singular libertad, como destacaremos luego[10]. El relato mítico tiene un *carácter dramático y ejemplar*. Se trata siempre de acciones de excepcional interés para la comunidad, porque explican aspectos importantes de la vida social mediante la narración de cómo se produjeron por primera vez tales o cuales hechos. Ese *valor paradigmático* de los mitos es uno de sus trazos más destacados por los funcionalistas (Malinowski, y también M. Eliade). El dramatismo de los mitos los caracteriza con una alegre y feroz espontaneidad. En el ámbito narrativo desfilan fulgurantes actores y allí se cumplen las acciones más extraordinarias: creación y destrucción de mundos, aparición de dioses y héroes, terribles encuentros con los monstruos, etc.; todo es posible en ese mundo coloreado y mágico del mito[11]. Ese carácter dramático caracteriza a estos relatos frente a las tramas verosímiles de otras narraciones, o frente al esquema abstracto de las explicaciones lógicas. El mito explica e ilustra el mundo mediante la narración de sucesos maravillosos y ejemplares[12].

Los actores de los episodios míticos son seres extraordinarios, fundamentalmente seres divinos, ya sean dioses o figuras emparentadas con ellos, como los héroes de la mitología griega. Son más que humanos y actúan en un marco de posibilidades superior al de la realidad natural. Ahí están los seres primigenios, cuya acción da lugar al mundo, y los dioses que intervienen en el orden de las cosas y de la vida humana, y los héroes civilizadores, que abren caminos y los despejan de monstruos y de sombras. En fin, ahí están los seres extraordinarios cuyas acciones han marcado y dejado una huella perenne en el curso del mundo.

Mediante la rememoración de esos sucesos primordiales y la evocación de esas hazañas heroicas y divinas, la narración mítica explica por qué las cosas son así y sitúa las causas de esos procesos originales en un tiempo primordial. Hay unos temas esencialmente míticos, los que se refieren al comienzo de las cosas: la cosmogonía y la teogonía, y los que se refieren al final de todo, al más allá de la muerte y del tiempo terrestre: la escatología. Pero los mitos explican también la causa de muchos usos y costumbres, de más o menos importancia, que son de interés colectivo[13]. Los mitos tratan del comienzo, del *arché*, y de las causas, *aitíai*, del universo y, en especial, de la vida humana[14]. En ese interés explicativo y etiológico

## 1. Propuesta de definición del término *mito*

*(aitías-légein)* sufren luego la competencia de la filosofía en la cultura griega (desde el siglo VI a. C.).

Pero la explicación mítica es la más antigua, y, en cierto modo, subsiste replegándose a ciertos temas al enfrentarse con otros tipos de explicación, más lógicos o científicos. Los hechos narrados por los mitos revisten una forma dramática y humanizada, de modo que sus actores pueden tener forma humana, un tanto magnificada, como los dioses y héroes griegos, por ejemplo; o no, como los seres monstruosos primigenios de muchas mitologías, pero actúan y se mueven animados por impulsos como los de los humanos. Así, por ejemplo, el Cielo y la Tierra, que están en los comienzos de los relatos cosmogónicos, se aman, se unen y se separan como una pareja de amantes, y los poderes sobrenaturales se engendran y destruyen como los animales.

En cierto modo, podemos decir que la configuración de las fuerzas naturales en formas próximas a lo humano es un rasgo básico en la representación mítica. El antropomorfismo de los dioses es uno de los trazos más característicos de la mitología griega. Pero tal vez podríamos postular que ese humanizar la naturaleza, en cuanto a representarla como poblada o animada por seres sobrenaturales dotados de formas, deseos e impulsos, próximos a los de los hombres, se encuentra en la raíz de todo el pensar mitológico. Hay dioses con formas monstruosas, como los egipcios con cabeza de animales, o los de la India, que multiplican sus brazos o aparecen como tremendas fieras o sabios elefantes, ciertamente. Pero bajo todas esas máscaras se mueven como seres humanos; como seres humanos dotados de una inmensa libertad de acción y un incalculable poderío. Los mitos nos ofrecen una explicación del universo animado por fuerzas y figuras de rostro humano, es decir, con un sentido a la altura del hombre.

Ya sea que esto se explique porque Dios hizo al hombre a su imagen y semejanza, o al contrario, esta humana animación del cosmos nos parece algo muy significativo. La ingenuidad del mito no se plantea ninguna duda sobre este supuesto. La explicación filosófica significa, desde un comienzo, la renuncia a él. Entre afirmar que el fundamento y origen del mundo, el *arché* de todo, es Océano, como dice un antiguo mito helénico, o afirmar que es «el agua», como afirmó Tales de Mileto, hay una enorme distancia. La actitud espiritual con que el filósofo se enfrenta a las cosas está opuesta a la del creyente en los mitos, para quien toda la vida está marcada por los efectos de una historia sagrada, que ve en la naturaleza las huellas de las divinidades creadoras y organizadoras del mundo. Para él las cosas son así porque los dioses las hicieron así, y hay que vivir según unas pautas que los dioses, o los héroes, marcaron con su acción ejemplar. En las ceremonias festivas, en los ritos y en la *mímesis* de los dramas sacros, el creyente revive y rememora esa historia sagrada, y así participa en la recreación de esos hechos[15].

La narración mítica nos habla de un tiempo prestigioso y lejano, el tiempo de los comienzos, el de los dioses, o el de los héroes que aún tenían tratos con los dioses, un tiempo que es el de los orígenes de las cosas, un tiempo que es distinto del de la vida real, aunque por medio de

## 1. Propuesta de definición del término *mito*

la rememoración y evocación ritual puede acaso renacer en éste. Ese Otro Tiempo, que los mitos australianos llaman «el tiempo del sueño» o *alcheringa*, es aquel en el que los seres sobrenaturales, dioses o monstruos originarios, actúan y con sus acciones crean las cosas; es el tiempo de los orígenes. Los ritos unidos a la recordación de tales o cuales sucesos míticos tratan de establecer una comunicación con ese tiempo fundacional, y sagrado[16].

En muchas culturas encontramos un mito que nos cuenta el deterioro progresivo o simplemente la ruptura temporal entre el tiempo primordial y el de nuestra vida. Así en el Próximo Oriente y en Grecia tenemos el mito de las Edades, designadas con nombre de metales para referir esta decadencia. En la versión hesiódica son las Edades de Oro, de la Plata, del Bronce, de los Héroes (un claro añadido típicamente helénico al esquema general) y del Hierro. Los humanos vivimos en esta edad, la del Hierro, lamentable y oscura. Sería fácil encontrar ejemplos paralelos en otros pueblos.

Insistir en la función social que tienen los relatos míticos es muy conveniente. Tanto Malinowski como Mircea Eliade, por citar sólo dos nombres bien conocidos, han destacado este aspecto funcional de los mitos. Ahí podemos encontrar un punto de apoyo para la distinción entre mitos y cuentos populares. (Ya lo señaló también V. Propp en su obra *Las raíces históricas del cuento popular.*) El mito es sentido como serio y veraz, con un halo de solemnidad variable, pero está unido en muchos casos al cariz religioso de los mitos fundamentales. Aunque es un trazo más amplio que el de su carácter religioso. Pensemos, por ejemplo, en algunos mitos heroicos griegos. Parece discutible que todos tuvieran un trasfondo religioso, y la desproporción frecuente entre mitos y ritos en el mundo helénico apoya esta distinción. Sin embargo, cualquier historia mítica conserva un valor paradigmático, como ejemplo heroico, que es distinto del cariz de entretenimiento y diversión de otros relatos del *folktale,* sean cuentos maravillosos o historietas de tipo novelesco.

Sé bien que en algún caso concreto esa distinción puede ser difícil de trazar, pero en la teoría general resulta útil y clara. Y, creo, podríamos postularla como universal. Aunque es cierto que en muchos cuentos populares puede rastrearse el eco de algunos mitos, o que tales cuentos puedan verse como mitos decaídos, unos y otros relatos pueden distinguirse por su función social. Se ha dicho que el cuento maravilloso, el *Märchen,* es «el hijo mimado y echado a perder» del mito; y eso vale para algunos cuentos. Pero, aunque coincidan cuento y mito en la evocación de una atmósfera maravillosa y en la actuación de seres prodigiosos, los mecanismos de uno y otro tipo de relatos tradicionales son, atendiendo a su función e incluso a su estructura narrativa (más fija, en principio, en el cuento), diversas. La mentalidad mítica tiene algo en común con la imaginación infantil, ciertamente, y el lector actual puede ver como cuentos algunos mitos de culturas y pueblos extraños. Sin embargo, el encanto del cuento y el del mito son sentidos como distintos por los receptores habituales de ambos, en la cultura originaria. Para el primitivo, la vana fabulación de los relatos fantásticos está radicalmente apartada de la historia real, vivaz y sacra que le dan los mitos. Al respecto, podemos señalar que los personajes del mito son distintos a los protagonistas de los cuentos, que son personillas más cotidianas y de nombres poco destacados y propios. En el decurso de la cultura esa oposición puede matizarse y debilitarse, desde luego, como ha sucedido en Grecia, por recurrir a un ejemplo próximo. Con todo, eso no suprime la distinción fundamental.

Las explicaciones del mito remiten siempre a un más allá, a otro tiempo, y a personajes, dioses o héroes, que no son como los seres humanos de nuestro entorno. Esa trascendencia del mito está muchas veces cargada de emotividad. Por eso los relatos míticos tienen un elevado componente simbólico: abundan en símbolos y tratan de evocar un complemento ausente de esta realidad que tenemos ante nuestros sentidos. En la épica hesiódica los héroes se oponen a los mortales que «ahora son» y a las cosas «tal como ahora son». La fórmula *hoioi nyn eisin,* 'tales como son ahora', que sirve para indicar una oposición a lo que era antes, en los tiempos del mito, resulta sugerente al respecto. Tras esta realidad, indican los mitos, hay otra, que es más esencial, la Realidad fundacional, la divina y eterna Realidad. El pasado prestigioso es el ámbito de las actuaciones míticas; en nuestro presente subsisten ecos y huellas de esas actuaciones. Para quien sólo atiende a la realidad empírica, el mundo de los relatos míticos no existe; es, a ese respecto, irreal. No puede comprobarse con métodos empíricos.

Por otro lado nuestras leyes no están vigentes en el ámbito mítico de un modo absoluto. Aunque es cierto que el mundo de los mitos está elaborado a imagen y semejanza del nuestro, y, por tanto, sus criaturas son antropomórficas, como ya hemos comentado. Pero se mueven sobre un campo muy amplio de posibilidades. De ahí una cierta relación entre el ámbito maravilloso de los mitos y el mágico de los cuentos y de las historias fantásticas. Por eso el uso vulgar califica de míticos sucesos o figuras fascinantes e inverosímiles.

Los mitos domestican los prodigios naturales al presentarnos una naturaleza con sentido humano y dirigida al hombre, regida por dioses o poderes que tienen entendimiento y voluntad y designios comprensibles para los hombres, aunque sean a veces hostiles al género humano. Todo está permeado por un hálito divino vivificador. El mundo platónico de las Ideas, modelos trascendentes e inmanentes de las realidades terrenas, parece un vestigio de la imaginación mítica recuperada por un enfoque filosófico.

Al relatar sucesos extraordinarios, actuaciones de seres sobrenaturales, obras, en fin, que están más allá de nuestro tiempo y tal vez de nuestro espacio, los mitos se refieren al ámbito de lo maravilloso, de manera que, como los cuentos, son inverosímiles. Pero entendamos bien que no pretenden ser verosímiles. La verosimilitud significa ajustarse a unas limitaciones de una realidad que los mitos trascienden por su mismo impulso y su contenido. Son verdaderos, para quienes creen en ellos; son la Verdad misma anterior a la realidad, que se explica por ellos. Por la verosimilitud han de preocuparse los relatos ficticios que pretenden pasar por reales; así, por ejemplo, los de las novelas de aventuras. En cambio, los temas y motivos de los mitos, y sus personajes, están más allá de las normas habituales y empíricas. Pertenecen a lo imaginario, un ámbito más amplio que el de lo real, y que llega incluso a contener a éste.

Los mitos suministran una primera interpretación del mundo. En tal sentido tienen mucho que ver con la religión. Y también en el sentido de que, al funcionar como creencias colectivas, como un repertorio de relatos sabidos por la comunidad, vinculan a ésta con su tradición y fundan una unanimidad de saber, que transmite una cierta imagen del mundo, previa a los saberes racionales y a las técnicas y ciencias. Un mito está, por lo tanto, inserto en un entramado mítico; es una pieza en el sistema que forma una mitología.

## Mitología: ¿una palabra pomposa y ambigua?

La palabra «mitología» tiene dos acepciones claramente distintas: «colección de mitos» y «explicación de los mitos». La raíz que da en griego el verbo *légo* y el sustantivo *lógos* significa tanto 'reunir, recoger' como 'decir', y el término compuesto ha heredado esos dos matices. Kirk, que lo advierte, prefiere renunciar al empleo del término por considerarlo poco claro; pero creo que es fácil tener en cuenta esta distinción y reconocerla en cualquier caso. Parece claro que la «mitología» como «estudio de los mitos», o «tratado» –o incluso «ciencia de los mitos»–, presupone la existencia de la «mitología» como «colección» y «corpus» mítico.

El vocablo griego *mythología* aparece en Platón, y no es por azar que sea en él, como ha señalado Marcel Detienne (en *La invención de la mitología*, París, 1981).

Pero no es un neologismo sorprendente, puesto que el verbo correspondiente *mythologeúo* está ya en la *Odisea* XII v. 450, con el sentido de «contar un relato». Platón lo enlaza (en la *República*, en el *Político*, el *Timeo*, el *Critias* y *Las leyes)* a términos muy significativos, como *genealogía, archaiología* y *phéme* ('rumor' o 'fama'), dándole un valor muy parecido al que tiene hoy.

En todo caso, la mitología como un repertorio de mitos es algo previo a su recopilación por escrito en la obra de un poeta como Hesíodo. En el siglo VIII a. C. éste ha expuesto de un modo sistemático y ordenado la mitología de los helenos en su poema *Teogonía,* de un modo mucho más completo que ningún otro poeta arcaico griego. Homero y los líricos arcaicos se refieren y aluden a esos mismos dioses y héroes, pero sin esa preocupación por exponer sistemática y ordenadamente la nómina de los personajes míticos. Ahora bien, ya antes de Hesíodo existía una relación sistemática entre los mitos y los personajes míticos; el poeta no la inventa, tan sólo la recoge y la expone poéticamente. Aunque quizás de modo menos completo y menos rico, todo griego arcaico conocía, a grandes rasgos, el esquema básico de esa ordenación de seres divinos, y de los mitos fundamentales.

La significación de un personaje mítico está fijada por referencia al conjunto de relatos que constituyen la mitología. Cada uno es como una pieza del tablero y su actuación depende de esa posición y ese valor asignado en el juego mitológico. Las relaciones de parentesco, las oposiciones y las referencias que se forman dentro de este sistema son lo que define a cada personaje, dentro de esa estructura simbólica que representa la mitología entera.

## 1. Propuesta de definición del término *mito*

Dejando para más adelante una reflexión a fondo sobre este punto, podemos apuntar aquí algún ejemplo, aunque quede sólo esbozado. La significación de una diosa, pongamos por caso, Afrodita, está marcada no sólo por una significación abstracta, como la diosa del amor y del deseo sexual, sino también por su contraste con la posición de otras diosas (Atenea, Ártemis, Hera, etc.) y otros dioses dentro del sistema politeísta[17].

En Hesíodo tenemos un primer intento de exponer un sistema mitológico con un buen esquema organizativo básico, que parte de las divinidades primigenias del universo para concluir en los epígonos divinos, los héroes y heroínas. En ese mismo orden, en el que las genealogías constituyen la base de la secuencia narrativa, hay ya un principio de explicación «racional», atento al desarrollo de los poderes divinos desde el caos originario hasta su conclusión. Hay por parte del poeta un principio de ordenación «lógica», y no en vano se suele hoy ver en Hesíodo un precursor de los filósofos.

A unos mil años de distancia de Hesíodo, un desconocido erudito, un tal Apolodoro, recopiló los mitos griegos en un par de libros y un apéndice, recogiendo cuantas noticias le llegaron de la larga literatura griega. El título de *Biblioteca* que se ha dado a ese resumen mitológico no es muy afortunado; pero está claro que alude a una tradición mítica milenaria que para Apolodoro ya no era una tradición viva ni oral (como lo fue para Hesíodo), sino una inmensa bibliografía, de la que él extraía y resumía los mitos. Apolodoro es, sintomáticamente, mucho más profuso y menos sistemático que Hesíodo. Es un anticuario amante de las anécdotas y los ecos

33

literarios, un erudito tardío, un lector de los clásicos, como nosotros.

En su segunda acepción, «mitología» resulta un hablar de los mitos; un discurrir y teorizar sobre lo mítico para intentar comprenderlo; una explicación de lo que los mitos significan. Es una hermenéutica, más o menos científica. Sólo para este uso se podría hablar de una «mezcla de contrarios» o una «fusión de lo antagónico» en la palabra, formada de *mŷthos* y *lógos,* como ha hecho A. Jolles.

Ahora bien, la oposición entre ambos términos, que se establece en la cultura griega a partir de un determinado momento histórico, es una oposición secundaria, que afecta tan sólo a un sentido restringido del término *lógos.* (En un principio, *légein* es 'decir' o 'reunir ordenadamente'. De la misma raíz indoeuropea el verbo latino *legere* significa 'leer', un claro derivado del sentido original.) Es en Platón donde encontramos *lógos* opuesto a *mŷthos.* En su diálogo *Protágoras,* el sofista del mismo nombre enfrenta un *mŷthos* a un *lógos* sobre el mismo tema, como dos formas didácticas distintas: «La primera es mera narración, no aporta pruebas, se declara libre de todo compromiso. La segunda, si bien puede ser también narración o discurso, consiste esencialmente en argumentar y probar» (K. Kerényi).

Por otro lado, el mito es un relato tradicional, lo que se cuenta de siempre, parecido a un «cuento de vieja», según dice alguna vez Platón. Mientras que el *lógos* es lo razonable, que se discute y se ofrece como argumento racional y comprobable, sin otra autoridad que esa capacidad de su propia demostración empírica. Del mito no cabe tal cosa, de él no se puede dar razón, *lógon didónai.*

## 1. Propuesta de definición del término *mito*

La mitología como discurrir sobre los mitos se plantea desde una perspectiva cultural o histórica determinada. En tal sentido, la crítica al mito de los ilustrados, es decir, dentro de la cultura griega, de un Jenófanes, los sofistas, o el mismo Platón, forma parte del largo coloquio mitológico característico del mundo helénico. Las interpretaciones de los mitos, desde Teágenes de Regio, ya del siglo VI a. C., hasta las de los simbolistas y los psicólogos de nuestro siglo, se ocupan de la mitología en esta misma vertiente. El estudio de los mitos se constituye en una «ciencia» de su interpretación, una ciencia hermenéutica un tanto insegura y variable según los tiempos.

## 2. La tradición mitológica. Cómo fue en Grecia

¿Quién cuenta los mitos? ¿Quién rememora esos relatos inmemoriales de interés comunitario que vienen de mucho atrás y se refieren a un pasado fabuloso y que, de algún modo, tienen una función ejemplar para la colectividad y para el individuo, que los aceptan como paradigmas? ¿Quién se constituye en custodio de esos mitos, narraciones orales o textos que, herencia de todos, se transmiten como un legado de generación en generación? ¿Quién defiende de la dispersión, del desorden fantástico y del olvido esas viejas historias de la tribu, que viajan por las sendas de la memoria?

De algún modo es la comunidad entera del pueblo quien guarda y alberga en su memoria esos relatos. Los mitos circulan por doquier. Las instituciones se apoyan en los mitos; se recurre a ellos para tomar decisiones; se interpretan los hechos de acuerdo con ellos. Los más viejos se los cuentan a los más jóvenes, y éstos se inician en los saberes tradicionales de su pueblo mediante los grandes relatos de los dioses y los héroes fundadores. Las nodrizas les cuentan a los niños los fascinantes sucesos de un tiempo lejano y divino. Los abuelos y las abuelas recuentan a los pequeños lo que a ellos les contaron tiempo atrás sus propios abuelos. Y en las fiestas comunitarias se reitera, a través de rituales miméticos y de narraciones escogidas, las palabras de los mitos.

Pero, junto a esa circulación familiar y colectiva, en cada sociedad suele haber unos individuos especialmente dotados o privilegiados para asumir la tarea específica de referir esos relatos tradicionales. Son los sabios de la tribu, los más versados en el arte de narrar, los profesionales de la memoria o la escritura, quienes están designados habitualmente para tan ardua labor. Los mitos incorporan una ancestral experiencia y una explicación simbólica de los fundamentos de la vida social. De ahí que su conservación y transmisión sea una tarea generalmente respetable y estimada. Esa transmisión mitológica tiene mucho que ver con la educación, pero también con la religión y el culto, como ya indicamos. Así que muchas veces son los sacerdotes quienes velan por la transmisión de ese acervo de doctrinas. En otras ocasiones quienes asumen tan noble papel son personas dotadas con una especial capacidad para comunicarse con el mundo divino, como los profetas o vates, que ven más lejos que los demás y extienden su saber hacia el pasado y quizás hacia el futuro. En alguna cultura el recitado y la evocación de los mitos están encomendados a los profesionales de la memoria y del canto, sin una clara conexión con los sacerdotes. Ése es el caso de la antigua Grecia, donde los aedos, los rapsodos y los poetas en general asumen esa función.

En la Grecia antigua fueron, en efecto, los poetas, adiestrados en la memorización y en la composición oral, quienes desde los comienzos de la épica han formado y transmitido el saber mitológico. La tradición mítica fue aquí, como en los demás pueblos, un repertorio de transmisión oral. Homero y Hesíodo son epígonos de una tradición de bardos que componen formulariamente, y que solicitan de la musa o las musas la conexión con ese saber memorizado que estas divinidades, las hijas de la Memoria, Mnemósine, transmiten al poeta verdadero. La secular tradición oral épica que desemboca en estos dos grandes poetas del siglo VIII, a poco de introducirse el alfabeto en Grecia, se remansa en los poemas épicos que guardan las huellas de la composición anterior oral. El poeta, guardián de un saber tradicional, no inventa, sino que repite temas y evoca figuras divinas y heroicas de todos conocidas, al tiempo que reitera fórmulas épicas y se acoge al patrocinio de las musas, para que ellas garanticen la veracidad de sus palabras. Recordemos cómo Homero comienza invocando a la musa, y cómo Hesíodo nos cuenta que fueron las musas quienes se le aparecieron en el monte Helicón para confiarle la misión de transmitir el verídico y ordenado mensaje mítico de la *Teogonía* y de *Trabajos y días*.

La consideración de quiénes son los encargados de la transmisión y preservación de los mitos, y la reflexión sobre las condiciones socioculturales en que esta tarea se cumple, son de la mayor importancia para explicar las características peculiares de una mitología. Los mitos

## 2. La tradición mitológica. Cómo fue en Grecia

reflejan siempre la sociedad que los creó y los mantiene. Por otro lado, a pesar de su afán por mantenerse inalterados, a pesar de su anhelo de rehuir lo histórico, los mitos se van alterando a través de los sucesivos recuentos. Ahora bien, la transmisión y el paulatino alterarse de los mitos se han visto afectados en la sociedad helénica por tres factores determinantes: el primero es que fueran los poetas los guardianes de los mitos; esta relación entre la mitología y la poesía ha conferido a aquélla una inusitada libertad. En segundo lugar, la aparición de la escritura alfabética ha significado una revolución en la cultura griega; con ello la mitología queda unida a la literatura y expuesta a la crítica y la ironía, como no lo está en otras culturas donde la transmisión es oral o bien está ligada a un libro canónico o un canon dogmático. En tercer lugar, está la aparición de la filosofía y el racionalismo en la Jonia del siglo VI a. C. y su prolongación en la ilustración sofística y la filosofía posterior, que intenta dar una explicación del mundo y la vida humana mediante la razón, en un proceso crítico de enfrentamiento al saber mítico. Esa larga disputa entre el *lógos* y el *mŷthos* resulta característica de la cultura griega, y ha sido objeto de brillantes y profundos estudios.

Creo que en este momento podemos dejar de lado este punto para enfocar el otro, el de la aparición de la escritura, y lo que este hecho decisivo culturalmente significa en relación con la mitología. Subrayemos que es decisivo que se trate de un sistema de escritura alfabético, no de un sistema gráfico complicado como el que había existido en el mundo micénico y minoico unos siglos antes, fundado en un silabario de uso restringido y que se perdió fácilmente.

La aparición de la escritura significa un enorme avance cultural, y no vamos a insistir en los aspectos más obvios de este progreso. Tan sólo queremos aquí subrayar que, en lo que respecta a la mitología, la fijación y recogida en un repertorio escrito del acervo que la memoria colectiva transmitía oralmente significa una quiebra en la tradición. No sólo es el fin de la palabra viva como base del recuerdo, sino el comienzo de la crítica y de la disolución de lo mítico.

En el caso griego ese proceso se presenta muy claramente. Hasta que la civilización de la escritura acaba imponiéndose como medio cultural por excelencia transcurren unos siglos. En el siglo VIII se introduce la escritura alfabética en Grecia, con un alfabeto de abolengo fenicio que los griegos perfeccionaron al añadir los signos para notar las vocales (que faltaban en el sistema utilizado para un lenguaje semítico), pero no es hasta finales del siglo V cuando la mentalidad griega abandona la cultura de la oralidad. En ese proceso cultural, que ha sido bien estudiado (por J. Goody, con carácter más general, en *The Domestication of the Savage Mind*, Cambridge, 1977, trad. esp. Madrid, 1985; E. Havelock, en *Preface to Plato*, Cambridge, 1963, y en *Aux origines de la civilisation écrite en Occident*, 1974, en trad. france., París, 1981, y M. Detienne, en *L'invention de la mythologie*, París, 1981), se forja una nueva manera de enfocar todo el pasado y el presente. La poesía misma adquiere una renovada libertad y un anhelo de originalidad, que no es incompatible con su afán de transmitir el repertorio mítico. Pero, por poner un ejemplo, el poeta lírico Estesícoro pudo inventarse una nueva versión del rapto de Helena

## 2. La tradición mitológica. Cómo fue en Grecia

(según la cual no fue a ella, sino a un doble fantasmal, un engaño de los dioses, a quien llevó Paris a Troya, y fue por este fantasma por lo que combatieron griegos y troyanos en la famosa guerra durante diez años), porque ya la versión tradicional, cantada por otros, podía admitir la competencia con otras, en una poesía que se escribe. El poeta no es sólo un recordador, sino un creador más que un cantor, *aoidós;* es un 'poeta', *poietés,* y la inspiración es mucho más que memoria[18].

### Mitología y literatura

Al enfrentarnos con la tradición mitológica de la antigua Grecia carecemos, como es obvio resaltar, de esa proximidad que B. Malinowski señalaba como un privilegio y ventaja del antropólogo que viaja a la región de un pueblo primitivo y allí estudia los mitos indígenas sobre el terreno.

No tenemos a mano, como creía tener Malinowski, al mismo «hacedor de mitos». Los *mythopoioí* del viejo mundo helénico nos caen muy lejanos, y tenemos que contentarnos con lo que nos han legado, gracias al refinado arte literario propio, y tal como nos lo han legado, con una representación poco ingenua. Junto a los grandes textos de Hesíodo y Homero, tenemos muchos otros que nos hablan de los mitos —toda la literatura clásica habla incesantemente de ellos—, pero muchas veces con alusiones y con fragmentos de un discurso interrumpido. Es una tarea ardua descifrar este mensaje trunco y poético. Las noticias pueden completarse con las imágenes que nos suministra la arqueología, y esos testimonios plásticos del arte antiguo son de un interés muy alto para nuestro conocimiento de la mitología.

Pero Malinowski tenía razón. Carecemos de un trato directo con la narración mítica originaria. Mediatizado por la tradición poética y la plástica, en el marco de una civilización de la escritura, el repertorio mítico de los griegos se nos presenta con una singular aureola de libertad y de ironía, una libertad y variabilidad que es consecuencia de lo ya apuntado, fundamentalmente por su relación con el mundo de la poesía. Es, por otro lado, bien notorio que la literatura selecciona entre las variantes míticas y, en un país fragmentado políticamente como era Grecia, escoge también entre las variantes locales de las tradiciones, prefiriendo, cuando se trata de un poeta del Ática, las variantes atenienses, pongo por caso, o dejando en la sombra ciertos aspectos de los relatos que el poeta prefiere, por razones momentáneas o en atención a su público, silenciar, o llegando en algún caso a censurar y modificar un mito tradicional por razones de moralidad.

Podemos encontrar ejemplos de todo esto. Mencionaremos, como caso bien conocido, cómo los autores trágicos prefieren versiones atenienses, o cómo en los poemas homéricos han quedado marginados dioses tan de primera fila como Dioniso o Deméter, porque el poeta consideró que no interesaban a un público aristocrático, o bien porque eran más propios de un ámbito campesino que del belicoso escenario donde actúan los héroes y los otros olímpicos. Homero ha modificado sus relatos ajustándolos al gusto de sus auditores, como los tragediógrafos exponían su versión cívica de los episodios heroicos, venidos de un mundo arcaico al teatro ateniense. Y un poeta tan conservador y piadoso como Píndaro puede modificar un episodio mítico, como hace en la *Olímpica I,* para ajustarlo a una versión moralizada. (A Píndaro le escandaliza que una diosa como Deméter se zampara un bocado del hombro de Pélope; prefiere suponer que el dios Poseidón, enamoriscado del jovencito, lo raptó.)

Ahora bien, quizás algunos lectores piensen, como C. Lévi-Strauss, que la estructura de un mito permanece invariable a lo largo de sus versiones y que el esquema fundamental se mantiene siempre idéntico. Sospecho que en la demostración de esa tesis se incurre en un círculo vicioso, ya que se llama esquema fundamental a lo que efectivamente permanece. Pero, bueno, dejémoslo como un problema. ¿Es que la trama del mito de Edipo, desde la épica a las versiones trágicas, y luego al famoso «complejo» (que, desde luego, no pudo conocer el héroe del mito, niño expósito y exiliado voluntario), está inalterada en las repetidas evocaciones literarias griegas? ¿Son las variaciones de un mito tan sólo alteraciones marginales?

En todo caso, queda claro que la literatura antigua se construye sobre el humus fértil de la mitología, y todos los géneros poéticos antiguos (la épica, la lírica coral y la tragedia) fundan en ese sustrato sus argumentos. Frente a la tradición mítica se han constituido luego la filosofía, la historia y las investigaciones científicas como saberes críticos y racionales. Se han creado frente a los mitos, en oposición a ellos, en busca de una nueva explicación, fundada en la razón, no en la tradición. Como decía

Heráclito, «los ojos son testimonios más firmes que los oídos».

Los géneros de la literatura de ficción, desvinculados del acervo mítico, son, en general (dejando a un lado el cuento popular), posteriores. En la Comedia Nueva, en la lírica bucólica y en la novela helenística y tardía, ya se inventan los contenidos. Pero estos géneros son ya postclásicos en la cultura griega. No es casual que el término griego usual para «argumento» (de una obra teatral) sea *mŷthos* (así, por ejemplo, en la *Poética* de Aristóteles). Por lo demás, la tardía aparición de la literatura de ficción es un rasgo característico del mundo griego, en oposición al mundo moderno. La literatura griega clásica y arcaica estaba dirigida a un público amplio, a un auditorio ciudadano, y tuvo siempre una vertiente educativa; la literatura fue, en Grecia, *paideía* y *mousiké;* es decir, 'formación' y 'arte de las musas' (en el sentido antes indicado). «Literatura» es un término latino, que en griego encuentra un paralelo en *grammatiké,* que significa 'gramática', y también 'lectura e interpretación de textos'; es decir, un sentido muy limitado.

Los poetas fueron entonces los educadores del pueblo, y la *paideía* tradicional se fundaba en un buen conocimiento de la poesía, la homérica ante todo. La poesía, a su vez, se enraizaba en el recuerdo de los mitos. También las tragedias estaban hechas sobre ellos, a veces a través de versiones épicas representadas por episodios. Esquilo decía que sus dramas eran «rebanadas del festín de Homero». Queremos insistir en la función colectiva del teatro trágico, que fue, no se olvide, un teatro cívico y popular.

## 2. La tradición mitológica. Cómo fue en Grecia

Las tragedias se representaban en un marco ciudadano, el teatro de Dioniso al pie de la Acrópolis, y en unas fiestas cívicas, las dionisíacas, ante un auditorio que era toda la ciudad. La representación conservaba, en su marco festivo, muchos elementos religiosos. Y es interesante que fuera justamente una *pólis* democrática como Atenas la que velaba oficialmente por esas representaciones teatrales.

Mientras que no se preocupaba por facilitar el aprendizaje de la lectura y la escritura, es decir, las *grámmata*, ni siquiera a un nivel elemental, proporcionando una enseñanza general y gratuita (como sí se hizo en la colonia panhelénica de Turios), sino que tal cosa quedaba al arbitrio y conveniencia particular de los ciudadanos, el Estado ateniense velaba por el teatro, como si éste fuera un fundamento de la cultura y la sociabilidad, como algo fundamental en la *paideía* comunitaria. El Estado proveía a todos los gastos de las representaciones teatrales, en el marco de la fiesta dionisíaca, mediante el impuesto de las *coregías,* que recaía sobre los ciudadanos más ricos, cada año. También por encargo estatal, en el marco de las fiestas de las Panateneas, se recitaban los poemas homéricos. Qué extraño caso éste: el de una democracia que recupera y reclama como base educativa la rememoración de los mitos heroicos, de claro origen aristocrático, y trata de enfocarlos desde la óptica cívica, en un ambiente democrático e igualitario. La épica y la tragedia –y también la lírica coral doria– fueron no sólo formas de arte, sino también instituciones sociales con valor educativo.

Los mitos hablaban de héroes y de dioses, que habían actuado en un tiempo remoto, pero en sus dramáticas escenas plantean conflictos de valores en los que se muestra paradigmáticamente la trágica condición del hombre. Ese cruce de dos tiempos –el del mito y el presente ciudadano– y la imbricación de lo humano en lo heroico, y viceversa, sirven a la educación mediante la reflexión y la purificación afectiva, que Aristóteles supo reconocer tan admirablemente. Esa *kátharsis,* o purificación, es uno de los efectos del arte trágico siempre. La fiesta y el drama, mediante la mímesis teatral o litúrgica, evocan los mitos, con un aura religiosa más o menos acentuada.

La fiesta en que se representa la tragedia conserva mucho de ritual. Está presidida por el sacerdote de Dioniso, que ocupa un asiento especial en la primera fila del auditorio, comienza con un sacrificio sobre el altar que está en el centro de la *orchéstra,* delante de la escena, tiene unos orígenes en ritos sagrados (sean cuales fueran) y mantiene elementos arcaicos como las máscaras, los coros, la presencia de los dioses, etc. Conviene no olvidar esto, ni tampoco, en contrapartida, que todo eso se va convirtiendo en reliquias, al tiempo que aumenta la crítica a los mitos, especialmente en Eurípides.

Es cierto que la literatura, con ese carácter crítico y lúdico que le es propio, con su tendencia a buscar lo nuevo, lo sorprendente, lo original (dentro de ciertos márgenes) y su progresiva ironía, va desgastando el fondo mítico. Pero los mitos son evocados como base de la representación y mantienen una función social –similar a esa en que tanto han insistido antropólogos como Malinowski– hasta los finales del siglo IV, cuando se da la crisis del sentido trágico, que tiene en Eurípides a su más claro exponente. Los antiguos fueron bien conscientes de esa significación del teatro. Todavía en la comedia de Aristófanes, *Las ranas,* que es del año 404 a. C., cuando en la escena discuten sus méritos respectivos Esquilo y Eurípides ante el dios del teatro, Dioniso, que ha bajado al Hades para resucitar al más valioso de ellos, es el carácter de «educador del pueblo» lo que decide el pleito, a favor de Esquilo.

Por eso la crisis de la tragedia, que es la crisis del sentido mítico, como subrayó F. Nietzsche, es una crisis de lo colectivo, en la que todo un modo de entender el mundo, atacado por la crítica racionalista de la Sofística, queda en entredicho. La ruina del saber mítico, es decir, la pérdida de fe en los mitos, provoca una quiebra en la conciencia colectiva; pero el individualismo crítico y el optimismo de la ilustración sofística obtienen una victoria endeble, ya que sus logros difícilmente pueden satisfacer las ansias de los ciudadanos en esa crisis de los valores que coincide con la agonía de la *pólis* como comunidad libre y autosuficiente.

También Platón, con su perspicacia habitual, revela su reconocimiento de que la educación popular estaba en manos de los poetas, al proponer la expulsión de éstos de la ciudad ideal, tal como se postula en la *República.* El filósofo es muy consciente de los riesgos que esa tradición poética supone para un Estado que pretende alcanzar una normativa nueva, mediante una racionalidad total. Los poetas, relatores impenitentes de las viejas historias de la mitología, de esas narraciones que son escandalosas a la luz de la moral y perturbadoras desde la óptica de la pedagogía racional, deben ser censurados. En una ciudad que será gobernada por sabios, los poetas y sus mitos han de ser evacuados, porque como competidores de los filósofos en la tarea educativa son peligrosos e inútiles, a los ojos del ilustrado Platón. No hay tampoco lugar ni papel educativo para los viejos y fantásticos mitos en esa ciudad ideal.

Años más tarde, ya en su vejez, vuelve Platón a esbozar un cuadro de la ciudad óptima, pero esta vez es más cauto en sus propuestas, tal vez porque no cree ya en el triunfo de la utopía radical, y aquí, en las *Leyes,* en lugar de la supresión por destierro de los poetas, hace la propuesta de que se establezca un control y una censura de la mitología tradicional. El viejo filósofo parece advertir bien la función social de esas narraciones míticas que los ancianos transmiten, junto a los poetas, a las generaciones más jóvenes, que impregnan toda una explicación del mundo y la vida colectiva, y es bien consciente de la fuerza de ese saber difundido a través de la *phéme,* el rumor, tan poderoso en la vida comunitaria. Platón no trata ya de erradicar por completo ese legado mítico, sino tan sólo pretende que el Estado lo controle y lo oriente, un tanto, diríamos nosotros, maquiavélicamente, para su mejor aprovechamiento educativo [19].

Platón sugiere que el Estado puede crear y difundir sus propios mitos –como el famoso mito de las varias clases de ciudadanos con naturalezas distintas, unos de oro, otros de plata y otros de bronce, que expone en el libro III de la *República*– al servicio de la propaganda de su propia constitución, que sin embargo no está fundada en mitos de ninguna clase. (Resulta curioso recordar que mucho antes, su pariente, el sofista Critias, había sostenido la tesis de que la figura de un dios que todo lo ve y lo oye era una hábil invención de un legislador antiguo que se lo inventó con una finalidad moral, la de infundir temor a ese dios, vigilante y ubicuo guardián de la oralidad y la justicia. Ya Critias pensó, pues, en la difusión y confección de mitos con intención política.)

Platón es un gran narrador de mitos, que son, en cierto modo, de su propia creación. Esas ficciones que llamamos, según el propio Platón hace, «mitos» son una especie de recreaciones según una pauta poética tradicional. Cuando Platón nos refiere el viaje de las almas al Más Allá —en el *Fedón,* el *Fedro* y la *República*— está contando un mito, que, en buena medida, es de su propia invención; lo es, sí, en muchos detalles; pero, no obstante, es también un relato que cumple toda una serie de requisitos propios del género. Podríamos decir que esos relatos platónicos son como variantes de un tema mítico que, en su estructura básica, es mucho más antiguo que Platón. Un tema mítico que recobrará nuevas matizaciones en el cristianismo, donde aparece en muchos autores y con nuevos detalles en cuanto al viaje y el cielo y el infierno y toda la ambientación ultramundana, pero que tiene unas raíces muy hondas en la tradición helénica. Y que también habían explotado en su proselitismo mistérico otras sectas, como la de los órficos[20].

Mediatizada por la escritura y por una literatura muy formalizada en diversos géneros poéticos —de modo que un mito puede ser evocado según el modo épico, lírico o trágico, con estilo vario y varia intención—, la mitología griega cuenta con una condición singular: la de presentarnos una tradición que podemos estudiar diacrónicamente[21]. En eso parece aventajar a las de otros pueblos.

Encontramos un mito narrado en épocas y por autores distintos, con variantes significativas, y podemos, por decirlo así, rastrear las huellas de un mito a lo largo de unos siglos. Me parece que esto es peculiar de la tradición que acostumbramos a llamar clásica –que incluye también la latina, como prolongación de la helénica–, mientras que no se da en la recolección mitológica que puede hacer un antropólogo en una encuesta que recoge un determinado momento de una transmisión oral. Y es una posibilidad que se encuentra muy embotada en otras culturas históricas cuya tradición religiosa ha fijado los mitos sagrados en una escritura canónica, que evita cualquier alteración, como es el caso, pienso, de la tradición hindú y, mucho más marcadamente, de la tradición hebrea bíblica.

En Grecia podemos percibir cómo una determinada figura mítica pervive a través de variaciones literarias muy sintomáticas de este proceso. Tomemos, por ejemplo, el personaje divino que es Prometeo, el titán filántropo, el robador del fuego celeste, el patrón de las artes y técnicas artesanas del metal y la arcilla. Contado por Hesíodo, por Esquilo después, más tarde por Platón (que en el *Protágoras* pone en boca del gran sofista su relato mítico), y luego recontado en son de sascarmo por Luciano de Samósata, el mito de Prometeo resurge con una vivaz versatilidad. La intención de los narradores y el contexto histórico y literario dejan su impronta en la iluminación del protagonista. Prometeo es en Hesíodo un dios astuto, un *trickster*, que quiere en vano triunfar con sus engaños frente a Zeus; en Esquilo es el dios rebelde contra el reciente déspota del Olimpo, que por amor a los humanos desafía la cólera del tirano Crónida.

## 2. La tradición mitológica. Cómo fue en Grecia

En cambio, en el *Protágoras* de Platón, los dones de Prometeo se interpretan como un elemento civilizador que, para la existencia de un progreso social, han de ser complementados con el sentido de la justicia y el sentido moral, que son regalos de Zeus, repartidos por igual a todos los hombres. Prometeo, el magnánimo rebelde, queda situado en un segundo plano, subordinado al designio supremo de Zeus, fundador del orden y la justicia[22].

Otros héroes –como Ulises, Heracles, Jasón, Teseo, etc.– han sido también presentados con matices nuevos en esa larga tradición literaria. Y algo parecido sucede con algunos dioses, aunque, naturalmente, dentro de ciertos límites, que permiten la estabilidad fundamental de un esquema básico en los relatos míticos.

Por otro lado, al margen de esta tradición literaria [23], hubo las versiones locales, y los cultos, asociados a rituales, que conocemos bastante mal. Muchas veces ahí se mantenían aspectos más arcaicos que la tradición literaria no habrá recogido. Hay, como Kirk y otros han señalado, una enorme desproporción entre los mitos y los ritos en el ámbito griego. (Y a la inversa, en el ámbito romano, parece que, frente a una cierta pobreza mítica propia, hubo un gran desarrollo de los ritos religiosos sin trasfondo mítico o literario.)

En esas reinterpretaciones un tanto irónicas a veces de los mitos, la literatura griega preludia el trato que algunos escritores modernos han dado a esos relatos de dioses y héroes helénicos. Al aumentarse la distancia, convirtiéndose la mitología en un repertorio de temas sólo literarios, el escritor moderno puede jugar a presentar esas figuras antiguas bajo una nueva luz, irónica y un tanto frívola. Pensemos en obras de Goethe y Racine y, más cerca de nosotros, en textos de Gide y Giraudoux, de Joyce y de Katsantsakis, por ejemplo. Y en muchos, muchos otros. En este sentido la mitología griega es nuestra mitología familiar.

# Segunda parte
# Figuras y motivos

# 1. Mitología y tradición poética

Éstos –Hesíodo y Homero– son los que crearon poéticamente una teogonía para los griegos, dando a los dioses sus epítetos, distribuyendo sus honores y competencias e indicando sus figuras.

Así dice Heródoto en un pasaje bien conocido de su *Historia* (II, 53). El texto del historiador jonio testimonia claramente que los griegos ilustrados del siglo V a. C. eran bien conscientes del papel asumido en la tradición mitológica griega por los dos grandes poetas épicos –que Heródoto sitúa unos cuatrocientos años antes de su propia época, es decir hacia el siglo IX[24]–. Ellos habían fijado en sus poemas los rasgos más característicos de los dioses, sus figuras distintivas y sus atributos culturales. Aunque en líneas anteriores sugiere que los nombres *(onómata)* de los dioses proceden de una tradición anterior –de aquellos antiguos pelasgos que antes habitaron Grecia–, deja claro que los poetas citados habían realizado una admirable tarea ordenadora en el conglomerado mítico politeísta, al fijar los epítetos *(eponymíai)*, los honores o prerrogativas *(timaí)* y las habilidades o competencias *(téchnai)* de cada divinidad, así como sus aspectos o figuras *(eídea)*. Los aedos, hábiles demiurgos, habían impuesto un orden perdurable en el panteón helénico y habían consagrado una estructura armónica en el conjunto de seres divinos que recibían culto a lo largo y ancho de Grecia.

Por encima de las tradiciones locales, de los mitos y ritos de los diversos santuarios y múltiples ciudades, los poemas de Hesíodo y de Homero (no sólo la *Ilíada* y la *Odisea*, sino también los *Himnos homéricos* atribuidos a él en su conjunto) eran los textos de referencia habitual en la configuración de la mitología helénica. Habían instaurado y difundido una nomenclatura estable y un código mitológico aceptado por todos. La palabra *theogonía* que utiliza Heródoto resulta un término muy bien empleado aquí[25]. Que el historiador mencione antes a Hesíodo que a Homero no es, probablemente, indicio de que lo considere más antiguo, sino de que aprecia especialmente el carácter más sistemático y completo de su información sobre el mundo divino en su conjunto.

Al afirmar tan rotundamente la trascendencia de los poetas épicos en la configuración definitiva de las creencias y cultos, no pretende Heródoto destacar la originalidad de uno y otro, sino el valor permanente de sus obras en la fijación del corpus mitológico. No como inventores, sino como responsables de haber reorganizado y precisado en sus poemas, cantados ante un auditorio sin fronteras, el saber tradicional acerca de los dioses –quizás podemos agregar: y acerca de los héroes–, merecían ambos respeto y veneración. Por eso se convirtieron en los grandes educadores de los griegos en materia de religión y teología, porque habían plasmado en sus versos con singular destreza y claridad el legado de una larga tradición oral, que vino a fijarse por escrito en sus poemas a finales del siglo VIII o comienzos del VII.

El paso de la transmisión oral a la redacción escrita –y en una escritura alfabética, con la apertura y libertad de manejo que esta forma supone– es, sin duda, un hecho cultural de enorme trascendencia para la mitología antigua. El avance cultural del siglo VIII, el final de la llamada «época oscura», encuentra en la adopción del alfabeto de Fenicia y su difusión posterior una de sus notas más relevantes. Ahí se inaugura una nueva etapa de la civilización helénica[26]. Los poemas de Homero y Hesíodo, que son el término de un secular proceso de la poesía de composición oral, con sus fórmulas y procedimientos característicos, significan el fundamento de toda la mitología clásica[27].

Si bien es cierto que tras el desciframiento de las tablillas micénicas –escritas mediante el sistema del silabario lineal B– tenemos noticias acerca de los dioses venerados en los palacios de Cnoso en Creta y de Pilo en el Peloponeso, la información que esos documentos nos proporcionan es notablemente limitada. En una buena medida los nombres de sus dioses coinciden con los de los olímpicos (ahí están ya Zeus, divinidad principal en Cnoso, Poseidón, muy venerado en Pilo, Hera, Atenea, Ártemis, Hefesto, Ares y Dioniso), y en parte podemos sospechar una serie de cultos palaciegos peculiares (por ejemplo, las numerosas invocaciones a figuras femeninas de diosas con el epíteto de *pótniai*, 'soberanas')[28]. Pero las inscripciones sobre las tablillas de barro nos dan unos cuantos nombres y unos pocos detalles sobre cultos locales, nada más; no tenemos relatos mitológicos ni figuras divinas bien identificadas. Podemos sospechar que algunos mitos son de origen micénico mediante alguna sutil indagación arqueológica o etimológica, pero aun ahora la mitología griega sigue comenzando con los textos de Homero y Hesíodo.

Conviene no olvidar, por otro lado, que tanto Homero como Hesíodo componen sus poemas con un determinado objetivo e intención. No todas las representaciones de los dioses encuentran un espacio correspondiente a su relieve auténtico en la poesía de Homero. Como se ha destacado con frecuencia, el poeta épico compone sus cantos para una sociedad jónica aristocrática, interesada en determinadas representaciones y valores heroicos. De ahí que dioses como Dioniso o Deméter queden en el silencio, y que la vida de los olímpicos se presente como la de grandes señores guerreros[29]. (Hay, sin embargo, curiosas diferencias al respecto en la *Odisea*[30].) En cuanto a Hesíodo, se trata de un pensador de acusada personalidad, y sus preocupaciones personales se reflejan en sus poemas. Por otro lado, los estilos son notablemente diversos: mientras que Hesíodo usa abundantemente de los catálogos y esquemas genealógicos, siempre Homero es mucho más dramático y animado[31].

## 1. Mitología y tradición poética

El carácter tradicional del relato es un trazo esencial en el mito. Es uno de los rasgos determinantes del término mismo *mýthos*, en contraposición al vocablo *lógos*, en el contraste que se va perfilando en el siglo V, en la época de la Sofística y de los primeros historiadores[32]. Es entonces cuando la desconfianza en lo tradicional adquiere una forma característica del vigor crítico de los pensadores de este tiempo. Pero ya antes, en el siglo VI, encontramos duras censuras a Homero y a Hesíodo –en Jenófanes y en Heráclito, desde una perspectiva moral y filosófica– y el sabio Solón afirma, con frase lapidaria, que 'mucho mienten los poetas' (*polla pseúdontai aoidoí*), una crítica que hay que referir a los poetas por excelencia, los dos grandes épicos. En resumen, desde el siglo VIII hay una transmisión oral de los poemas que son la base textual de esta mitología, y ya en el siglo VI aparecen las primeras críticas y censuras a las autoridades de esta tradición[33].

Conviene subrayar este aspecto porque es uno de los que singularizan la tradición mítica en Grecia. Son los grandes poetas quienes custodian y configuran el repertorio narrativo tradicional y es en la difusión de los poemas épicos donde la mitología adquiere un perfil canónico a través de las variadas regiones de Grecia. Sin duda subsisten múltiples variantes locales, y muchos relatos son vinculados por una tradición oral, pero quedan ensombrecidos y recortados en su circulación frente a los grandes textos de Homero y Hesíodo que se aprenden de memoria en las escuelas y que se recitan en los grandes festivales públicos. En los cultos locales –en santuarios y ciudades diversas– persisten en contacto con ritos y ceremonias varias otros mitos de alcance limitado[34]. Pero la transmisión de los grandes mitos, del repertorio panhelénico, está ligada a la poesía que recrea y difunde los ritos y que, mediante la escritura, presta a las «aladas palabras» una perdurable autoridad. A la vez, ese saber poético del mundo divino y heroico está sujeto a una cierta libertad –superior a la que tienen otras mitologías guardadas por un clero celoso de sus privilegios y convencido de su carácter revelado–. También está expuesto a unas críticas renovadas, tanto de los filósofos como de los mismos poetas, que se permiten discrepar y recomponer un mito que no les parece «decente». (Así, por ejemplo, lo hace el piadoso Píndaro en la *Olímpica I*, a propósito de Pélope, o antes Estesícoro a propósito de Helena, negando en su *Palinodia* que llegara a Troya[35].)

Platón es quien lleva más a fondo las censuras contra los poetas mitólogos. Es él quien distingue ya con todo rigor entre lo mítico y lo razonado –*mŷthos* y *lógos*– y quien propone censurar los mitos tradicionales y rechazarlos cuando no parezcan adecuados para la educación de los jóvenes. También él insiste en que Homero, Hesíodo y los demás poetas son los «forjadores de falsas narraciones que han contado y cuentan a las gentes» *(Rep.* 377d). Son los responsables de los «mitos mayores», junto a los que existen otros «menores», transmitidos en relatos locales y familiares.

La postura del filósofo no deja de ser muy curiosa: por un lado, Platón es un recreador de mitos, utilizados como alegorías en varios diálogos, para ofrecer una imagen de lo que está más allá de lo demostrable (por ejemplo, el viaje del alma al Más Allá, en *Gorgias, Fedón* y *República);* por otro lado, su oposición crítica al saber mitológico tradicional le lleva a postular una estricta censura, que eliminaría la mayor parte de los mitos sobre los dioses, por su inexactitud y su inconveniencia pedagógica y moral. Esta censura se enmarca en el programa político del filósofo, en contra de la tradición general y en contra de los hábitos orales y el magisterio de Homero. Así dice:

> Debemos, pues, vigilar ante todo a los forjadores de mitos [*mŷthopoioís*] y aceptar los creados por ellos cuando estén bien y rechazarlos cuando no; y convencer a las madres y ayas para que cuenten a los niños los mitos autorizados, moldeando de este modo sus almas por medio de los mitos, mejor todavía que sus cuerpos por medio de las manos. Y habrá que rechazar la mayor parte de los que ahora se cuentan (*Rep.* 377c).

Sobre el hecho de ser falsos, esos mitos, según Platón, «dan una falsa imagen de dioses y héroes» (y a continuación, como ejemplo, alude Platón a los conflictos entre Crono y Urano tal como lo cuenta Hesíodo). Resultan confusos, inmorales e inadecuados a la *paideía*.

He citado este pasaje porque resume bien los reproches que un pensador ilustrado y preocupado por la educación podía hacer a los mitos clásicos. Desde Jenófanes a Platón hay una línea directa en la crítica a los mitos. Excesivo antropomorfismo, que no sólo se reflejaba en las figuras de los dioses, sino a la vez en sus conductas, a veces inferiores a las de los hombres justos, sirviendo de escándalo moral a estos ilustrados, como Jenófanes:

«A los dioses atribuyeron Homero y Hesíodo todo cuanto entre los humanos es objeto de censura y de oprobio: robar, cometer adulterios y practicar el mutuo engaño».

Pero una censura como esa que imaginaba Platón era algo que jamás se pudo establecer en una ciudad griega, ni siquiera en círculos religiosos. Esas historias escandalosas de los dioses lo eran para la mentalidad moralista de estos pensadores, no para el pueblo, que creía ingenuamente esos mitos y que se deleitaba en lo que Nietzsche llamó «la frivolidad de los dioses griegos». Con todo, tales ataques movieron a otros pensadores a intentar una defensa de los mitos tradicionales, bajo la explicación de que estos relatos no debían tomarse al pie de la letra, ya que eran narraciones de sentido cifrado y lenguaje imaginativo, es decir, alegorías sobre el mundo divino, cuentos poéticos de sabio y críptico trasfondo. Ya Teágenes de Regio, en pleno siglo VI, explicaba a Homero con un método alegórico[36].

Al estar vinculados por una tradición poética[37], los mitos griegos carecieron de la inflexibilidad que en otros lugares han tenido las narraciones de carácter religioso. En ocasiones estaban ligados a rituales fijos, pero en la mayoría de los casos se presentan desligados de la práctica religiosa ceremonial. Ofrecían una versión muy variada de unos dioses antropomorfos, singularmente ágiles y relacionados en una estructura familiar. No hubo en Grecia dogmatismo ni rigidez en las creencias. Los sacerdotes se ocupaban más de las ceremonias que de los mitos en sí, aunque los mitos son inseparables de la religión y la religiosidad popular[38].

## 1. Mitología y tradición poética

El pueblo griego era profundamente religioso y los mitos se rememoraban en todas las manifestaciones festivas de la colectividad. Las recitaciones épicas y las representaciones trágicas suponen una rememoración de los mitos que, en su paradigmática y ubicua presencia, no sólo ofrecen una común base religiosa, sino también un firme y común repertorio cultural. Junto a los textos están las imágenes de la pintura y la escultura, desde las magníficas estatuas de los dioses y héroes a las imágenes de la cerámica que una y otra vez reiteran escenas mitológicas, y que muchas veces testimonian interesantes variantes de temas míticos famosos. Toda la literatura clásica se funda en los relatos míticos, tomándolos unas veces como tema central del argumento, como en los poemas épicos y en las versiones trágicas, o bien como alusiones de lección ejemplar, como en la lírica. (Sólo la comedia nueva y la novela, géneros postclásicos, prescinden de los mitos arcaicos.) A veces, el relato, como es propio de una literatura escrita, supone una recreación con variantes muy significativas del mito; conservando la estructura básica, el recuento modifica detalles y añade una «relectura» nueva o una interpretación singular, como sucede en la versión de una tragedia. También este ágil y flexible recontar los mitos es un rasgo peculiar de la tradición helénica, dentro de la libertad y la función poética de las que hemos hablado.

Surgidos en un pasado inmemorial, los mitos griegos pervivieron en una sociedad que se va haciendo progresivamente literaria, aunque hoy somos conscientes de que los hábitos de la oralidad perduran ampliamente incluso tras la aparición de una escritura tan fácil como la alfabética. Una sociedad mucho más compleja culturalmente que la de otros países con desarrollo más lento, una cultura abierta a múltiples influencias exteriores, especialmente orientales, como fue la griega, ofrece en su tradición mitológica una peculiar riqueza en variantes y en reinterpretaciones de un material mítico de procedencia muy varia.

Quizás resulta obvio advertir que el contexto social y el recorrido histórico del pueblo para el que se narran los mitos influencian su carácter; pero me ha parecido pertinente, a riesgo de enunciar algo sobradamente evidente, subrayar que justamente esa apertura de horizonte, ese progreso cultural, esa civilización de la escritura, esa ausencia de autoridad eclesiástica y dogmática, esa revisión constante y memorable en los festivales públicos, así como el hiato frecuente entre mitos y ritos, caracterizan el repertorio mitológico heleno. (No voy a detenerme en estos aspectos, que son conocidos y que para ser expuestos en detalle requerirían mucho espacio; sólo quería apuntar en un comienzo que «la naturaleza de los mitos griegos»[39] está determinada por la sociedad que los creó y usó.) Frente a otros repertorios míticos, los relatos griegos son en su trama bastante sencillos y poco complicados. Sus temas pueden inventariarse fácilmente, y reflejan las preocupaciones de la arcaica sociedad patriarcal, de abolengo indoeuropeo, afirmada en un país mediterráneo[40]. Cabe buscar una sociología de los temas inventariados, advirtiendo cuáles son sus motivos esenciales, de orden familiar, cultural y político[41]. De algún modo aún estamos relacionados con esa cultura, de ahí que sus mitos nos resulten, si no familiares, al menos no radicalmente extraños[42].

## 1. Mitología y tradición poética

Responder a la cuestión de si creían los griegos en sus mitos resulta en este momento demasiado complicado[43]. Por un lado, la creencia no es algo simple; se puede creer más o menos; con consciencia o sin ella; rutinaria o activamente. Por otro lado, hubo, como no podía ser menos, grandes variaciones según épocas y situaciones. Los mitos forman el trasfondo de la narrativa religiosa; las imágenes y las historias de los dioses vienen de los mitos; la mayor parte de los ritos presuponen una leyenda mítica; la religación con lo sagrado está tejida de palabras míticas; la mitología proporciona una interpretación del mundo humano fundado en la trascendencia o inmanencia de lo divino, ofrece un sistema de referencias para convivir en un ámbito domesticado por los dioses y explorado por los héroes; humaniza la realidad con sus relatos.

En la medida en que la gente deja de creer en las explicaciones tradicionales, tiene que adoptar nuevas ideas para confiar en el mundo; si el mundo deja de ser habitado por presencias míticas, necesita ser fundamentado en otras causas, explicado por la razón. Eso sucede poco a poco y relativamente. Los mitos tienen una tendencia notable a pervivir bajo varios disfraces[44]. No es fácil determinar cuándo un mito deja de ser creído ni cuándo viene a ser desplazado por una nueva fe[45]. Sabemos cuándo se aducen explicaciones nuevas acerca de los astros y los planetas, pero no es fácil precisar cuándo los sentimientos acerca de la divinidad de los cuerpos celestes sufren cambios decisivos.

Hay también cruces entre mitos y figuras míticas, como los sincretismos entre dos o más personajes que acaban por confluir en uno solo: Helios y Apolo, Selene y Ártemis, por ejemplo, acaban por identificarse como el Febo solar o la mágica Luna. Todo ello viene a cuento para indicar que en la mitología griega tenemos que contar con una variación en el tiempo, una diacronía mitológica propia a esta tradición, algo mucho más destacado en esta cultura que en ninguna otra, singularmente.

Entre la época de Homero y Hesíodo y la del compilador Apolodoro, que compuso su manual mitológico hacia el siglo I o II de nuestra era, hay una distancia de casi mil años; casi diez siglos de mitografía separan al erudito helenístico del aedo Hesíodo, por referirnos a los dos autores que han pretendido dejar una visión panorámica del corpus mítico griego. Hesíodo compuso su poema, la *Teogonía,* inspirado por las Musas, según su propia confesión inicial, mientras que Apolodoro resume los textos de muchos escritores anteriores, condensándolos en su *Biblioteca* en un manual bien ordenado. El impulso poético y el fervor religioso han desaparecido y queda sólo la información libresca en este mitógrafo tardío, epígono de una tradición literaria perdida[46].

Pero no es sólo la amplia distancia y la diferencia de tono lo que importa registrar en esta mitografía, en la que Hesíodo y Apolodoro pueden figurar como dos extremos, principio y fin. Hay que advertir también que toda la literatura clásica conservada puede servir de fuente de información, pero que en sus referencias a la mitología los poetas y escritores antiguos mencionan las historias míticas como algo familiar y bien sabido, que es aludido por su valor ejemplar, por su función didáctica, o como lección de sabiduría que conviene retomar desde alguna perspectiva. Raramente cuentan un mito sin más, para darnos información completa sobre un relato que sus auditores ya conocían. Es, en efecto, privilegio del poeta, por su relación con las musas memoriosas y su dominio del canto memorable, transmitir y difundir el legado mítico, pero el pueblo es quien guarda ese repertorio tradicional de narraciones de tiempos inmemoriales. Cuando un poeta lírico, pensemos en Píndaro, por caso, inserta un mito en su poema, no suele contarlo por entero, dando por supuesto que sus oyentes ya lo saben, sino que quiere evocarlo rápidamente destacando en él aquello que en ese momento le interesa especialmente. Cuando un autor trágico reelabora en su drama un tema mítico, tampoco tiene especial interés en transmitirnos la versión completa y canónica, sino que centra su representación en algunos puntos que en su reflexión le parecen los más sugestivos y convenientes. Pensemos en lo que hace Eurípides, innovador y crítico en muchos temas, pero también en otros autores. Basta comparar la versión que Esquilo ofrece en su *Prometeo encadenado* con la que diera Hesíodo en la *Teogonía* y en sus *Trabajos y días,* para advertir cómo dos grandes autores pueden recontar un mismo mito con variantes sustantivas, debidas no sólo a la personalidad poética de uno y otro, sino a la consideración ideológica y a la interpretación que les imponen los tiempos y públicos a quienes se dirigen[47]. En general podemos notar que un mito se cuenta con una intención determinada y con una determinada interpretación, y que las figuras mismas de los mitos, especialmente los héroes, presentan unos matices distintos en unos y otros relatos. Por poner otro ejemplo, pensemos en Ulises, el astuto protagonista de la *Odisea,* que en las tragedias de Sófocles o Eurípides suele ser visto bajo una luz más ambigua que en Homero, por ese aspecto taimado que recurre a la trampa para obtener la victoria, cuando le conviene[48].

Si en la tradición oral las alteraciones de los relatos míticos son inevitables, puesto que nunca un recitado es exacta reproducción de otro, en la tradición literaria la tendencia a la variación original o a la reinterpretación crítica es algo esencial al mismo proceso poético, donde todo recuento es a la vez recreación[49]. Otro ejemplo interesante podría ser el mito de Teseo, politizado en la tradición ateniense[50].

Por lo demás, no debemos considerar a los mitos como entidades perfectamente acabadas en su origen, sino más bien como composiciones formadas de elementos narrativos menores –mitologemas y mitemas– con una estructura básica y una forma susceptible de variantes numerosas. Como las que podemos atestiguar en la transmisión de los mismos a lo largo de los siglos y también en variantes locales. Si un mito es inmutable en su estructura esencial, so pena de alterar su sentido básico, no lo es en su forma[51].

## 2. Mitología como sistema y conglomerado

El término «mitología» tiene dos acepciones: bien como «conjunto de mitos», bien como «estudio de los mitos». Aquí nos interesa el primer sentido, es decir, en su significado de conjunto, colección, repertorio de los mitos griegos. Y comenzaremos por destacar que una mitología es algo más que un conglomerado o una suma convencional, ya que los mitos se relacionan entre sí y las figuras míticas están referidas unas frente a otras.

Una mitología es un sistema de representaciones míticas, organizado en torno a ciertas nociones básicas de carácter religioso. Los mitos están relacionados y ofrecen su explicación simbólica de lo real gracias a esa ordenación; no se prodigan caóticamente, sino que se insertan en una mitología que, si bien en una tradición cultural como la griega no se mantiene rígidamente fijada, presenta sin embargo unas claras líneas de ordenación. Este orden de la mitología puede ser a veces explicitado en una obra escrita, como, por ejemplo, sucede en la *Teogonía* hesiódica, pero, de hecho, dista mucho de ser una creación del poeta, es algo preexistente a su ordenamiento y que de modo tal vez más vago, pero igualmente firme, está en la conciencia de los creyentes.

Como J. P. Vernant y W. Burkert han subrayado, «un panteón ha de ser visto como un sistema organizado que implica relaciones definidas entre los dioses, como una especie de lenguaje en el que los dioses no tienen una existencia independiente, de igual modo que las palabras en la lengua»[52]. Lo que se dice de los dioses puede decirse del conjunto de personajes que componen los elementos con los que se teje la trama de los mitos. La analogía con la lengua parece clara en una perspectiva estructuralista. También aquí hay una sincronía y una diacronía que afectan al sistema y a sus elementos, aunque, como Burkert advierte[53], la analogía no es exacta, y sería erróneo postular una gramática mitológica. La idea de que el repertorio mítico forma un corpus cuyos elementos se definen en sus oposiciones y relaciones, y que la mitología funciona significativamente gracias a esa relación de oposición y complementariedad entre sus figuras, puede encontrarse en muchos otros estudiosos[54].

Baste recordar, como ejemplo, cómo las diversas diosas del panteón olímpico tienen cada una su propio perfil y cómo cumplen sus funciones específicas de protección y patrocinio de aspectos diversos de la existencia en una clara armonía: Hera, Deméter, Atenea, Afrodita, Ártemis, Hestia, Hécate, se distinguen por su significado y cada una tiene su dominio y su actuación, siendo opuestas entre sí al tiempo que complementarias en el cosmos divino. También hay oposición y complementariedad en el patrocinio de ciertas actividades: así tanto Ares como Atenea son divinidades guerreras, pero bajo distinto enfoque del combate; Atenea comparte con Hefesto el patrocinio de la artesanía, pero cada uno de ellos tiene su especialidad[55].

Cabe recordar luego cómo los cultos locales privilegian a uno u otro dios, pero sin dejar de advertir la importancia de la comunidad de dioses. Olvidar a uno cualquiera de ellos es peligrosísimo, como atestiguan numerosos mitos[56]. La organización familiar y la estructura genealógica permiten cohesionar a las figuras mayores de ese panteón helénico, formado con agregaciones de dioses de origen vario. La familia divina constituye un principio de organización, de tipo patriarcal, y el dios supremo, Zeus, conserva su título decisivo de «Padre de los dioses y los hombres», que dice a las claras que es el cabeza de familia, no tanto en cuanto a la sangre, sino en cuanto a su papel de señor y jefe de la organización familiar.

Al margen y en contacto siempre con los dioses están los héroes, protagonistas de gran parte del repertorio de mitos griegos. Están por debajo de los dioses en poder y gloria, y, como los hombres, están sujetos a la muerte. Éste es el trazo distintivo imborrable entre héroes y dioses; sólo éstos son los Inmortales. La barrera que separa a unos de otros es la condición mortal de los «semidioses», que sólo excepcionalmente –en los casos de Dioniso y Heracles– logran trascender. La distinción entre ambas categorías de personajes míticos es fundamental. La abundancia de héroes y la riqueza episódica de sus historias es un rasgo característico de la mitología helénica.

La categoría de héroe es algo más difícil de definir que la de dios [57]. La serie de los héroes es mucho más abierta que la de los dioses. Hay héroes mayores, famosos en toda Grecia, cantados en la épica y en toda la literatura clásica, y otros menores, de carácter local, ligados a un culto restringido[58]. Son en general intermediarios entre el mundo divino y el humano. Descienden de los dioses, pero tienen en su origen una mezcla con lo mortal de la naturaleza humana[59]. No se alimentan de ambrosía y están sujetos al dolor, el esfuerzo por vivir y finalmente a la muerte. Por su pertenencia a los tiempos del mito y su afinidad con lo divino, estos *hemítheoi* o semidioses son especialmente ejemplares para los humanos. Sus hechos están más cercanos en muchos casos a las leyendas que a los grandes mitos primordiales[60].

Por otro lado, en torno a los grandes dioses pululan una serie de divinidades menores, que forman grupos de seres inmortales (y por tanto divinos), de acción limitada y personalidad indefinida, como son las ninfas, las sirenas, los faunos, etc. Son también manifestaciones varias de lo divino, pero carecen de una historia mitológica propia. Tienen una vida más larga que la de los héroes, pero carecen de la gloria y la individualidad de las figuras relevantes del repertorio mitológico. Forman coros y tíasos diversos, pero no son primeros actores del drama.

Los mitos, como relatos tradicionales, están sujetos a contaminaciones, alteraciones y variables interferencias. En la transmisión siempre permanece el núcleo fundamental de la narración, pero con sutiles modificaciones puede ser adornado y retocado, como esas estatuas su-

## 2. Mitología como sistema y conglomerado

mergidas durante muchos años en el fondo marino que resurgen luego con curiosas adherencias. Naturalmente, los grandes relatos religiosos, protegidos por un culto conservador y un rito repetido exactamente, previenen a los mitos de los dioses de ese desgaste, que afecta más notoriamente a los mitos heroicos. Pero en el caso de los dioses, especialmente, tenemos que contar con las distintas tradiciones locales y con la confluencia en una sola figura divina de diferentes mitos, de la contribución de cultos y rituales e imágenes de varia procedencia. Los orígenes de una divinidad son siempre oscuros y los fenómenos de sincretismo se han producido muchas veces en las religiones de la Antigüedad.

Como señala W. Burkert, un universo politeísta presenta siempre un aspecto de confusión en sus figuras, de perfiles complejos:

La personalidad distintiva de un dios –dice– está constituida y mediada al menos por cuatro factores diferentes: el culto local establecido con su programa ritual y su peculiar atmósfera, el nombre divino, los mitos que se cuentan sobre el ser nombrado y la iconografía, especialmente el culto a sus imágenes. Pero este complejo puede descomponerse fácilmente y esto hace bastante imposible el escribir *la* historia de cualquier dios por separado. La mitología, desde luego, puede referirse al ritual, el nombre divino puede ser etimológicamente transparente y revelador y las imágenes pueden aclarar con sus varios atributos ambos aspectos del culto y la mitología; pero nombres y mitos pueden difundirse ampliamente con más facilidad que el ritual ligado a lugar y tiempo concretos, mientras que las imágenes sobrepasan las barreras lingüísticas, y así los varios elementos son disociados de continuo y recombinados de nuevo[61].

Si esta difusión y penetración de trazos míticos disociados, junto con el sincretismo y la amalgama, puede esperarse en cualquier mitología politeísta, es mucho más de esperar en el caso de una situada en la confluencia de múltiples interferencias, como la griega, abierta desde un comienzo a los influjos de la cultura oriental y la egipcia, así como producto de una simbiosis entre la mitología indoeuropea traída por los invasores griegos y la religión mediterránea de los antiguos pobladores de la península y de las islas del Egeo[62].

A veces notamos cierta discordancia entre las imágenes del culto y los mitos referidos a tal o cual divinidad. En otros casos una determinada figura divina ha recogido nombres y epítetos diversos, que revelan facetas distintas de su personalidad, que pueden provenir de una suma de otros personajes confundidos en él. Así, por ejemplo, como apunta Burkert[63], la figura de una Gran Diosa, la Señora de los Animales, corresponde en Grecia a una pluralidad de diosas bien diferenciadas: Hera, Ártemis, Afrodita, Deméter y Atenea; mientras que un mismo dios puede reunir dos nombres, como Apolo y Peán, o bien Ares y Enialio, que tal vez tuvieron antes independencia. No es raro que a un mismo dios se le adjudiquen dos relatos míticos diferentes: así Afrodita ha nacido de la simiente de Urano lanzada a las aguas o, según Homero, es hija de Zeus y Díone, y Dioniso es hijo de Zeus y Sémele, o bien de Zeus y Perséfone.

## 2. Mitología como sistema y conglomerado

La cultura griega se ha mostrado hábil para integrar los influjos orientales en una síntesis bien lograda, tanto en mitología como en los orígenes de la filosofía. Que un dios tan helénico como Apolo sea de procedencia oriental es bastante significativo; así como que Dioniso, tan asiático en apariencia, el dios con vocación de extraño, el dios de la máscara, se encuentre ya en el panteón micénico[64].

Subrayemos que nos importa más la significación de un dios que su origen. En primer lugar porque los mitos hablan de ésta y no de aquél, y, en segundo lugar, porque esa cuestión de los orígenes de una figura mítica se presta a especulaciones arriesgadas y dudosas. Cabe preguntarse por la significación original, claro está, y es muy interesante hacerlo; pero no es lo esencial en el estudio de la mitología:

En historia de las religiones –dice J. P. Vernant[65]– la etimología es bastante más oscura [que en un sistema lingüístico], pero incluso en el caso del lenguaje la etimología no nos aclara acerca del empleo de un término en una época dada, puesto que los locutores, cuando lo utilizan, no conocen su etimología; el valor de un término no está tanto en función de su pasado lingüístico como del lugar ocupado en el sistema general de la lengua en la época que se trata. Del mismo modo un griego del siglo V conoce quizás menos cosas sobre los orígenes de Hermes que un especialista contemporáneo; pero eso no le impide creer en este dios Hermes, y sentir en ciertas circunstancias la presencia del dios. Ahora bien, lo que intentamos comprender es precisamente lo que es Hermes en el pensamiento y la vida religiosa del griego, el lugar que ocupa este dios en la existencia de los hombres.

Tanto la analogía entre sistema lingüístico y sistema mitológico (a la que ya hemos aludido) como la preferencia dada a la significación funcional sobre la etimología nos parecen muy adecuadas. No importa que J. P. Vernant hable más como historiador de la religión que como mitólogo. También al historiador le interesan, claro está, los orígenes de las figuras divinas y la procedencia de los relatos que las describen en su actuación mítica. Los elementos míticos pueden ser y son reinterpretados al introducirse en un sistema nuevo. Tal dios puede tener rasgos orientales o puede provenir de Oriente, pero al integrarse en el panteón helénico se ha vestido de acuerdo al papel que en este ámbito divino y mitológico se le ofrece.

Que la mitología griega –como la religión– es el producto de un cruce y fusión de elementos provenientes de la mitología indoeuropea y de un sustrato religioso mediterráneo, con una larga penetración de influencias asiáticas, es una tesis general razonable y aceptada en su conjunto[66]. Ahora bien, delimitar qué elementos provienen de uno u otro ámbito originario resulta ya cuestión mucho más discutida.

Pensar que las figuras masculinas de los grandes dioses vinieron del norte y fueron impuestas por los helenos conquistadores sobre las figuras femeninas de las diosas mediterráneas, subyugadas y sometidas entonces a una estructura patriarcal, como la de la misma sociedad helena, es una hipótesis fantasiosa e indemostrable[67]. Zeus es un dios de orígenes indoeuropeos, tanto por su nombre de clara etimología como por su figura como señor del rayo y dios de las tormentas, con paralelos bien co-

## 2. Mitología como sistema y conglomerado

nocidos en el ámbito hindú, germánico y latino. Pero el Zeus griego no es sólo un dios indoeuropeo, sino que se ha fusionado con otras figuras masculinas. Es también ese dios nacido en Creta y festejado por los Curetes en la caverna del Ida; es un dios que tiene una niñez y que en Creta tiene también una tumba. Es un *koûros* y un dios que resucita tras una misteriosa muerte. Es una figura compleja que se perfila como Padre de dioses y hombres y dispensador de la Justicia, tras haber conquistado la soberanía destronando a Crono y venciendo a los Titanes y al monstruoso Tifón (un mito con paralelos asiáticos evidentes). Es el progenitor de Atenea y el esposo de Hera, etc. Es, en fin, una figura que se perfila como construida por un conjunto de relatos míticos diversos y mezclados[68]. Y lo mismo puede decirse de los otros dioses, cuyos orígenes están, en general, mucho menos diáfanos que los del soberano celeste. (Así, por ejemplo, sus dos hermanos, Hades y Poseidón, tienen orígenes más oscuros y con sus poderes ctónicos están enraizados en ese tenebroso mundo terráqueo, junto a diosas como Perséfone y Deméter, con nombres de etimología griega, pero de trasfondo probablemente mediterráneo.)

Dentro del «conglomerado heredado» de creencias, imágenes y mitos, con sus variantes locales y sus apoyos rituales, las figuras de los dioses no se nos presentan como monolíticas, del mismo modo como tampoco un relato mítico es de una pieza. Por el contrario, tanto los mitos como las figuras de los dioses están formados de elementos varios, articulados en una estructura significativa dentro de un sistema mitológico, cuyos orígenes están confusos y mezclados. Hay en ese sistema algunas variaciones diacrónicas que podemos registrar, sobre todo en época tardía: por ejemplo señalemos cómo una diosa como la Gran Madre recupera prestigio a fines de la época clásica y cómo más tarde una diosa como Isis se introduce en el ámbito helenístico, o cómo algún dios mal colocado en el sistema se va eclipsando, como el antiguo Helios, suplantado por Apolo, para luego, muy tardíamente, recobrarse en un sincretismo de época romana como un dios esplendoroso y máximo[69].

Sin duda ha habido también variaciones semejantes en épocas muy anteriores que no podemos conocer. Por las tablillas micénicas tenemos conocimiento de los nombres de algunos dioses helénicos que recibían culto en Creta, y que se corresponden en su mayoría con los olímpicos. Pero desgraciadamente no conocemos los mitos que circulaban a mediados del segundo milenio en el Egeo. Sin duda esa *Atana pótnia* tenía algunos rasgos en común con la Atenea de época clásica, pero también es probable que tuviera otros rasgos que no se han conservado en nuestra tradición mítica. Las imágenes del ámbito minoico-micénico nos presentan una serie de figuras un tanto enigmáticas, que son un reflejo de mitos perdidos para siempre.

Sobre el conglomerado mítico tradicional, seleccionando y ordenando la profusa materia mítica, surge la visión y recreación de la poesía épica, es decir, la impronta definitiva de Homero y Hesíodo, que son, como bien decía Heródoto, quienes fijaron los nombres y funciones de los dioses, en un logro para siempre, *ktêma es aieí*. Los griegos eran bien conscientes de su magisterio, tanto como los estudiosos actuales[70].

## 3. La familia olímpica

Los dioses griegos se definen por sus relaciones mutuas dentro de una sociedad que es, fundamentalmente, la de una familia patriarcal. Los dioses existen para siempre, pero no desde siempre. Han tenido un origen y sus figuras están encuadradas en un esquema genealógico. Es precisamente la genealogía el eje que Hesíodo utiliza para ordenarlos en la *Teogonía*. Si los dioses son eternos, *aeí óntes,* su eternidad debe entenderse en este sentido de «ser para siempre», desconocedores de la muerte y la corrupción. Pero pertenecen a distintas generaciones y se han quedado fijados en una determinada edad –siempre en relación de unos con otros[71].

Zeus recibe el epíteto de «Padre de hombres y dioses», no porque sea especialmente prolífico y progenitor universal, sino porque dentro de la familia de los Olímpicos ocupa ese papel, es decir, es el señor de la casa, el augusto soberano, el Padre poderoso que ejerce su autoridad patriarcal. A su lado están otros miembros de su misma generación, la de los hijos de Crono, el titán; son sus hermanos: Hera, Deméter, Hestia, Poseidón y Hades. Hera es su esposa legítima, la señora de la casa, la augusta copartícipe del trono a través de su matrimonio con Zeus, hermano y esposo. Es también Madre, pero en mucha menor medida, ya que sólo dos de los grandes dioses son hijos suyos, Ares y Hefesto, y son dioses que no destacan por especialmente agraciados entre los jóvenes olímpicos.

Deméter, hermana de Zeus, es también esencialmente madre de la joven Core, hija de Zeus o acaso de Poseidón. Core está destinada a convertirse en esposa de su tío, Hades, señor de los infiernos, soberano en el mundo de los muertos. Core o Perséfone pasa la mayor parte de su tiempo en las moradas sombrías de Hades.

Hestia está relegada en el interior del hogar, es una divinidad muy limitada, guardadora del fuego del hogar, y con muy poca historia personal, debido a ese recogimiento.

Poseidón es uno de los tres hijos masculinos de Crono que, tras derribarlo, se repartieron el mundo. Zeus obtuvo el mejor lote, toda la superficie de la tierra y el Olimpo, a Hades le tocó el reino de las sombras y los muertos, al que dio su nombre, y a Poseidón el vasto ámbito de los mares y zonas subterráneas. Por su epíteto de *Gaiéochos* está definido como 'el que soporta la tierra' o 'el que viaja bajo tierra' o 'el que abraza la tierra'. Es también, consecuentemente, 'el que conmueve la tierra', *Ennosígaios,* el productor de los terremotos, terrible poder ctónico y submarino. En la sociedad olímpica ocupa el puesto de tío paterno de los dioses jóvenes. De ahí sus

## 3. La familia olímpica

relaciones un tanto tensas con Atenea y su especial amistad con Apolo.

Hades se halla retirado en sus dominios. Tan sólo surge a la luz para raptar a su sobrina Core, a la que convierte en su esposa, la reina de los muertos, Perséfone. Deméter, madre de Perséfone, tiene, como Hestia, un papel muy limitado. Pero si Hestia es una figura femenina dedicada a las faenas del interior de la casa, Deméter posee un poder más aireado, como diosa de los cereales y la tierra cultivada.

La distribución de competencias y poderes entre esos dioses de la primera generación olímpica está claramente trazada. No lo está menos la que afecta a los dioses más jóvenes, los de la generación siguiente, hijos todos de Zeus.

Tan sólo dos son hijos de Hera: Ares, dios de la guerra, violento y brutal, y Hefesto, señor del fuego y el arte de los metales, patizambo herrero de habilidades múltiples. Atenea es hija sólo de Zeus, surgida de su cabeza en un parto maravilloso. Apolo y Ártemis, brillantes gemelos, son hijos de Zeus y Leto. Hermes, el astuto mensajero, psicopompo y noctámbulo, es hijo de Zeus y la ninfa Maya. Dioniso es hijo de Zeus y una mortal, Sémele. Afrodita, diosa del amor, es, según Homero, hija de Zeus y Dione. (Según Hesíodo, hija del esperma de Urano y del mar.)

Ares, Hefesto, Apolo, Hermes y Dioniso tienen todos ellos bien delimitados sus quehaceres y atributos. Y lo mismo podemos decir de las diosas. Afrodita se opone a Atenea y Ártemis desde un comienzo por ser la divinidad del impulso amoroso y la unión sexual, mientras que las otras dos hijas de Zeus son doncellas y castas. Especialmente clara es la oposición entre Afrodita y Ártemis, la casta cazadora protectora de la virginidad y de las doncellas. Siendo una y otra enormemente poderosas, representan polos opuestos y rendir culto tan sólo a una de ellas es peligroso desvarío. (Como queda de manifiesto en el *Hipólito* de Eurípides.)

Atenea está también bien definida en sus enfrentamientos. Se opone a Ártemis porque ella es una diosa de la sabiduría y la técnica, diosa de lanza, escudo y armadura, frecuentadora de ciudades, patrona de guerreros y de artesanos, no cazadora agreste y señora de las fieras; no montaraz y selvática, sino civilizada y casera, amiga del telar y de la inteligencia calculadora, inventora del olivo y de la flauta. Comparte con Poseidón la afición a los caballos y a las naves, pero mientras que el dios representa el impulso natural y el vigor impetuoso, ella propicia la domesticación y el dominio técnico, al servicio de los hombres, inventora del freno y protectora de intrépidos navegantes. Comparte con Hefesto el dominio del ingenio artesano, ambos son patrones de los artistas del Ática, y fue el hacha de Hefesto quien hizo nacer a la diosa de la cabeza de Zeus. Pero se distingue del fogoso dios por su elegancia y serenidad; no trabaja en el taller de la fragua, sino que planea e inventa. Rechaza los avances amorosos del dios, y de esos amores contrariados es fruto Erecteo, que la joven doncella acoge protectora. Está próxima a su padre, y distanciada del mundo sentimental femenino, de acuerdo con su origen; asume su feminidad fríamente y desconoce los encantos y seducciones de Afrodita[72].

## 3. La familia olímpica

El ámbito familiar viene bien para acoger a todos estos dioses, que a veces pueden enfrentarse por culpa de los hombres, pero que mantienen un equilibrio hecho de contrastes.

La agrupación familiar del panteón olímpico no es enteramente original. También en otras mitologías se ofrece una familia de dioses –ya en Egipto y en el Próximo Oriente– que se reparten poderes y dominios. Pero sí nos parece muy característica de la representación helénica esa claridad de la representación del marco familiar. Claridad que viene apuntalada en el número reducido y al mismo tiempo suficientemente amplio de dioses: el número canónico de los doce olímpicos: Zeus, Hera, Poseidón, Deméter, Atenea, Apolo, Ártemis, Afrodita, Ares, Hefesto, Hermes y Dioniso. Y a otro lado los poderes ctónicos del mundo de la muerte: Hades, Perséfone y Hécate, divinidades de las tinieblas.

Ya en Homero la Asamblea de los dioses ofrece un cuadro familiar plenamente iluminado, de notable plasticidad, donde las figuras divinas se mueven con enorme soltura: Zeus soberano toma las decisiones supremas y dirime los pleitos de familia. Hera rezonga y se somete a los inapelables designios de su augusto esposo. Atenea sabe actuar de abogada de sus protegidos, y aprovechar las ausencias de Poseidón para obtener una sentencia favorable a Ulises. Zeus se abstiene de proteger a su hijo Sarpedón por no quebrantar las normas de la equidad. Hefesto, copero y marido engañado, sabe suscitar la risa de los dioses. Afrodita va y viene ajetreada en sus amores y favores, y Hermes actúa rápidamente una y otra vez. Los dioses observan a los hombres, y comparten a veces desde la distancia o acercándose a ellos el destino doliente de los héroes. Los poemas homéricos ofrecen un cuadro coloreado y luminoso de esta sociedad divina, presentada como una familia principesca en el Olimpo palaciego, atalaya del mundo humano[73]. Desde lo alto los dioses señorean el escenario terrestre. Son los Felices, los Inmortales, «los que viven fácilmente», según la expresión homérica, en contraste con los mortales, los humanos que sufren y se esfuerzan por vivir un día más, efímeras criaturas, que tienen una notoria semejanza con los dioses en sus figuras y sus pasiones, y que alguna rara vez rozan a un dios o reciben su epifanía extraordinaria.

Junto a esos dioses homéricos hay otros poderes divinos, que se han ajustado luego al conjunto familiar. Es el caso de Eros, integrado en época posthomérica como hijo de Afrodita y representado luego como un niño flechero y alado. En un comienzo ese dios que representa el deseo amoroso es una fuerza divina que poco tiene que ver con los otros dioses. En la *Teogonía* de Hesíodo figura como uno de los primeros seres en los comienzos del cosmos. Otras teogonías, como la órfica, le atribuían también un papel primordial en la generación de todo el universo.

Al margen del Olimpo quedan los dioses vencidos en la lucha por el poder celeste, como los titanes, y también alguna divinidad de actuación específica, como el caprípedo Pan, dios agreste, pastoril y buscador de un retiro bucólico, amigo de las ninfas y los sátiros, apartado de los nobles príncipes del Olimpo.

La personalidad de un dios griego puede ser notablemente compleja. Sus cultos, y sobre todo los mitos, con-

## 3. La familia olímpica

figuran el perfil de cada divinidad, dentro de este juego de oposiciones y relaciones. Cada dios tiene su historia[74]. Unos una muy breve, como es el caso de Hestia, tan inmovilizada junto al fuego familiar. Otros tienen una larga historia de aventuras y epifanías, como es el caso de Apolo o de Hermes. Pero el dios más ambiguo y multiforme es Dioniso, el dios de la máscara, del entusiasmo, de la vid y la embriaguez, el dios que tiene vocación de extranjero, pero que inspira a sus fieles una extraña identificación, con su vestimenta pintoresca y su aire afeminado, feroz y dulce dios del vino, del éxtasis y del menadismo. Enfrentado a Apolo –no en los mitos antiguos, sino en su significación peculiar, según la tesis de Nietzsche–, ofrece un contrapunto colorido a la tan celebrada serenidad de los dioses olímpicos, esa serenidad divina que se dibuja como contraste al patetismo humano, pero que está llena de vivaces contrastes, una armonía superadora de tensiones particulares, luminosa aura de lo divino en su conjunto.

## 4. La *Teogonía:* esquema general y temas principales

En su poema sobre el origen de los dioses Hesíodo se ha esforzado, como ya apuntamos, en ofrecernos una perspectiva de conjunto sobre la formación y organización del mundo divino. Es una narración mítica que incluye un amplio material de muy lejana procedencia, que el poeta ha sistematizado y reelaborado con la finalidad de presentar una visión global en la que no sólo se describe el comienzo y la complejidad del entramado mítico, sino también el desarrollo del mundo divino, desde el Caos inicial hasta el triunfo de Zeus, omnipotente defensor de la *Díke*[75]. La *Teogonía* es, pues, también una teología y una teodicea, al tiempo que una cosmogonía, puesto que esos dioses griegos son inmanentes al mundo, y el desarrollo del mundo divino a través de una progresión genealógica concluye en una explicación del triunfo del bien sobre el mal y del cosmos sobre el desorden. El dominio de Zeus es el establecimiento del reino de la

## 4. La *Teogonía:* esquema general y temas principales

justicia en los cielos mediante su poder providente, firme y justo.

Hay que advertir en el poema hesiódico la recolección de diversos mitos que el poeta épico toma de una tradición anterior, en la que destacan las influencias orientales, y la sistematización que él ha impuesto sobre ese material, a fin de ofrecernos esa mitología organizada y ordenada. Se ha dicho que Hesíodo no sólo es el primer teólogo griego, sino también un pensador que anuncia ya a los filósofos de la naturaleza, por su afán de introducir una explicación global en ese repertorio mítico. Conviene subrayar esto desde un comienzo: Hesíodo, que se confiesa inspirado por las musas, tiene la pretensión de contar la verdad respecto de los dioses. Esa *alétheia* de Hesíodo, esa revelación reconstruida por el poeta, significa, por lo pronto, un contraste con la narración homérica, donde los dioses se presentaban sin explicación de sus orígenes y actuaban frívolamente junto a los héroes gloriosos de la guerra de Troya. El contraste entre la perspectiva mitológica de Hesíodo y la homérica está claro.

Lo que a Hesíodo le interesa es subrayar cómo se ha llegado a formar el actual dominio divino, cómo todo ha sido ordenado para el establecimiento del reinado de Zeus. La teogonía hesiódica es un canto en honor de Zeus, es una aristía del Crónida, del Padre de los dioses y los hombres, que rige el cosmos. Como «maestro de verdad», poeta inspirado, Hesíodo se siente investido de esa misión religiosa. Bucea en los comienzos de todo, indaga la *arché* mítica de lo divino, para abocar a esa visión optimista del triunfo del orden en los cielos, con una firme convicción moral: ese triunfo de la Justicia entre los dioses ha de reflejarse en el mundo de los humanos[76].

Tras una extensa invocación a las musas, que incluye esa afirmación de la misión verídica del poeta, Hesíodo pasa a cantar a los dioses y su sucesión significativa en la creación del orden de las cosas. Es «la estirpe sagrada de los sempiternos Inmortales, los que nacieron de Gea y del estrellado Urano, los que nacieron de la tenebrosa Noche y los que crió el salobre Ponto» (vv. 105 y ss.), y los descendientes de éstos. Los dioses primigenios, los que están en los orígenes de todas las cosas, tienen una clara referencia espacial, forman de algún modo el núcleo y a la vez el marco de toda la existencia. Carecen todavía de una figura propia y de una configuración personal; son el fundamento último, el *Urgrund* del que surge progresivamente todo el panteón posterior. Cielo y Tierra, Noche y Mar profundo, y junto a ellos otra ilustre potencia primordial: Eros. Sobre ese mismo fondo se han construido otros esquemas teogónicos, que conocemos muy fragmentariamente, como el de los órficos.

En primer lugar existió el Caos. Después Gea –la Tierra– la de amplio pecho, sede siempre segura de todos los Inmortales que habitan la nevada cumbre del Olimpo. En el fondo de la tierra de anchos caminos existió el tenebroso Tártaro. Por último, Eros, el más hermoso entre los dioses inmortales, que afloja los miembros y cautiva de todos los dioses y todos los hombres el corazón y la sensata voluntad en sus pechos.

## 4. La *Teogonía:* esquema general y temas principales

Del Caos surgieron Érebo y la negra Noche. De la Noche a su vez surgieron el Éter y el Día, a los que ella alumbró preñada en contacto amoroso con Érebo.

Gea alumbró primero al estrellado Urano con sus mismas proporciones, para que la contuviera por todas partes y poder ser así sede siempre segura para los felices dioses. También dio a luz a las grandes Montañas, deliciosa morada de las Diosas, las Ninfas que habitan en los boscosos montes. Ella igualmente parió al estéril piélago de agitadas olas, el Ponto, sin mediar el grato encuentro sexual.

Luego, acostada con Urano, alumbró a Océano de profundas corrientes, a Ceo, a Crío, a Hiperión, a Jápeto, a Tea, a Rea, a Temis, a Mnemósine, a Febe de áurea corona y a la amable Tetis. Después de ellos nació el más joven, Crono, de mente retorcida, el más terrible de los hijos y se llenó de un intenso odio hacia su padre.

Dio a luz además a los Cíclopes de soberbio espíritu, a Brontes, a Estéropes, y al violento Arges, que regalaron a Zeus el trueno y le fabricaron el rayo (vv. 116-141).

He citado estos versos porque me parece que ya en ellos puede verse bien la diversidad de seres que Hesíodo evoca para exponer la complejidad del mundo que va forjándose a partir de las combinaciones primordiales. Hay una línea fundamental, la descendencia de Gea y Urano. Tierra y Cielo son la pareja primigenia y primordial, la que a través de generaciones sucesivas, en un entramado genealógico que desciende hasta los olímpicos más jóvenes, los hijos de Zeus, cuarta generación a partir de los orígenes cósmicos, produce la progenie esencial de dioses y hombres a los que el mundo les está encomendado y a quienes Gea y Urano ofrecen un sólido marco que los arropa y rodea.

Pero, al margen de la descendencia de Gea, está el conjunto de seres que vienen del Caos, ese vacío originario del que proceden el abismal Érebo y la negra y prolífica Noche[77]. Ella es la fuente de donde surgen otros muchos seres, en su mayoría oscuros y enigmáticos, pero también, en claro contraste, el alto y límpido Éter y el propio Día luminoso.

Todas estas criaturas primordiales son seres un tanto impersonales, entre los que hay entidades de tipo natural, como las grandes Montañas y el agitado Ponto, y otras de un sentido más abstracto, como Temis (Ordenación) y Mnemósine (Recordación). También estas entidades están llamadas a tener un papel en la progresiva construcción del cosmos, destinado a ser regido por Zeus. Los Cíclopes, monstruos violentos, de la misma generación de Crono, son presentados a continuación de estas figuras, con una alusión precisa a su contribución al orden: fueron ellos quienes fabricaron las armas de Zeus, el trueno y el rayo.

Otros hijos de Urano y Gea son los tres gigantescos centímanos, con cincuenta cabezas cada uno y una enorme fuerza, poderosos monstruos de estos primeros tiempos, hermanos de los Cíclopes y de los titanes.

Hesíodo relata a continuación la castración y destronamiento de Urano por Crono, el más astuto de los titanes, que libra así a su madre Gea y a sus hermanos del sometimiento brutal a su progenitor. Con una hoz enorme y de afilados dientes segó Crono los genitales del opresivo Urano, y los arrojó a alta mar. De la espuma surgió en-

## 4. La *Teogonía:* esquema general y temas principales

tonces Afrodita, que se dirigió en primer lugar a Citerea y la isla de Chipre, de donde proviene su sobrenombre de Cipria. En su nacimiento y en su presentación ante los dioses la acompañaban Hímero y Eros, para corroborar su poder en el dominio del amor.

Viene luego en el relato el tema de los hijos de la Noche. De nuevo voy a dar unas cuantas líneas del texto, porque me parece que también en este esbozo genealógico se advierte bien ese afán explicativo y teológico de Hesíodo, reelaborando datos muy antiguos:

Parió la Noche al Maldito Moros, a la Negra Ker y a Tánatos, parió también a Hipnos y engendró la tribu de los Sueños. Luego la diosa, la oscura Noche, dio a luz sin acostarse con nadie a la Burla, al doloroso Lamento y a las Hespérides que, al otro lado del ilustre Océano, cuidan las bellas manzanas de oro y los árboles que producen el fruto.

Parió igualmente a las Moiras y a las Keres, vengadoras implacables: a Cloto, a Láquesis y a Atropo, que conceden a los mortales, cuando nacen, la posesión del bien y del mal y persiguen los delitos de los hombres y dioses. Nunca cejan las diosas en su terrible cólera antes de aplicar un amargo castigo a quien comete delitos.

También alumbró a Némesis, azote para los hombres mortales, la funesta Noche. Después de ella tuvo al Engaño, la Ternura y la funesta Vejez, y engendró a la astuta Eris.

Por su parte, la maldita Eris parió a la dolorosa Fatiga, al Olvido, al Hambre y los Dolores que causan llanto, a los Combates, Guerras, Matanzas, Masacres, Odios, Mentiras, Discursos, Ambigüedades, al Desorden y la Destrucción, compañeros inseparables, y al Juramento, el que más dolores proporciona a los hombres de la tierra siempre que alguno perjura voluntariamente (vv. 211-233.)

No hay en la mitología griega ninguna divinidad del mal, ningún Satanás o Ahrimán, que capitanee una turba de demonios malignos, pero hay toda una serie de personajes que Hesíodo rememora como procuradores del lado oscuro de la existencia. Son hijos de la Noche, se mueven en silencio, pero acosan a los humanos y asedian su destino. Siempre al final están las moiras: la tejedora, la distribuidora de la suerte y la cortadora del hilo de la vida, las tres parcas implacables, Cloto, Láquesis y Átropo.

En este catálogo figuran una serie de personificaciones, como la Vejez, el Engaño, el Olvido, el Hambre, etc., pero es Eris, la Discordia, la que, en la retahíla de nombres evocada por el poeta, alcanza un lugar destacado. Es la Discordia, la causa de innumerables males entre los humanos, una diosa antigua y malévola –algo así como la bruja irritada de ciertos cuentos de hadas–, la que se muestra más prolífica, para desdicha humana. (Le interesa a Hesíodo, por motivos personales, destacar su papel en los conflictos, y volverá sobre ello en *Trabajos y días*, con otro acento.)

Prosiguen los catálogos de dioses de segunda y tercera generación: hijos de Gea y Ponto (vv. 233-239), nereidas (240-264), hijos de Taumante y Electra (265-269), descendientes de Ceto y Forcis (270-336), hijos de Tetis y Océano (337-370), hijos de Tea e Hiperión (371-374), hijos de Crío y Euribia (375-388), hijos de Febe y Ceos (404-452) e hijos de Crono y Rea (453-506), seguidos de los de Jápeto y Clímene (507-534). Encontramos aquí un ejemplo de esa poesía de catálogo, con largas nomenclaturas, muy del gusto de este tipo de repertorios. La genealogía es la forma por excelencia de relacionar a todas estas divinidades, entre las que se encuentran personajes de muy diverso relieve; así, por ejemplo, tras mencionar a las cincuenta Oceánides nereidas, el poeta dedica muy breve espacio a los vástagos de Hiperión, nada menos que Helio y Selene, Sol y Luna, de tanto fulgor cósmico, y luego introduce alguna digresión, como el «Himno a Hécate» (410-453).

Al tratar de la descendencia de Crono y Rea, el poema pasa ya a hablar de Zeus, de su ocultamiento infantil, de su infancia en Creta y de su enfrentamiento posterior con Crono, al que derrocó, obligándole a vomitar a sus hermanos, a los que para eliminarlos se había tragado, así como liberó también a los Cíclopes, ocultos por la enorme Gea, para establecer su reinado sobre mortales e inmortales.

Viene luego el relato sobre Prometeo (535-616). La razón por la que se cuenta antes su genealogía es, evidentemente, la de presentarnos a la familia de este dios astuto, adversario de Zeus, no por la violencia, sino en el plano de la astucia. Sobre este mito de Prometeo, tan atractivo por su sentido múltiple, volveremos más adelante. Situado en este punto de la *Teogonía,* sirve para recordar la posición de los hombres frente a los dioses y para preludiar el relato de las luchas por la soberanía celeste a las que Zeus tiene que enfrentarse para obtener el poder indiscutible, sobre el mundo de los dioses, domesticado tras la contienda, y sobre los hombres efímeros y terrestres.

Las luchas por el poder celeste[78] –que en algún modo ya estaban comenzadas con la castración de Urano por Crono, y por el derrocamiento de éste por su hijo Zeus– tienen ahora dos nuevos episodios: el combate contra los titanes o Titanomaquia (617-728), que va seguido de la descripción del Tártaro sombrío (729-819), y la batalla contra el monstruoso Tifón (820-868). Breve excurso sobre sus hijos, los vientos (869-885).

Tras estos combates de terrible violencia, en los que triunfa ya para siempre Zeus, se nos habla de la cuarta generación de dioses, los hijos de Zeus, la familia olímpica. Son algo menos de cien versos (886-962) los que Hesíodo dedica a estos dioses de la generación más joven, los dioses que vemos moverse en Homero como los Felices Inmortales de vida fácil, agrupados en torno a la égida del padre, el justiciero Zeus.

Me parece conveniente volver al texto de Hesíodo para citar, según él lo cuenta, las divinidades que nacen de Zeus:

> Zeus, rey de dioses, tomó como primera esposa a Metis, la más sabia de los dioses y hombres mortales. Mas cuando ya faltaba poco para que naciera la diosa Atenea de ojos glaucos, engañando astutamente su espíritu con ladinas palabras, Zeus se la tragó por indicación de Gea y del estrellado Urano. Así se lo aconsejaron ambos para que ningún otro de los dioses sempiternos tuviera la dignidad real en lugar de Zeus.
>
> Pues estaba decretado que nacieran de ella hijos muy prudentes: primero la doncella de ojos glaucos Tritogenia que iguala a su padre en coraje y sabia decisión, y luego, era de

## 4. La *Teogonía:* esquema general y temas principales

esperar que un hijo, rey de dioses y hombres con arrogante corazón. Pero Zeus se la tragó antes para que la diosa le avisara siempre de lo bueno y lo malo.

En segundo lugar, se llevó a la brillante Temis que parió a las Horas, Eunomía, Díke y la floreciente Eirene, las cuales protegen las cosechas de los hombres mortales, y a las Moiras, a las que Zeus otorgó la mayor distinción, a Cloto, Láquesis y Atropo, que conceden a los hombres mortales el ser felices y desgraciados.

Eurínome, hija del Océano, de encantadora belleza, le dio las tres Gracias de hermosas mejillas, Aglaya, Eufrósine y la deliciosa Talía.

Luego subió al lecho de Deméter nutricia de muchos.

Ésta parió a Perséfone de blancos brazos, a la que Edoneo arrebató del lado de su madre; el prudente Zeus se lo había concedido.

También hizo el amor a Mnemósine de hermosos cabellos y de ella nacieron las nueve musas de dorada frente a las que encantan las fiestas y el placer del canto.

Leto parió a Apolo y a la flechadora Ártemis, prole más deseable que todos los descendientes de Urano, en contacto amoroso con Zeus portador de la égida.

En último lugar tomó por esposa a la floreciente Hera; ésta parió a Hebe, Ares e Ilitía en contacto amoroso con el rey de dioses y hombres.

Y él, de su cabeza, dio a luz a Atenea de ojos glaucos, terrible, belicosa, conductora de ejércitos, invencible y augusta, a la que encantan los tumultos, guerras y batallas.

Hera dio a luz, sin trato amoroso –estaba furiosa e irritada con su esposo–, a Hefesto, que destaca entre todos los descendientes de Urano por la destreza de sus manos.

[...] También con Zeus, la Atlántide Maya parió al ilustre Hermes, heraldo de los Inmortales, subiendo al sagrado lecho.

Y la Cadmea Sémele, igualmente en trato amoroso con él, dio a luz a un ilustre hijo, el muy risueño Dioniso, un inmortal, siendo ella mortal. Ahora ambos son dioses.

Alcmena parió al fornido Heracles en contacto amoroso con Zeus amontonador de nubes (vv. 886-929 y 938-944).

Vienen a continuación una breve relación de matrimonios entre dioses y su progenie, un catálogo de héroes y un comienzo o proemio al catálogo de las heroínas (945-1022). No sabemos si ahí concluía la *Teogonía,* o bien falta el final del poema. Sí que queda concluido, tras la mención de los hijos de Zeus y los héroes más famosos, el relato sobre el origen de los dioses y del cosmos divino y humano. A partir de la *arché* formada por el Caos y Gea, el poeta ha desarrollado el proceso de la creación hasta esa etapa final, en la que el sempiterno gobierno de Zeus da definitiva forma y estabilidad a lo existente. El triunfo de Zeus, como ya dijimos, significa la instauración de un orden; desde los turbulentos titanes al Crónida que apadrina la Díke desde el Olimpo hay una marcha que representa una progresiva realización de la justicia y del orden[79]. Ésa es la lección que Hesíodo quiere manifestar en su poema, tan diestramente ejecutado, dentro de las convenciones formales de la composición arcaica y épica.

Después del relato acerca de los dioses colocaba Hesíodo el catálogo de los héroes y de las heroínas. Como hacen los mitólogos posteriores. Más cercanos a los huma-

#### 4. La *Teogonía*: esquema general y temas principales

nos, puesto que son mortales, los héroes constituyen un eslabón entre los Inmortales Felices y los hombres que comen el fruto de la tierra. Los héroes están condenados a la muerte y al dolor, pero son ejemplares en su esfuerzo glorioso. De entre ellos, dos ocupan una posición especial, tan excepcional que han sido elevados a dioses: Dioniso y Heracles, que el poeta cita al final de las divinidades. La mitología heroica es especialmente rica en episodios, y Hesíodo no hace más que mencionar a los principales semidioses. Pero otros poemas épicos hablaban de ellos más cumplidamente, y la tragedia y la lírica coral se nutrieron de esos mitos de hazañas heroicas, ofrecidas al recuento, la ilustración y la reflexión de diversas generaciones.

«Es un elemento común al mito oriental antiguo y a Hesíodo la serie de generaciones que procede de la pareja Cielo y Tierra, representando a las fuerzas desordenadas de la naturaleza, hasta llegar a una generación de varios dioses contemporáneos, a cuya cabeza se halla un dios supremo, con cuyo reinado está relacionada la introducción de un determinado orden comprensible para el hombre», señala K. von Fritz[80], para destacar que el mismo esquema de fondo de la *Teogonía* tiene un cierto precedente en mitologías orientales, como lo tienen, notoriamente, algunos de los temas hesiódicos. Así, por ejemplo, el motivo de la sucesión de tres dioses en el poder de los cielos (Urano-Crono-Zeus), y el de las generaciones de los hombres, calificadas con nombre de metales, en un proceso de decadencia, que el poeta cuenta en *Trabajos y días,* o la lucha de Zeus contra el monstruo Tifón.

Sin duda tenemos que considerar los influjos de la mitología oriental en la obra hesiódica[81], y en la tradición oral que ella recoge, a la vez que conviene destacar ese anhelo de sistematización, de ordenación global y de una perspectiva de explicación cósmica que son rasgos de nuestro poeta y del pensamiento griego en sus inicios.

## 5. El mito de Prometeo

Como los antropólogos han subrayado, los mitos tienen una función significativa en la vida de una sociedad primitiva o arcaica: explican el mundo, justifican los hábitos y los ritos, ofrecen las causas de las pautas de comportamiento y relatan por qué las cosas son de un modo determinado. Ese valor etiológico y paradigmático de los mitos es algo demasiado conocido para que lo comentemos ahora. Tan sólo lo recordamos para resaltar cómo en algún mito resulta evidente la carga etiológica subyacente a la narración. Éste es el caso del mito de Prometeo, que expone el origen de tres instituciones o, mejor dicho, de tres acontecimientos fundamentales para la cultura humana: el sacrificio, la posesión del fuego y la introducción de la mujer como compañera del hombre[82].

Prometeo, hijo del titán Jápeto y de la Oceánide Clímene, según la versión de la *Teogonía* (o bien un titán, hijo de la Tierra misma, y, en ese supuesto, un dios más antiguo que Zeus, según la versión recogida por Esquilo), es una divinidad de singular astucia y benevolencia hacia los humanos. Es, como Crono, *ankylométes,* 'de mente retorcida', y su mismo nombre parece aludir a esa «previsión», *prométheia,* o sabiduría divina, un tanto ambigua en su enfrentamiento con el omnipotente Zeus, el providente, *metíeta Zeus.* Esquilo lo califica como 'amigo de los humanos', *philánthropos.*

En la batalla que enfrentó a Zeus con los titanes, Prometeo se puso de parte del Crónida frente a los violentos Hijos de la Tierra y del Cielo, y así escapó luego al castigo que aprisionó a sus hermanos Menecio y Atlante. En efecto, el gigantesco Atlante quedó condenado a un eterno esfuerzo en los confines occidentales del mundo, condenado a soportar sobre sus hombros y su cabeza un extremo de la cúpula celeste, inmóvil prisionero erguido en el margen de Occidente, como Prometeo lo será en Oriente, en el Cáucaso. En contraste con la ciega fuerza de los titanes, Prometeo se distinguió por su inteligencia y por ello se puso al lado de Zeus en la refriega por el dominio celeste.

Pero también él va a enfrentarse con el soberano de los dioses. Sólo que con un pretexto singular: por proteger y beneficiar a los humanos. El astuto Prometeo intenta favorecer a estas efímeras criaturas más allá de lo que Zeus había dispuesto en su providente designio. Hubo tal vez una etapa en que la convivencia de los dioses y los hombres fue más estrecha y confiada, pero llegado el momento en que unos y otros se distanciaron, Prometeo asumió un papel de árbitro en el conflicto, con una intención filantrópica y en menoscabo de los dioses, es decir, en contra de Zeus.

## 5. El mito de Prometeo

Para asegurar mediante un rito solemne las relaciones entre los dioses y los humanos, Prometeo instituyó el primer sacrificio, de una res bovina a la manera de un pacto de amistad por el que dioses y hombres compartían el festín de las carnes de la víctima, inmolada en honor de los olímpicos por los terrestres mortales. Fue en el llano de Mekone, en la llanura de Argos, donde se celebró ese primer sacrificio. Prometeo mató un espléndido buey, y lo descuartizó hábilmente. Luego repartió en dos lotes las carnes de la res sacrificada. En uno de ellos dispuso la carne y las entrañas del animal, y en otro los huesos y la grasa, bien recubiertos por la piel lustrosa, formando un montón más aparente. Y le dio a elegir a Zeus la parte destinada a los dioses.

El Padre de los dioses y los hombres, acaso por seguir el juego a Prometeo, escogió el montón más grueso, es decir, el que contenía los huesos y la grasa. Con esa elección quedaba establecido que, desde entonces, así se cumpliera el sacrificio. Desde entonces los humanos, en sus sacrificios de animales, queman en honor de los Inmortales sobre los altares los huesos y la grasa de las víctimas, y los dioses reciben su parte del sacrificio por medio de la humareda que asciende hasta los cielos. Pero Zeus se encolerizó terriblemente al descubrir el engaño y la tramposa intención.

«Ah, hijo de Jápeto, tú que sobre todos destacas por tu astucia, bien veo que no has olvidado aún tus mañas tramposas», clamó el furioso Crónida. Y, tomando recuerdo rencoroso del engaño, decidió castigar a los humanos, retirándoles la posesión del fuego.

Comenzó entonces para éstos una etapa penosa y sombría, en la que, refugiados en cavernas y sin poder mejorar la miseria de una existencia salvaje, ateridos de frío y sin fuego para cocinar sus alimentos, los humanos se debatían amenazados de angustia y extinción. Pero Prometeo sintió compasión por los humanos y de nuevo actuó para socorrerlos. Hurtó unas chispas del fuego que los dioses guardaban –acaso del perenne fuego de Hefesto, o acaso del fogoso carro de Helios– y, atesorándolo en una hueca caña, lo transportó desde el cielo a la tierra y se lo ofreció a los humanos.

Cuando Zeus desde lo alto vio brillar una hoguera sobre la tierra, volvió a encolerizarse contra Prometeo y sus protegidos. De nuevo, según Hesíodo, profirió sus amenazas certeras:

¡Ah, hijo de Jápeto, tú que sobre todos destacas en astucia, te alegras de haberme burlado con el robo del fuego! Pero habrá una gran desgracia para ti y para los hombres del futuro. A ellos les proporcionaré un mal ya, a cambio del fuego, y con él se gozarán encariñándose con su propia desgracia.

Echose a reír entonces el Crónida y llamó a su hijo Hefesto para encargarle la fabricación de una bella figura femenina, semejante a las diosas en su aspecto y atractivo. Y ordenó a Atenea que enseñara a esta recién formada las labores caseras, a Afrodita que infundiera en ella gracia y seducción, a Hermes que la dotara de un talante desvergonzado y un ánimo taimado y voluble. Y los dioses obedecieron sus mandatos. Y así surgió, adornada por todos, Pandora, la primera mujer. Su nombre *Pandora*, 'Todo regalo', alude a que recibió regalos de todos los dioses y que toda ella fue un regalo.

## 5. El mito de Prometeo

Una vez construida y bien dotada la doncella, de irresistible encanto, Zeus encargó a Hermes que se la ofreciera a Epimeteo, el hermano gemelo de Prometeo –el hermano distraído del Previsor, como sugiere su nombre–. En contra de las advertencias que le había hecho éste, Epimeteo aceptó el presente ofrecido por el dios y, cautivado por los encantos de Pandora, la acogió en su casa, desposándola. Pero la bella Pandora llevaba además consigo un don suplementario: un ánfora en la que los dioses habían escondido una serie de males. Y cuando la joven, guiada por su curiosidad, abrió la jarra, éstos se esparcieron volando por el mundo. Las enfermedades y calamidades surgieron a la luz al levantar Pandora la tapa de la vasija y se derramaron sobre los humanos. Cuando ella presurosa la cerró de nuevo, sólo quedaba en el fondo la Esperanza. Desde entonces diez mil penas vagan entre los humanos, y las enfermedades acosan a las gentes, en silencio y al azar.

Pandora, primera mujer, fue la introductora de tales males, y de un nuevo modo de reproducción. (Antes los hombres nacían de la tierra, seguramente.) Fue la predecesora de todo el linaje femenino, de todas esas mujeres seductoras y curiosas, de las que ya no pudieron prescindir los hombres. Fue ese «hermoso mal», esa ambigua ventura que Zeus había profetizado.

También a Prometeo le sobrevino un tremendo castigo. Zeus ordenó que lo apresaran y clavaran sobre una escarpada cima del remoto Cáucaso, donde Hefesto lo encadenó. Y añadió a esa tortura de la roca la visita cotidiana de un águila que atacaba cada día al titán inmovilizado para desgarrarle con sus corvas uñas y pico el hígado. No podía Prometeo morir, por su índole inmortal, pero sí sufrir eternamente. Así expiaba, en la atalaya desierta del confín oriental del mundo, su rebeldía frente a Zeus y su excesivo amor a los humanos, crucificado Prometeo. (Más tarde Heracles abatirá al águila y librará, con el beneplácito de Zeus, al titán filántropo y astuto.)

Tal es, en sus líneas esenciales, el mito de Prometeo divinidad civilizadora, no un olímpico, sino un adversario de Zeus en el terreno de la astucia, un *trickster* que aporta a los humanos tres elementos decisivos de la instalación en el mundo: el sacrificio que regula su relación con los dioses, el fuego que funda la civilización y el progreso y la creación de la primera mujer y con ella el matrimonio y la familia mediante el ambiguo presente de los dioses. Del mito tenemos tres versiones con interesantes y significativas variantes: la de Hesíodo (en la *Teogonía* y en *Trabajos y días*), la de Esquilo (en su tragedia *Prometeo encadenado,* parte de una trilogía de la que tan sólo hemos conservado esta pieza) y la de Platón (en el diálogo *Protágoras*). Mientras que el poeta épico presenta a Prometeo como un osado rebelde que desafía el designio supremo de Zeus y que, en sus tretas, acaba por acarrear a los humanos muy dudosas ganancias, Esquilo nos presenta al titán como un sabio filántropo, rebelde contra el despotismo de Zeus, un joven tirano establecido en el Olimpo con tremenda arrogancia, y Platón (poniendo el relato en boca del sofista Protágoras, de quien probablemente lo tomó, de un tratado sofístico perdido para nosotros) nos da una versión en la que Prometeo es el introductor del progreso técnico, pero no de la con-

## 5. El mito de Prometeo

vivencia política, base de una civilización asentada en la moral y la justicia, que son dones de Zeus.

No vamos ahora a detenernos en discutir las connotaciones del relato en uno u otro autor. Queremos destacar, sin embargo, cómo éste resulta un buen ejemplo de esa tradición literaria y sus reinterpretaciones a la que ya hemos aludido como característica de la Grecia antigua. Es notable que mientras Hesíodo está por completo de parte de Zeus, en su enfrentamiento con Prometeo, Esquilo se plantea el tema con nuevos acentos. También el rebelde filántropo tiene sus razones y su sentido de lo justo, y así Esquilo proporciona una imagen más noble y generosa de Prometeo, tal vez apoyada en una tradición popular ateniense.

El mito puede retomar nuevos tonos en algunos motivos. Por ejemplo, el fuego de Hesíodo es ante todo el que protege del frío y del hambre, el fuego culinario (que necesitan los hombres comedores de alimentos cocidos, distinguidos en ese trazo básico de los animales carnívoros). Pero el fuego de Esquilo representa mucho más que el instrumento de cocer los alimentos y la defensa del frío. Es la base de toda una cultura y del progreso técnico. Su posesión infunde a los hombres ánimos confiados para enfrentarse a los rigores de la naturaleza hostil (como en la narración de Protágoras), y gracias al fuego inventan los hombres, guiados por Prometeo, las artes y las técnicas: la construcción de viviendas, la minería, la agricultura, la navegación, la escritura, la adivinación, la astronomía y la misma ciencia de los números, «el más excelso de los saberes», lo obtuvieron los hombres mediante el ingenio y el apoyo prometeico. Todas las *téchnai,* en resumen, dice el protagonista del drama esquíleo, proceden de él.

En honor de Prometeo se celebraban fiestas en distintos lugares de Grecia, y de modo regular y conocido en Atenas, en el barrio del Cerámico, donde era honrado –junto con Atenea y Hefesto– como patrón de los artesanos, de los herreros y ceramistas. En su honor, en recuerdo de la introducción del fuego, se celebraban carreras de antorchas con relevos, *lampadedromías.*

Más tarde –en una versión atestiguada ya en un fragmento de comedia del siglo IV a. C. y mucho después en algunos sarcófagos y en escritores latinos– se contaba que Prometeo fue el creador de los primeros hombres; moldeándolos del barro, como un alfarero en su taller de imágenes habría formado las figuras de los primeros humanos, a los que luego Zeus habría dado vida infundiéndoles un hálito o soplo vivificante, es decir, la *psyché,* principio de vida. Pero éste es un trazo probablemente tardío y desconocido tanto de Hesíodo como de Esquilo y de Platón.

Como en la tradición mítica hebraica, también para Hesíodo es la mujer la culpable, en su curiosidad inconsciente, de la introducción de los males en el mundo. La Eva griega es, por su parte, una criatura más refinada y artificial que la bíblica. Hay un reflejo de misoginia en la versión hesiódica, como en algunos otros pasajes de su obra *Trabajos y días.* La mujer, voraz y voluble, es un riesgo y una carga para el hombre afanoso del sustento. Pero, como el fuego y el sacrificio, también la introducción de la mujer supone un progreso de la condición humana, en una existencia no exenta de dolores y donde el progreso se obtiene a costa de nuevos pesares. Situado

## 5. El mito de Prometeo

entre los dioses y las bestias, el hombre asume un destino ambiguo, como señala J. P. Vernant:

> La duplicidad de Pandora es como el símbolo de la existencia humana ambigua. En el personaje de Pandora vienen a inscribirse todas las tensiones, todas las ambivalencias que marcan el estatuto del hombre, entre bestias y dioses. Por el encanto de su apariencia externa, semejante a las diosas inmortales, Pandora refleja el resplandor de lo divino. Por lo perruno y cínico de su espíritu y su temperamento internos roza la bestialidad. Por el matrimonio que ella representa, por la palabra articulada y la fuerza que Zeus ordena infundir en ella, es propiamente humana.

> Una ambigüedad que está también muy presente en esa Esperanza que permanece a su lado, en su jarra (o caja, según otras imágenes)[83]. Entre la previsión y la imprevisión, la Esperanza, un bien y un mal, símbolo de esa condición inestable de los efímeros.

Para quien es inmortal –subraya Vernant–, como los dioses, no hay necesidad ninguna de *Elpís*. Tampoco para quien, como las bestias, ignora que es mortal. Si el hombre, mortal como las bestias, previera como los dioses todo el futuro de antemano, si estuviera por entero del lado de Prometeo, no tendría ánimos para vivir, incapaz de contemplar su propia muerte de frente.

Pero conociéndose mortal sin saber cuándo ni cómo ha de morir, la Esperanza, previsión, pero previsión ciega (Esquilo, *Prometeo,* 250; cf. también Platón, *Gorgias,* 523de), ilusión saludable, bien y mal a la vez, la Esperanza sola le permite vivir esta existencia ambigua, desdoblada, que aporta el fraude prometeico cuando instituye la primera comida sacrificial. Desde entonces todo tiene su reverso: no hay ya contacto con los dioses que no sea también, a través del sacrificio, consagración de una infranqueable barrera entre mortales e inmortales, ya no dicha sin desdicha, nacimiento sin muerte, abundancia sin pena, Prometeo sin Epimeteo, en una palabra ya no hay Hombre sin Pandora.

Esquilo, por su parte, hará hincapié en otro elemento del mito: en la grandeza del protagonista, Prometeo, como dios que sufre por los hombres, que se sacrifica por ellos en oposición a un Zeus despótico, un sofista contra el tirano, un redentor de la humanidad amenazada y angustiada. Va más allá de lo que Hesíodo relataba. También esa versión esquílea ahonda en la trama para ofrecer un destello nuevo, y de una larga resonancia; sobre todo en la tradición clásica moderna, romántica. Como dice W. Jaeger:

> En el *Prometeo encadenado,* el dolor se convierte en el signo específico del género humano. Aquella creación de un día trajo la irradiación de la cultura a la oscura existencia de los hombres de las cavernas. Si necesitamos todavía una prueba de que este dios encadenado a la roca en escarnio de sus acciones encarna para Esquilo el destino de la Humanidad, la hallaremos en el sufrimiento que comparte con ella y multiplica los dolores en su propia agonía[84].

Es curioso señalar que algunos de los primeros escritores cristianos vieron en Prometeo una imagen semejan-

## 5. El mito de Prometeo

te a la de Cristo, *verus Prometheus,* según Tertuliano. El dios filántropo se sacrifica o se expone al sacrificio –no de la cruz, pero sí de una tortura parecida en la soledad del Cáucaso–. Es muy interesante también en el texto de Esquilo la expresión de la *sympátheia* de los humanos hacia el titán sufriente, esa compasión que los pueblos bárbaros, no menos que las Oceánides del coro, sienten por el rebelde martirizado.

Es también interesante el dato de que, al cabo de largos siglos, Zeus accediera a la liberación de Prometeo. Tal acuerdo final entre ambos dioses, con una recíproca cesión por ambos lados, encaja muy bien dentro de la ideología de Esquilo, glosador de la justicia de Zeus, no menos que Hesíodo; pero el episodio de la liberación de Prometeo estaba ya en la tradición épica. (Figura en el texto de la *Teogonía,* aunque quizás se trata de un añadido al poema originario.)

Fue Heracles, el amado hijo de Zeus y el héroe benefactor por excelencia, quien devolvió al titán su libertad y recompensó así sus afanes filantrópicos. Otro personaje mítico, sabio y amigo de los hombres, el centauro Quirón, afligido por una herida incurable, en un gesto magnánimo, se ofreció para descender al Hades, como pago por la liberación de Prometeo.

En recuerdo de su castigo, Prometeo se fabricó un brazalete de piedra, de la roca del Cáucaso, que Zeus le invitó a llevar como testimonio de su aherrojamiento en las peñas y de su castigo. Así guardó para siempre Prometeo un testimonio de su sumisión, una reliquia simbólica de su pena.

En las fiestas que se celebraban, en Atenas, en honor del dios, patrón de los artesanos, se recordaban mediante los ritos oportunos sus peripecias y, seguramente, el final feliz del mito. Para explicar el paso de la naturaleza a la cultura encontraron los griegos en este relato una expresión afortunada. También en este mito pueden detectarse influencias orientales y tal vez algún eco indoeuropeo, pero la estructura simbólica ha sido reelaborada con un talento singularmente helénico.

## 6. El mito de las edades

Para la explicación mítica de la desdichada condición de los humanos, Hesíodo ha encontrado en el mito de Prometeo y la introducción de Pandora un buen relato. Pero hay otro que complementa esa misma referencia: el mito de la decadencia progresiva de las edades de los hombres, un relato que el poeta no recoge en la *Teogonía,* sino en su otra obra, en *Trabajos y días* (vv. 106-202).

Cuenta el poeta que la humanidad ha ido empeorando a través de diversas edades, que se califican con nombres de metales: la Edad de Oro, la de Plata, la de Bronce, la de los Héroes y la de Hierro. Los hombres, que comenzaron, en tiempos de Crono, llevando una existencia próxima a la de los dioses, han ido de edad en edad pasando a un vivir más penoso y desamparado. La peor de todas esas edades es la de Hierro, en la que vive el poeta, pero aun ésta es susceptible de una degradación, que él imagina y profetiza como próxima. Los hombres de cada edad han desaparecido para ser suplantados por otros peores, y tan sólo la Edad de los Héroes marca un relativo paréntesis en esa decadencia progresiva.

Dentro del esquema de las razas con nombres metálicos, la de los héroes, que son los gloriosos personajes de la épica, es decir, aquellos ilustres guerreros que combatieron en torno a los muros de Tebas y de Troya, aparece como una etapa distinta y singular. Probablemente es una aportación innovadora del poeta a un esquema heredado, una innovación que pretende dar un lugar en esa historia de la humanidad a los héroes de un pasado sentido como brillante y memorable, por encima de estos tiempos de generaciones anónimas.

Aunque el pesimismo de Hesíodo le lleva a decir que su época es la peor de todas, su visión del futuro le hace augurar otra época aún más lamentable, cuando la justicia y el pudor se ausenten definitivamente de entre los humanos. *Aidós* y *díke* son los fundamentos de la convivencia política, según destaca también Platón –en su versión del mito de Prometeo en su *Protágoras*–. En la dura Edad del Hierro aún permanecen en el mundo, aunque haya que luchar por su realización. Sin embargo, la humanidad puede arribar a otra edad aún más feroz y a una existencia aún más miserable, si *aidós* y *némesis* se retiran abandonando el trato con los hombres. Así ocurrirá, según profetiza una queja del poeta, basada en su propia experiencia personal, ligada a ese conflicto familiar que se nos relata en los *Trabajos y días*, donde la exigencia de justicia está unida a una vivencia propia. (Frente al mundo de las bestias, dice luego el poeta, tras la fábula del halcón y el ruiseñor, la justicia debe caracte-

## 6. El mito de las edades

rizar al mundo humano, distinto del despiadado mundo de las bestias, que ignoran la *díke*).

Es muy interesante observar que de nuevo encontramos aquí un relato mítico que tiene claros paralelos orientales, por ejemplo en la cultura india y en la persa. Pero la versión griega ha introducido ciertas novedades características. Una de ellas es la introducción de la Edad de los Héroes en el esquema general. Otra es la perspectiva ética, tan destacada por Hesíodo, no sólo en su final, sino en su misma construcción narrativa. Como ha destacado J. P. Vernant en un análisis muy inteligente, hay en esa estructura de las etapas de la decadencia un afán de distinguir tres pares de edades, diferenciadas por el predominio de la justicia o el orgullo brutal, la *díke* y la *hýbris*, según los términos clásicos, en cada una de ellas[85]. La Edad de Oro posee un trazo positivo frente a la de la Plata, así como la de los Héroes frente a la precedente de Bronce, como luego la de Hierro frente a la caótica última edad, dentro del deterioro progresivo de las razas sucesivas. Esa tripartición recuerda un tanto el esquema señalado por Dumézil en los mitos indoeuropeos y las tres funciones pueden verse reflejadas en las tres etapas dobles: Oro y Plata corresponden a una cercanía a los dioses, Bronce y Héroes a un predominio de la función guerrera, y la Edad del Hierro y la última anónima a un predominio de lo trabajoso y servil.

De nuevo advertimos cómo el mito, con su función paradigmática, le sirve al relator para explicar su propio mundo, y cómo la especulación del poeta, de Hesíodo, en este caso, confluye con el sentido de la narración. Pues, sin duda, el mito de la Edad de Oro inicial, que se ha ido alejando de los hombres, y que es imaginada con nostalgia desde el desventurado presente, tiene unas raíces psicológicas muy generales y reaparece en muy varias culturas. En los tiempos de los primeros hombres, bajo el reino de Crono, o de Saturno, en la versión latina, había una prosperidad unida a una inocencia de la humanidad, luego el mundo ha envejecido y se ha desgastado, y los hombres se han vuelto peores, más flojos y más perversos. (Este mito no presupone la intervención de Pandora, sino que es otro relato etiológico del mal extendiéndose sobre las gentes y las tierras.)

Mientras en la evolución del mundo divino hay una progresión hacia el orden y la justicia, de modo que el reinado de Zeus marca el establecimiento definitivo de un régimen justo, en la tierra hay un deterioro que avanza en sentido contrario, hacia la desaparición de la justicia y el reino del caos[86]. Al optimismo del teólogo Hesíodo se opone la amarga experiencia del ciudadano de Ascra, que lleva una vida penosa y se ve agobiado por los conflictos sociales[87]. Pero el mito griego no promete un mundo mejor aquí, sobre la tierra, y en el futuro. Otros mitólogos, como los órficos, contraponen a la existencia desdichada terrestre la perspectiva de Otro Mundo más feliz para los justos e iniciados. Platón se hace eco de ello, posteriormente.

# 7. Los doce dioses

En el ágora de Atenas se levantaba un altar a los Doce Dioses –según mencionan Heródoto (II, 7; VI, 108), Aristófanes *(Caballeros,* 235) y Tucídides (VI, 54)–, y otro semejante existía en Olimpia –según Píndaro *(Olímpica X,* 50 y ss.)–. En el límite extremo de su avance hacia el este, en la India, erigió Alejandro un altar a los Doce (según cuenta Diodoro, XVII, 95, 1.), como testimonio de la religiosidad helénica. Ese culto corporativo está bien atestiguado en la época clásica[88]. Eudoxo, el discípulo de Platón, asignó a cada uno de los doce grandes dioses un signo del Zodíaco. También Platón (en el *Fedro,* 246e, y en las *Leyes,* 828d) alude a ese número de dioses, *hoi dódeka theoí,* como a un grupo firme y bien establecido.

Sin embargo, había algunas vacilaciones en la admisión de ciertas figuras divinas. Así, en el *Fedro* Platón asigna a Hestia un lugar que, en otros catálogos, ocupaba Dioniso, y en *Leyes* propone colocar en el duodécimo puesto a Plutón, dios de los muertos. En el friso oriental del Partenón figuraba Dioniso (en vez de Hestia) entre los doce dioses reunidos. En Olimpia, en cambio, figuraban los titanes Crono y Rea, y el río Alfeo (en lugar de Hefesto, Deméter y Hestia) entre los doce que allí estaban consagrados.

Probablemente el establecimiento de ese número de doce dioses principales, reunidos en un grupo canónico (aunque con variantes locales en los últimos puestos), fue una invención de época arcaica y de la costa jonia. Luego fue adoptada por doquier, como una convención panhelénica. Ese culto corporativo no es, pues, antiguo, y tiene su origen en la actuación legislativa de algunos políticos y sacerdotes. En Atenas fue Pisístrato el introductor del mismo; el nieto del tirano, según Tucídides, erigió el altar del ágora. El doce es un número prestigioso en muchos lugares, y resulta adecuado para acoger a las grandes figuras divinas del panteón griego, sea cual sea su origen[89].

## Zeus [90]

Su nombre ofrece una clara etimología. Como el Dyaús védico y el latino Júpiter *(Iuppiter / Diespater),* está formado sobre un radical indoeuropeo *diu / dieu* que significaba la 'claridad del cielo'. Era, pues, en su origen, el gran dios celeste, el que en lo alto dominaba. Sus epítetos homéricos de «amontonador de nubes», «altitonante», «gozador del rayo», evocan ese aspecto del sobera-

## 7. Los doce dioses

no celeste y señor de las tormentas. Suele asentarse en las cumbres montañosas y desde allí otea e impera. Es el *olímpico* por excelencia. (Es probable que el Olimpo, antes que un nombre propio de una cordillera en Tesalia, haya significado para los prehelenos 'promontorio elevado', 'cumbre' o algo así.) Zeus tiene su morada en esas altas atalayas, como el Olimpo en Tesalia, el monte Dicte en Creta, el Licaón en Arcadia, el promontorio central de Egina, y en el Ida cercano a Troya. De ser la cumbre inaccesible luego pasó el Olimpo a denominar el alto cielo donde moran los dioses, en sus palaciegos aposentos, «olímpicas moradas».

Ya en Homero Zeus es indiscutiblemente el primero de los dioses en poderío y saber. Por encima de todos los demás ejerce su función de «Padre», protector de dioses y hombres. Le pertenece, por conquista y por su dignidad, la soberanía del cielo, que obtuvo tras el reparto de dominios con sus hermanos Poseidón y Hades. En las luchas por esa soberanía, después de abatir a su padre Crono, tuvo que someter a los titanes y a los gigantes, y más tarde al monstruoso Tifón. Con su asentamiento en el trono celeste ha establecido el orden cósmico que no tendrá ya fin. Es el manejador del rayo, arma decisiva que para él forjaron los Cíclopes. Su animal emblemático es el águila soberana y solitaria. No es un dios de la fuerza bruta, sino un monarca providente, que escucha a sus súbditos, dirime los conflictos e impone sus designios de eterno cumplimiento. Es el dios de la justicia.

El dios celeste de origen indoeuropeo fue enriqueciendo su figura con múltiples trazos de origen mediterráneo. No sólo como dios del cielo luminoso, sino como señor de las tormentas y lancero del rayo, era el dispensador de las lluvias y estaba ligado a la fertilidad de los campos. En Creta situaba el mito el lugar de su nacimiento. Allí lo había ocultado su madre Rea, escondiéndolo en una caverna del monte Dicte, para que no se lo zampara el insaciable Crono, como había hecho con sus hermanos. Allí danzaban en su honor los Curetes y lo amamantaba la cabra Amaltea. Una leyenda local narraba que también en Creta se hallaba la tumba del dios. Probablemente este mito conserva la huella de una divinidad cretense que se ha fusionado con el Zeus helénico. La imagen del dios que nace y que muere, aplicada al Padre de los dioses, resultaba escandalosa para los griegos, que negaban tal relato como verídico, con el famoso refrán «todos los cretenses son mentirosos».

La misma imagen del dios, de cabellera negra *(kyanochaítes)*, y no rubio, como casi todos los demás, es tal vez un rastro de esa fusión del dios venido del norte con otras figuras divinas. Por otro lado, también en el Próximo Oriente hay dioses del rayo.

Zeus está muy por encima de los demás dioses por su fuerza y su poderío. Como él mismo proclama en la *Ilíada*, VIII, 8-28. Si todos los demás dioses se colgaran del extremo de una cuerda, él solo podría balancearlos desde la cumbre del Olimpo. Cuando asiente a una petición, moviendo las cejas en un gesto afirmativo, todo el Olimpo se estremece. No interviene directamente nunca en los combates de los héroes y los hombres, como hacen otros dioses. Su imparcialidad mantiene el equilibrio del mundo, y su intervención partidista lo pondría en peligro. Es el rey que señorea la asamblea familiar divina.

## 7. Los doce dioses

Se ocupa, como autoridad suprema celeste, en mantener el orden que él mismo ha instaurado en el mundo. Como *Patér andrôn te theôn te,* 'padre de los hombres y los dioses', a él le compete velar por la estabilidad cósmica y social. Se cumple siempre la decisión de Zeus; sus designios rigen el curso de los acontecimientos, y el destino está acorde con sus mandatos en un ambiguo equilibrio de fuerzas. Es providente y justiciero. Como *basileús* impone su realeza y todos los reyes han recibido de él su poder. Más tarde será el defensor de la *díke,* la 'justicia', en las ciudades. A él se le dedica el templo mayor en la mayoría de las *póleis,* como Zeus *polioúchos,* 'protector de la ciudad'. Pero ninguna ciudad lo tiene como su dios propio y como patrón ciudadano, ya que su imparcialidad lo eleva por encima de ese patronazgo local[91].

Su carácter de dios justiciero es producto de una evolución que podemos observar en los testimonios literarios. Ya en la *Ilíada* se distingue de los otros dioses, favorecedores de unos u otros guerreros por razones diversas. Zeus no salva a su hijo Sarpedón de la muerte (como sí hace, por ejemplo, Afrodita con Eneas alguna vez), y simplemente presta su asentimiento a lo que indica la balanza del destino acerca del fin de Héctor. Al comienzo de la *Odisea* advierte de cómo los mortales se labran su desdicha al desoír los consejos divinos y quebrantar las normas, y cuán en vano acusan luego a los dioses. La *Odisea* ofrece una clara perspectiva moral: Zeus preside el consejo de los dioses en que Atenea interviene en favor del esforzado y piadoso Ulises. Los pretendientes merecen un castigo que Zeus aprueba. Pero es en Hesíodo donde Zeus resplandece como el señor de la justicia y el orden. A su lado está siempre Díke, hija venerable de Temis, y la vigilancia del dios sobre la tierra se ejerce a través de diez mil divinos espías. Por culpa de Prometeo Zeus ha enviado muchos males a los hombres. Sin embargo les ha dado, para distinguirlos de las bestias, la justicia. Después de Hesíodo, Esquilo será el gran poeta que celebre el poder justo de Zeus con palabras entusiastas y pensamientos de hondura teológica renovada.

Hay que recordar, sin embargo, que los caminos de la justicia son intrincados y que los griegos no imaginaron nunca a Zeus como un juez rectilíneo o un verdugo rápido. La cólera de los dioses es a veces rápida y su justicia es muchas veces lenta. El mismo Zeus recurre al engaño cuando le conviene. (Por ejemplo, enviando a Agamenón un sueño engañoso para extraviarlo y complacer a Aquiles.) Los sufrimientos de Heracles, el hijo más esforzado del mismo Zeus, son una prueba de estas demoras. Zeus, el omnisapiente, resulta en un famoso episodio homérico engañado y distraído por Hera; pero advierte pronto el engaño.

Como responsable del orden social, Zeus velaba sobre los reyes, y también sobre la justicia de las sentencias. Era el protector de los juramentos, y amparaba a los huéspedes y los suplicantes. Los epítetos con los que era invocado dan una idea de esas funciones de Zeus: 'Protector del cercado familiar, de la propiedad, del hogar' *(Herkeîos, Ktésios, Ephéstios)*, 'Garante de los juramentos' *(Hórkios)*, 'Protector de los suplicantes y los huéspedes' *(Hikésios, Hiketésios, Xeínios);* fue luego introducido en los cultos ciudadanos como 'Protector' y

## 7. Los doce dioses

'Salvador' *(Amýntor, Sotér)*, 'dios de la ciudad' *(Poliéus, Polioúchos)*, 'de la plaza y del consejo' *(Agoraîos, Boulaîos)* y 'liberador' *(Eleuthérios)*[92].

Ya desde una época anterior a la aparición de la teología filosófica se deja notar una tendencia a convertir el politeísmo en un sistema donde los dioses están sometidos a un gran dios omnipotente y providente sobre todo, que es Zeus, derivando hacia un henoteísmo, que luego los filósofos refrendarán. Pero ese dios más abstracto es como el de Heráclito, que «quiere y no quiere ser llamado Zeus» (frg. 32 DK)[93].

Son numerosos y prolíficos los amores y amoríos de Zeus. Su esposa legítima, la que comparte el trono en la mansión olímpica, es Hera, hermana y mujer celosa del monarca celeste. En las tablillas micénicas aparece mencionada Diwiya, que por su mismo nombre se presenta como emparejada con él. También Díone, la madre de Afrodita –según la versión homérica–, está en los comienzos vinculada a Zeus, y a su lado recibe culto en el antiquísimo santuario de Dodona. Pero Zeus ha tenido trato sexual con otras grandes diosas. De sus amores con Temis proceden las horas, las moiras y las gracias, según Hesíodo, y de Mnemósine y Zeus son hijas las nueve musas. De su unión con su hermana Deméter nació Core-Perséfone. A Metis se la tragó, antes de dar a luz a Atenea. De Leto le nacieron Apolo y Ártemis. De su matrimonio con Hera nacieron Hefesto, Ares y Hebe. De la ninfa Maya tuvo al astuto Hermes.

Pero son también numerosos los amoríos del Padre de los dioses y los hombres con mujeres. Más de un centenar de nombres de mortales amadas por Zeus han registrado los mitógrafos antiguos. Los encuentros de Zeus con estas mujeres asumen variadas formas; según los casos el dios recurre a uno u otro truco o disfraz. De esos encuentros amorosos nacen, como era previsible, los más famosos héroes. Los dos grandes héroes que se convierten en dioses, Dioniso y Heracles, son hijos del providente Zeus, que se unió a la tebana Sémele y a Alcmena. También de Zeus es hija Helena, nacida de Leda (o de Némesis, según otra variante), a la que Zeus se unió en forma de cisne. Sobre la enclaustrada Dánae bajó Zeus en forma de lluvia de oro, y de esa unión nació Perseo, otro intrépido héroe. Por más que Hera trate de obstaculizar sus amoríos, el ingenioso Zeus logra siempre su propósito: a la peregrinación, metamorfoseada en vaca, se ayuntó en Egipto y de ahí nació Épafo. Hijos de Zeus y la raptada Europa son los cretenses Minos y Radamantis. Y algún héroe de trágico fin, como Sarpedón, que muere en la *Ilíada*.

## Hera[94]

El nombre de la diosa parece provenir de la raíz indoeuropea *jēr-/jōr-* (como el griego *Hora* y el alemán *Jahr*) e indicaría a 'la que está en sazón', 'madura para el matrimonio'. Es la «venerable esposa de Zeus». Aunque muchas otras comparten el lecho del dios, sólo Hera se sienta junto a él en el trono, presidiendo la reunión de los dioses. Como tal esposa legítima, Hera no tiene otros amores ni aventuras terrenas. Ya en las ta-

## 7. Los doce dioses

blillas micénicas aparece mencionada como compañera de Zeus.

Aunque su culto tuvo especial relieve en Argos, y se la celebra como «la argiva», los templos en su honor se extendieron muy pronto por todas las zonas pobladas por griegos. Además de los templos de Argos y Peracora, se erigieron otros en Samos, en Delos, en Tirinto, en Crotona y en Pestum. Probablemente fue la *pótnia* del palacio de Argos, y ya en época micénica se extendió su culto; remontan los templos más antiguos en su honor a la época de los primeros templos, hacia el 800 a. C.

Su matrimonio con Zeus es un *hierós gámos*[95], representado en algunos relieves antiguos. Según el mito, habría tenido lugar a escondidas primero y luego en las bodas celebradas en el jardín de las Hespérides. Hera, como modelo de la esposa, es *Parthénos* al llegar al matrimonio. Renueva su doncellez mediante un baño mágico y con la ayuda de Afrodita sigue atrayendo eróticamente a Zeus.

Pero, según otros relatos míticos, Hera es también la esposa celosa, irritada por los amoríos y aventuras de Zeus, y disputa a veces con su divino esposo, como cuenta la *Ilíada,* en más de una ocasión. En esos arrebatos abandona el hogar celeste y llega a engendrar por sí sola, para vengarse, al monstruoso Tifón (al que Zeus deberá vencer en feroz contienda), y, según una versión antigua, a Hefesto, el dios cojo, que guarda una ambigua relación hacia su madre.

Del matrimonio con Zeus tiene algunos hijos: Ares, Hefesto (según otra variante del nacimiento del dios), Hebe e Ilitía. Se ha subrayado que ninguno de ellos es una gran figura en el panteón: Ares es un dios torpe que sólo en la guerra brutal despliega su valor; Hefesto está tarado y es engañado por su esposa Afrodita, la misma Hera lo arrojó del Olimpo, y él se vengó atrapándola en un asiento trucado; y Hebe e Ilitía son figuras un tanto secundarias entre las divinidades. Hera, vengativa y celosa, persigue a las amadas de Zeus, como a Leto y a Io, y a los hijos nacidos de las relaciones extramatrimoniales de su esposo, como a Dioniso niño y a Heracles. Es una diosa de gran poder, pero rencorosa y poco simpática, porque está muy limitada a su función de esposa y protectora del matrimonio legítimo.

Tiene muy poco de maternal, y no se la invoca como «madre». (Lo que no deja de tener interés, cuando se piensa que ha heredado a la Diosa Madre de época anterior.) Son otras figuras las que toman un aspecto más maternal, como Deméter (aunque sólo tiene una hija) y la misma Afrodita. Tampoco se encarga del hogar (función asignada a Hestia). Comparte desde su posición de esposa legítima el trono real y lleva la correspondiente corona.

En la *Ilíada* está decididamente del lado de los aqueos, como Atenea (con la que mantiene buenas relaciones), como es propio de una diosa de Argos y Micenas. Según el famoso mito del juicio de Paris, es por la ofensa causada por la preferencia del príncipe troyano que entregó la manzana de oro a Afrodita. Es una representante de la soberanía, la primera función en el esquema de Dumézil. (Mientras que Atenea representa la segunda, la guerrera, y Afrodita, la tercera, la productiva.)

Su epíteto más característico en Homero es el de *boôpis:* 'de ojos de vaca'. La vaca es el animal que le está especialmente consagrado. Varios festivales –en Argos, en Platea, en Samos–, se celebran en su honor, rememorando sus bodas y sus rencillas con Zeus, mediante rituales muy antiguos y peculiares.

## Poseidón.[96]

El nombre del dios se suele interpretar como un término compuesto: *potei-* 'señor, esposo', en vocativo, y *da-* 'Tierra'. Sería en sus orígenes 'el señor o esposo de la Tierra', a la que abraza y agita, según su título de *Ennosígaios* (o *Ennosidáon* según la forma que parece en las tablillas micénicas y que tiene un paralelo en el *Ennosidas* de Píndaro)[97]. Es, en efecto, el que provoca los terremotos, el bronco señor de los seísmos.

Ya Homero cuenta cómo los tres hijos de Crono se repartieron el poder: a Zeus le tocó el cielo, a Poseidón el mar, y a Hades el mundo subterráneo de los muertos. Es, en la épica y en la época clásica, el dios del mar y habita en sus profundidades, junto a su esposa Anfitrite. En su figura se parece a Zeus. Su arma no es el rayo, sin embargo, sino el tridente, con el que revuelve las aguas en las tormentas y sacude y golpea la tierra.

Según las tablillas micénicas era el dios más importante en Pilo. El recuerdo de su importancia en el palacio ribereño se mantuvo largo tiempo: todavía en la «Telemaquia» el poeta de la *Odisea* nos presenta al rey Néstor ofreciendo un importante sacrificio en su honor. Los jonios, probablemente procedentes de esa zona, le dedicaron un santuario en el promontorio de Mícale, centro de toda la Jonia. Los mitos le reconocen su poder al hacerlo padre de Neleo y de Pelias, que luego se instaló como rey en Yolco, en Tesalia, y de Teseo, el gran héroe ateniense.

Pero Poseidón ha tenido que ceder en sus rivalidades con otros dioses. Frente a Hera en Argos, frente a Atenea en Atenas, frente a Zeus en general. Su hijo, el cíclope Polifemo, es cegado por Odiseo, y, a pesar de su gran poder, el dios marino no logra más que demorar el regreso del héroe, protegido por Atenea. Otros hijos de Poseidón, seres monstruosos y turbulentos, son vencidos por otros héroes griegos. El dios conserva el furor de las fuerzas elementales de la naturaleza del mar y los terremotos[98].

Como señor de las aguas es también una divinidad asociada a la fecundidad y a la creación de las fuentes, surgidas por su intervención. Los manantiales de Lerma, cerca de Argos, son un regalo de Poseidón tras el encuentro amoroso con la danaide Amímone.

A él se le consagra el caballo, engendrado por el propio dios, según un relato mítico. El caballo fogoso, sacudidor del suelo en su galope, es una imagen del dios. En otro mito él mismo se transformó en caballo para acoplarse con Deméter, que había tomado la figura de una yegua. De su unión con la Erinis junto a la fuente Telfusa, en Beocia, nació Arión, el velocísimo caballo que el dios ofreció a Adrasto, para salvarlo de la muerte ante los muros de Tebas. Del interior de la Medusa decapitada por Perseo surgieron el alado Pegaso y el guerrero Crisaor, progenie del dios, que se había acostado con ella. En varios lugares se le sacrificaban u ofrecían caballos en fiestas a él dedicadas. Los animales eran sacrificados por inmersión o despeñándolos al mar o a una sima profunda. Es frecuente su atributo de *Híppios*.

Como protectora de la doma del caballo y de los navíos, Atenea entra en concurrencia con Poseidón, a quien invocan los navegantes y al que se le dedican los caballos. Pero está clara la competencia de cada dios: Atenea es la inventora del freno y de la técnica de navegar, es decir, del arte civilizado para dominar los elementos, mientras que Poseidón representa el ímpetu natural, salvaje y furioso, de la mar y el caballo.

Poseidón recibe culto en muchos lugares marineros, y en especial en Corinto, ciudad que extiende su dominio por ambos mares. También en el templo de Sunión, en el cabo del Ática, desde donde se avistan todos los barcos que salen y entran en Atenas. Como a Zeus los Juegos Olímpicos, a Poseidón se le honra en los Ístmicos, junto al Istmo de Corinto.

## Atenea[99]

La diosa surgió de la cabeza de Zeus, en un parto prodigioso. Nació hermosa y joven y revestida de rutilante armadura. Hefesto con su doble hacha hendió el cráneo del Padre y de allí brotó, luminosa y perfecta, la poderosa diosa de ojos glaucos, blandiendo la lanza y agitando el escudo. Una diosa guerrera y sin madre. El nacimiento maravilloso es un rasgo decisivo de la caracterización de Atenea, firmemente unida a Zeus como hija predilecta del Altísimo. La escena estaba representada en uno de los frontones del Partenón, el gran templo de la Acrópolis ateniense erigido en honor de la diosa[100].

Su nombre, de oscura etimología, con un sufijo prehelénico (en -*ana*, que aparece en algunos topónimos), tal vez esté relacionado con la propia ciudad de Atenas, y Atena fuera, originariamente, la «señora» de la ciudad. *Athana pótnia* aparece mencionada en una tablilla de Cnoso. En varias localidades Atenea era venerada en el templo situado en lo alto de la vieja ciudadela, en la Acrópolis, como en Atenas. Era una diosa guerrera, como se destaca en su vestimenta, armada con la coraza y blandiendo la lanza y la égida, su terrorífico manto forrado de piel de cabra *(aíx:* 'cabra', y *aïssō:* 'agitar'); sobre el pecho lleva la cabeza de la Gorgona, símbolo del espanto, y sus ojos emiten un terrible fulgor.

Es *glaucōpis,* la de 'ojos de lechuza', según una etimología fácil *(glaúx:* 'lechuza'). El ave nocturna, de grandes ojos y expresión meditativa, es su símbolo. (En el mundo minoico abundan las representaciones de una diosa o sacerdotisa con un ave.) Pero el epíteto puede entenderse también como 'la de ojos claros y brillantes'. Cuando se aparece a Aquiles en el canto I de la *Ilíada* recuerda el poeta que sus ojos lanzaban terribles destellos.

Al no haber nacido del vientre de mujer, sino de la cabeza de su padre, Atenea aparece distanciada de lo femenino. (Aun admitiendo la versión de que su madre pudo haber sido Metis, una diosa de la inteligencia que Zeus se engulló previamente, temeroso de que diera a luz un hijo demasiado poderoso, Atenea es la hija sólo de Zeus.) Tiene figura y hábitos femeninos, pero no comparte las penas y placeres propios de su sexo. Por su afición a las armas está del lado de los guerreros y es compañera de los héroes. Semejante a las walkirias germánicas en su ardor bélico, se distancia de la brutalidad belicosa de Ares, dios de la guerra. Atenea es siempre la inteligencia y la eficacia en el combate, es decir, lo civilizado y táctico frente al ciego impulso de matanza, sangre y destrucción que pertenece al turbulento Ares. Es una diosa de la claridad incluso en la arremetida del combate.

Es la protectora de los héroes: de Aquiles, Ulises, Perseo, Heracles, Teseo, Tideo, etc. Aparece a su lado en los momentos de mayor tensión como para confortarlos antes de la victoria. De algún modo aparece como intermediaria de los designios de Zeus en esa cercanía a los esforzados caudillos y aventureros. También es protectora de las ciudades, como *Poliás* y *Poloúchos,* y por ello su santuario está en el corazón de la fortificada ciudadela. Su pequeña estatua, el *palládion,* sirve de resguardo a la fortaleza. Por eso los saqueos roban la imagen santa de Troya, en una audaz escaramuza. (Tal vez ese rasgo es una reliquia de su función en el palacio de tiempos micénicos, de su papel como *Pótnia* protectora.) En la *Ilíada* y en la *Odisea* desciende del Olimpo para presentarse ante sus protegidos: a Aquiles sólo visible para él, a Ulises como una joven muchacha, a Telémaco disfrazada como el anciano Méntor.

Como diosa de la inteligencia constructora, es la patrona de los artesanos, de los carpinteros, de los ceramistas. Construyó el primer carro, cooperó en la fabricación del Caballo de Troya, y en la construcción de la primera nave, y en la mítica Argo. Pero también es patrona de las labores femeninas del telar y la rueca. Inspira a las tejedoras y bordadoras y castigó trasformándola en araña a la vanidosa Aracne, que se atrevió a rivalizar con ella en el bordado. Como diosa protectora de la *pólis*, y amante de las tareas artesanas, recibe cada año en homenaje de toda Atenas el *péplos* bordado por las jóvenes de la ciudad.

En la disputa con Poseidón por el patronazgo de Atenas, el dios del tridente hizo brotar una fuente y Atenea introdujo el olivo. Obtuvo así el triunfo sobre su tío. En la Acrópolis reverdecía el olivo emblemático, que rebrotó tras la derrota de los persas. El árbol es un regalo de la diosa y representa bien algunos aspectos de la misma. Civilizado, con su follaje claro y sus frutos laboriosos de múltiple utilidad y uso, el vetusto olivo mediterráneo es, con la lechuza, uno de los símbolos del Ática, noble y austera.

Atenea se mantiene virgen, y recibe culto como *parthénos*. Es una doncella que no conoce amoríos ni tentaciones sexuales. Cuando, apenas nacida, el dios Hefesto se prendó de ella y quiso hacerla su esposa, lo rechazó de plano. Persiguiéndola, el dios dejó caer sobre su muslo unas gotas de semen que Atenea arrojó a tierra. Y de ellas nació Erecteo-Erictonio ('el muy terrestre'), a medias con figura humana y a medias sierpe, como vástago de la Tierra Madre. Por su origen ctónico, Erecteo, primer rey de Atenas, presenta ese aspecto monstruoso, en su nacimiento. Fue Atenea quien cogió al recién nacido y lo alzó en sus brazos, como adoptándolo, más como un padre que como una madre. Lo confió luego a las hijas de Cécrope, que luego se asustaron de su aspecto y se suicidaron arrojándose al abismo desde la Acrópolis[101].

## 7. Los doce dioses

Sus fiestas principales eran las Panateneas, en las que en solemne cortejo los atenienses acudían al templo de la Acrópolis a testimoniar su devoción. Más tarde la diosa de la inteligencia fue considerada una valedora de la cultura ilustrada de la brillante ciudad, metrópolis de las artes y la filosofía[102].

## Apolo[103]

Apolo es una figura de extraño origen. Su nombre no aparece en las tablillas micénicas, y su etimología es oscura. Probablemente se introdujo en el panteón helénico a mediados del segundo milenio, viniendo de Asia Menor. Era acaso en su origen un dios de los rebaños. Todavía en el *Himno homérico a Hermes* se menciona que poseía una manada de bovinos (como la que tenía Helios, según la *Odisea*). No deja de ser paradójico que este dios, que por su aspecto grácil y sereno parece encarnar el ideal griego de la pureza y la perfección juvenil, fuera de origen oriental, un asiático adoptado y extraordinariamente bien adaptado.

Es hijo de Zeus y de Leto, que lo dio a luz junto a su hermana Ártemis en la isla de Delos, una isla santa desde que se ofreció como asilo para ese parto de la amada de Zeus, a la que perseguían los rencores de Hera. Allí, pues, junto a la palmera sagrada, nacieron los dos dioses: Apolo y Ártemis. Luminosos, resplandecientemente rubios, ágiles y montaraces, comparten la afición al arco y las flechas. Aunque Apolo no es, a diferencia de Ártemis, un dios cazador. Sus flechas causan la enfermedad (como se destaca en el canto I de la *Ilíada*) cuando él hiere de lejos con tino perfecto, como *Hekáergos,* blandiendo su luminoso arco de plata. El arco es un símbolo de su poder distante, pero certero, silencioso.

Entre sus epítetos destacan los de *Lykeios* (de *lýkos,* 'lobo' –o acaso 'de Licia'–) y *Phoibos* (*Febo,* 'el brillante'). En la *Ilíada* se le invoca como *Smintheus,* 'ratonero', tal vez porque protegía de las plagas de ratones. Es también *Paián* (probablemente 'curador'; el nombre de *Paiéon* sí está en las tablillas y quizás fue antes un dios distinto que Apolo se asimiló), y a él se dedicaba el peán o canto de victoria.

Apolo es un dios que camina a grandes zancadas y se aparece en lugares diversos. Es el patrón de las colonizaciones a lo largo del Mediterráneo. Desde su santuario de Delfos, en los repliegues del Parnaso, el dios ofrece su bendición a las empresas audaces de los navegantes y colonos que van a fundar nuevas ciudades. Es el dios de la profecía, el patrón de las artes, el caudillo de las musas.

Si Delos es el lugar venerado como su cuna, isla santa en el centro del mar Egeo, su santuario más famoso es el de Delfos, el ombligo del mundo, según la antigua creencia. Desde allí se difunde el enorme prestigio de sus oráculos, revelados por la Pitia, la pitonisa que, sentada sobre el trípode, transmite las indicaciones del dios. A veces ambiguo y enigmático, Apolo es *Loxías,* el 'torcido', porque su saber es profundo y su expresión recelosa. Hay otros grandes santuarios de Apolo, como Claros y Éfeso en la costa jonia. Pero, sin duda, ninguno ha logrado el esplendor y la perdurable fama de Delfos *(Pythó)* como sede oracular, centro de veneración panhelénico. Allí se elevaba el gran templo del dios, conmemorando su victoria sobre el monstruo local, una gigantesca dragona que guardaba el lugar. Apolo mató a esta gigantesca sierpe y se apropió el oráculo, que perteneció antes a la Tierra *(Gê)*. Allí se celebraban en su honor los famosos Juegos Píticos[104].

El clero que rodeaba el culto estaba constituido por un cuidadoso grupo de sacerdotes, que envolvía a la Pitia, única voz que recogía los mensajes y respuestas del sabio dios. Y allí, en Delfos, se rendía también culto a Dioniso durante unos meses, cuando Apolo se encontraba de viaje por el norte, visitando a los piadosos hiperbóreos. Allí estaba la famosa fuente Castalia, y por las cercanías del Parnaso correteaban las musas en alegre cortejo, prestas a las órdenes del musageta ('conductor de musas') Apolo, maestro de la lira y director de las danzas.

Apolo es padre de algunos héroes y adivinos, como el famoso Mopso. Entre sus numerosos lances de amor no faltan los fracasos o los amores desdichados, tanto en sus tratos con ninfas como con mujeres. Persiguió en vano a la ninfa Dafne, que prefirió transformarse en laurel a unirse al dios. También la doncella Castalia prefirió arrojarse desde las alturas a la fuente que lleva su nombre, para escapar del acoso del dios. Casandra, a quien había concedido videncia profética, eligió permanecer doncella. Marpesa prefirió a un mortal, Idas, y Corónide, encinta ya de sus encuentros con el dios, le traicionó con otro humano, el arcadio Isquis. (Por ello el dios la mató, y luego extrajo de su vientre, ya en la pira funeraria, a su hijo Asclepio.) A su amado Jacinto lo mató accidentalmente, al golpearle en la nuca con el disco en un entrenamiento atlético.

El dios es terrible en sus venganzas y en su cólera. Junto con su hermana Ártemis acabó con los gigantes Oto y Efialtes, que habían querido forzar a Hera, y con Ticio, que intentó violar a Leto. Con certeras saetas, en compañía de su hermana, aniquiló a los hijos de Níobe, que se había jactado de ser una madre más dichosa que Leto por el número de sus hijos. Despellejó al sátiro Marsias, que se atrevió a competir con él en un reto musical, la flauta contra la lira, y puso orejas de asno a Midas, por preferir la flauta de Pan a la lira apolínea. Cuando Zeus fulminó a su hijo Asclepio, culpable de haber resucitado a un muerto, se vengó matando a los Cíclopes, que habían forjado el arma divina, y tuvo que expiar su crimen sirviendo como esclavo a Admeto, rey de Feras, en Tesalia, purificándose luego del crimen. Es también un dios purificador, y en su honor se celebran fiestas y festivales en numerosas ciudades (por ejemplo las Carneas en Lacedemonia).

Febo, dios de la luz, fue adorado como dios solar, aunque en tiempos primero era Helios quien tenía tal dominio. Su fraternal antagonismo con Dioniso está cargado de ambigüedad. Lo apolíneo se enfrenta a lo dionisíaco en una oposición polar un tanto abstracta, por encima de las relaciones míticas entre los dos hermanos. Fue, como es bien sabido, F. Nietzsche quien destacó esa confrontación que resulta tan productiva para explicar ciertas tensiones de la civilización griega, y luego otros estudiosos han insistido en ella (por ejemplo, H. Fraenkel, K. Reinhardt, B. Vickers, etc.). Frente al frenesí dionisíaco, Apolo representa la serenidad, la claridad, la distancia de lo patético, que parece ser un trazo característico de la divinidad del período clásico.

## 7. Los doce dioses

Pero el dios de las purificaciones no deja de ofrecer algunas imágenes de violencia y venganza sangrienta, como M. Detienne ha señalado.

En la *Ilíada* Apolo está de parte de los troyanos, aunque se niega a combatir con su tío Poseidón a causa de los mortales. Interviene en la muerte de Patroclo, deteniendo su avance triunfal.

Hay en su figura de efebo sonriente una cierta frialdad, y en su belleza juvenil late un aplomo sereno que invita a mantener el respeto y la distancia. Es el protector de la sabiduría tradicional y de la civilización marcada por un talante racional y las máximas de la moderación. En su templo de Delfos estaban grabadas las sentencias de los Siete Sabios: «Conócete a ti mismo», «nada en demasía», «lo mejor es la medida». Es el dios de la *sophrosýne,* esa cordura tan preciada y tan difícil.

Como dice W. Otto:

> el carácter dionisíaco quiere el éxtasis; por lo tanto proximidad; el apolíneo, en cambio, claridad y forma, en consecuencia distancia. Esta palabra contiene un elemento negativo, detrás del cual está lo positivo: la actitud del conocedor.
>
> Apolo rechaza lo demasiado cercano, el apocamiento en los objetos, la mirada desfalleciente, y también la unión anímica, la embriaguez mística y el sueño extático. No quiere al alma, sino al espíritu. Quiere decir: libertad de la proximidad con su pesadez, abulia y estrechez, para lograr noble distancia y mirada amplia[105].

## Ártemis[106]

Nacida en Delos, en el famoso parto de Leto, comparte con su hermano Apolo algunas características. Se parece a él en su aspecto, como ágil y esbelta diosa rubia, de larga cabellera, cazadora armada de un espléndido arco, montaraz. La hija de Zeus y Leto es una joven siempre virgen, *parthénos* inviolada e inviolable, que mantiene su doncellez como un privilegio otorgado por su padre. No es la virginidad guerrera de Atenea, hostil y ajena al sexo y sus placeres, sino una doncellez exultante y agreste, eróticamente atractiva, la que caracteriza a la joven Ártemis.

Como divinidad casta, es protectora de las muchachas en la pubertad y en algunos lances decisivos de su vida. De ahí que se la invoque en las ceremonias de la boda y también en los partos, para que acuda en favor de la joven esposa o próxima madre. También castiga las ofensas a la castidad severamente.

Desde sus comienzos es la 'señora de los animales salvajes', *Pótnia therôn*. Avanza por los bosques y lugares agrestes con su cortejo de ninfas, en un raudo carro tirado por cuatro ciervos, y en su tropel festivo figuran fieras. Jabalíes, osos y leones. Sus venganzas son temibles. Contra Eneo envió al famoso jabalí de Calidón, una devastadora bestia, para cuya cacería se movilizó un renombrado pelotón de jóvenes héroes, en una aventura épica. Por la ofensa cometida por Agamenón (al cazar una liebre en su santuario) exigió el sacrificio de la hija del rey, Ifigenia.

A flechazos mató a Ticio, que se atrevió a acosar a su madre, Leto; y a Orión y a Oto, otros dos gigantes, que pretendieron violar a la misma Ártemis. Y metamorfoseó en ciervo a Acteón, el cazador que rivalizó con ella (y que la espió en su baño en el bosque). Y, junto a su hermano Apolo, castigó con la muerte a los hijos de Níobe, asaeteando Apolo a los muchachos y Ártemis a las muchachas. También sus flechas pueden causar enfermedades terribles.

Como señala el *Himno* de Calímaco, en muchos lugares había santuarios y templos de la diosa. Pero el más famoso era el gran templo de Éfeso, que fue repetidamente destruido, una de las maravillas del mundo antiguo por su esplendor. Allí Ártemis-Diana era venerada como Gran Diosa con aspectos semejantes a algunas diosas orientales ligadas a la fertilidad natural, como *Pótnia therôn*. Otro santuario importante era el de Braurón, en el Ática, donde un grupo de muchachas celebraba a la diosa, con un ritual peculiar, disfrazadas de oso, sustituyendo ritualmente a una osa que los jóvenes del Ática habían matado en una ocasión.

En los dioses del Olimpo homérico, Ártemis no destaca por su poder. En la *Ilíada* (XXI, 470 y ss.) Hera la riñe como una dura madrastra a una adolescente traviesa y corre a ser consolada por Zeus. En la *Odisea* (VI, 102 y ss.) en un brillante símil la evoca el poeta al comparar a la princesa Nausícaa con la divina cazadora que recorre ágil los montes (como el Taigeto o el Erimanto). Está un tanto al margen del mundo de las cortes y de las batallas épicas. Su dominio es el monte y los espacios salvajes, al margen de la civilización. Allí triunfa con sus ninfas y compañeras de juegos agrestes, y allí recibe el culto y la devoción de camaradas de caza, como los del casto Hipólito (Hipólito de Trecén), al que el rencor de Afrodita lleva a una trágica muerte. La diosa Ártemis, con una actitud significativa, no acude a salvar a su fiel, pero se venga matando luego, mediante un feroz jabalí, a Adonis, el favorito de Afrodita.

También, como Apolo, asume el halo resplandeciente de otras divinidades. Así como Apolo se asimila a Helios, como dios solar, Ártemis, Diana, la refulgente Luna, adquiere el fulgor de antigua Selene. Nocturna y selvática, es una divinidad de los pasos difíciles, y de los espacios deshabitados y escarpados. Preside algunas ceremonias de ritos de pasaje de muchachas, y en su honor se celebran algunos cultos con derramamiento de sangre. (Así, por ejemplo, los ritos de los tauros evocados por Eurípides en *Ifigenia entre los Tauros*[107].)

## Afrodita[108]

Afrodita, la diosa del amor, es una divinidad cuyo nombre no aparece en las tablillas micénicas. Los mismos griegos eran conscientes de su origen oriental. Según Heródoto (I, 105), su culto original se encontraba en Fenicia, en el santuario de Ascalón, de donde los fenicios lo habrían llevado hasta Citera y Pafos, en Chipre, según atestiguaban los mismos chipriotas. Desde la época de Homero y Hesíodo lleva los sobrenombres de Cipria *(Kýpris)* y nacida en Chipre *(kyprogéneia),* recordando esa procedencia. Según la *Teogonía* de Hesíodo, la diosa surgió recién nacida de las olas marinas ante la isla de Citera y luego llegó a su santuario famoso en Pafos de Chipre.

## 7. Los doce dioses

Es un tipo de divinidad muy próxima a la diosa del amor y la fertilidad que encontramos en Babilonia, en Fenicia y en otros pueblos asiáticos. La Afrodita Urania tiene un paralelo en la «diosa del cielo» oriental, en Istar y Astarté. Pero se ha helenizado pronto. En lugar de la diosa desnuda o guerrera, aparece desde el siglo VIII a. C. totalmente adaptada a la moda griega, con un largo peplo y áureas joyas y un trono de vivos colores. Destaca por su espléndida belleza, sus gracias y encantos. La acompañan las cárites, y el deseo amoroso *(Eros)* y el anhelo del ser amado *(Hímeros)*.

Según la versión de Homero *(Ilíada,* V, 312 y 370), es hija de Zeus y de Dione. Pero su genealogía más genuina, la que da Hesíodo (en *Teogonía,* 188-206), la hace nacer del semen de Urano arrojado a las aguas marinas. Cuando Crono el astuto castró a Urano que descendía amoroso sobre Gea, sus genitales cayeron al mar, y de esa espuma marina surgió Afrodita. Su nombre, según una etimología popular, aludiría a esa espuma *(aphrós)* de la que había nacido la bella diosa. Caminando entre la espuma llegó la diosa a la isla de Citera y luego a Chipre[109]. Según esta versión, Afrodita es anterior a los olímpicos, ha nacido del impulso genesíaco del Cielo (Urano) en conjunción con las aguas. Es un impulso cósmico y una fuerza natural primigenia, una divinidad que se reviste de una magnífica figura de joven doncella, y su grácil apariencia se rodea de una singular fascinación. A su paso florece la tierra, y con ella van Eros e Hímeros, personificados luego como sus hijos, sobre todo el primero. Son los genios del impulso amoroso que reflejan los encantos de la diosa. (Aunque Eros cobra pronto una notable autonomía y aun libertad[110]; en Hesíodo representa un impulso divino que está en los primeros orígenes del mundo; y en ciertos relatos y desarrollos del mito puede incluso, diosecillo travieso, herir con sus flechas a su misma madre.)

Afrodita encarna el impulso erótico y también el placer del sexo y del trato sexual; simboliza la fuerza de la pasión y el deleite del amor, el atractivo de la belleza y el hechizo de su posesión. Es suave y seductora por excelencia, la acompañan las gracias *(chárites)* y la irresistible Persuasión *(Peithó)*. Es la diosa 'amiga de las sonrisas' *(philommeidés)*, de las flores y de los jardines, resplandeciente con su corona y sus collares de oro, «la áurea Afrodita», que extiende su benéfico poder sobre todas las criaturas, invitándolas a emparejarse y realizar las gratas tareas que están bajo su amparo. No es, aunque tenga algún hijo al que protege, como el héroe Eneas, una diosa madre, ni tampoco una diosa del matrimonio, que ampara la venerable Hera.

Según la versión más extendida del mito, está casada con el dios Hefesto, el cojo y astuto herrero, el servicial patrón de artesanos y joyeros (tal vez de ahí la conexión con Afrodita). Pero le engaña con Ares, el rudo guerrero. En el canto XVIII de la *Ilíada* se cuenta cómo el avisado esposo capturó a ambos amantes en el lecho con una mágica red y los expuso a las miradas y risas de los otros dioses. (Una versión paródica de un antiguo *hierós gámos* entre la diosa bella y el Señor de la guerra.) En Tebas se contaba el mito de las bodas de ambos, y de esa unión había nacido Harmonía, que los dioses otorgaron como esposa a Cadmo, el fundador de la ciudad beocia.

## 7. Los doce dioses

Harmonía evoca en su nombre el acorde o ajuste perfecto entre la diosa del amor y el dios de la guerra.

Sólo Atenea, Ártemis y Hestia, entre los dioses, se sustraen al poder de Afrodita. Hasta el mismo Zeus se deja cautivar por el hechizo amoroso. En el famoso episodio del juicio de Paris, el príncipe troyano elegido como árbitro entre las tres diosas: Hera, Atenea y Afrodita, concede la manzana de oro como premio a la más bella a la diosa del amor. Ésta a cambio le concederá a Helena, la más bella mujer de Grecia. Lo que será el motivo de la larga guerra en torno a Troya. G. Dumézil ha glosado este episodio comentando que cada diosa representa a una función social: Hera la soberanía, Atenea la guerrera y Afrodita la productiva. La elección de Paris es significativa: prefiere la belleza y la abundancia placentera a los prestigios basados en el poder regio y en la fuerza de las armas[111].

La manzana, objeto cargado de simbolismo erótico, es un fruto asociado a la diosa, como también la paloma, ave emblemática de la suavidad del amor. En los altares de Afrodita se quema incienso y se le sacrifican palomas, como a la diosa fenicia Astarté.

En Troya está a favor de los asediados. Por varios motivos: su origen asiático, su agradecimiento a Paris y su relación con alguno de los príncipes de la ciudad. Es la madre de Eneas, nacido de su unión con Anquises, un famoso encuentro narrado en el *Himno homérico a Afrodita*[112]. Tuvo lugar en el monte Ida, donde Afrodita hereda ciertos rasgos de la diosa frigia Cíbeles, una diosa de la montaña y de los animales salvajes, uncidos a su cortejo triunfal. De igual modo la Afrodita venerada en el templo de Afrodisias en Caria parece haber suplantado a la Gran Diosa de Asia Menor.

En el templo de Afrodita en Corinto se practicaba la prostitución sagrada (como en los templos asiáticos de Istar y Astarté). En un fragmento de Píndaro (122), el poeta alude a las hieródulas que ofrecían allí su amor venal:

> Vosotras, doncellas hospitalarias, servidoras de Persuasión [*Peithó*] en la opulenta Corinto, que encendéis las rojizas lágrimas del incienso y celebráis a la celeste Afrodita, madre de los dioses amorosos. Ella os hace regalar inocentemente el placer de la fina flor en almohadas deleitosas. Donde manda la necesidad todo está bien.

Las fiestas de Afrodita estaban ligadas a la sensualidad y a las flores y los perfumes, expresión de los goces naturales de la vida. La amable diosa de los jardines recibía culto en las fiestas en recuerdo de su amado Adonis, y las lamentaciones rituales por la triste muerte del favorito de la diosa estaban rodeadas de todo un ceremonial singular. Frente a las Tesmoforias en honor de Deméter, las Adonias eran fiestas igualmente de mujeres; pero a la feminidad hogareña y maternal celebrada en unas fiestas se contraponía la sensualidad erótica no menos femenina de las otras. Las unas para las mujeres casadas y al servicio de la maternidad y el matrimonio bien regulado, amparado por Hera y Deméter, y las otras para las heteras y las amantes, entre los aromas penetrantes y las flores más efímeras de los jardines del placer [113].

Afrodita recibía culto en unos círculos singulares, en los que la diosa era invocada con afectuosa veneración y

## 7. Los doce dioses

una amable familiaridad, en una atmósfera esencialmente femenina y privada. Es el tipo de religiosidad que conocemos por los fragmentos de los poemas de Safo de Lesbos. Allí la poetisa se dirige a la diosa invocándola repetidamente, con una personal devoción. La invita a venir en su auxilio, a favorecer sus amores, atrayendo apasionadamente a su amada, o bien a participar en la fiesta nocturna en un bosquecillo de manzanos. «Afrodita, la del trono pintado, tejedora de engaños [...] sé tú aliada de combate...»[114].

Afrodita es, como los otros dioses griegos, despiadada y rigurosa en castigar a los que desdeñan su poder. Así destroza la vida de Hipólito, el casto seguidor de Ártemis, y no vacila para ello en utilizar a la apasionada Fedra. Otorga también su favor a algunos héroes, como a Jasón, haciendo que Medea se enamore de él, y a Teseo, inspirando amor a Ariadna. En la pasión se revela el gran poder de la diosa, tan extendido en toda la naturaleza como intenso en sus embates; como cósmico anhelo celebra ese poder de Venus el latino Lucrecio al comienzo de su poema *Sobre la naturaleza de las cosas* (I, 23 y ss.).

La figura de la diosa desnuda, tal como aparece en algunas representaciones asiáticas de la diosa del amor, fue sustituida en Grecia por la de la hermosa y esbelta diosa ataviada con el largo peplo, coronada, y con brillantes collares y adornos. Pero la estatua que Praxiteles esculpió para el santuario de Cnido representó de nuevo a la diosa en su total desnudez e impuso el modelo de la Afrodita desnuda de la época helenística y romana. En Roma el culto a Eneas y la devoción de la familia Julia a Venus, madre del héroe fundador de la ciudad, y de quien desciende Julo y su familia, realzó el prestigio de la divina amante del troyano Anquises.

Desde la época helenística Eros aparece acompañando a la diosa en forma de niño alado y travieso. Ya en época clásica la diosa se presenta acompañada por jóvenes alados (Eros e Hímeros, o Erotes, «amores»), genios que simbolizan su ancho poder de seducción.

Pero Afrodita es única. Se distingue claramente de Eros a quien el mito llama su hijo. Este dios desempeña un papel importante en las especulaciones cosmogónicas, pero uno bien diminuto en el culto. No aparece en Homero, ausencia significativa e importante. Es el espíritu divino del anhelo y de la fuerza de engendrar. Pero el mundo de Afrodita es de otra categoría, más amplia y más rica. La idea del carácter y poder divino no emana (como en Eros, véase Platón, *Banquete,* 204c) del sujeto que anhela, sino del que es amado. Afrodita no es la amante; es la hermosura y la gracia sonriente que arrebata. Lo primero no es el afán de apresar, sino el encanto que lleva poco a poco a las delicias de la unión. El secreto de la unidad del mundo de Afrodita consiste en que en la atracción no actúa un poder demoníaco por el cual un insensible agarra su presa. Lo fascinante quiere entregarse a sí mismo, lo delicioso se inclina hacia lo emocionado con la sinceridad sentimental que lo hace tanto más irresistible. Ésa es la significación de Caris que sirviéndola acompaña a Afrodita; *cháris* es algo más que la conquistadora que toma posesión de otros sin entregarse a sí misma. Su dulzura es al mismo tiempo susceptibilidad y eco, amabilidad en el sentido de favor y de voluntad de entregarse. La palabra *cháris* significa también gratitud y directamente el consentimiento de lo que desea el amante (W. F. Otto).

La distinción que Platón recoge en el *Banquete* entre dos Afroditas: una *Urania* o 'Celeste' y otra *Pandemos* o 'popular' puede ser el eco de una fórmula más antigua. La Afrodita celeste está relacionada con la diosa del amor oriental que recibe justamente ese epíteto (por ejemplo Istar o Astarté). Al mismo tiempo, *Urania* puede evocar su procedencia de Urano, como una divinidad primigenia, anterior al mismo Zeus. La calificación de *Pandemos* recoge el aspecto universal de la pasión y del erotismo en sí, y alberga esos aspectos populares de la diosa que no distingue rangos ni barreras sociales; a la que sirven las prostitutas y que favorece el placer sexual de todo tipo; *tá aphrodísia,* son los tratos sexuales sin más, 'las obras de Afrodita'.

En la iconografía hay alguna representación de una Afrodita andrógina, con barba, y alguna vez se menciona a Afrodito, lo que tal vez será una reliquia de cultos antiguos, con precedentes orientales.

## Hermes[115]

Hermes es, sin duda, un dios muy antiguo, integrado en la familia olímpica como hijo de Zeus y de la ninfa Maya, que lo dio a luz en el monte de Cilene en Arcadia. Su nombre está relacionado con *hérma,* el montón de piedras que sirve de linde o que marca un cruce de caminos. Como *E-ma-a* aparece ya en las tablillas micénicas. Se trata, pues, de un dios de los caminos, peregrino y ligero, montaraz y astuto en el trato, dotado de una singular habilidad para el engaño y el robo, un *trickster* divino.

En Arcadia lleva el sobrenombre de *Nómios,* 'guardador del rebaño'. Es antigua su imagen como «pastor», con una oveja bajo el brazo o sobre los hombros. Como divinidad pastoril no sólo protege el ganado, sino que fomenta su fecundidad. Es también el padre del dios Pan, el caprípedo dios agreste, amigo de los faunos y sátiros, perseguidor alegre de las ninfas y tocador del rústico caramillo. (Pan incorpora ciertas facetas de Hermes en su aspecto arcádico.)

Pero su representación más normal es la del montón de piedras en torno a un mojón pétreo o un palo enhiesto, o bien una piedra cuadrada decorada con un falo erecto y coronada con el busto del dios barbado. Un símbolo apotropaico, y un busto –el único usual en la época antigua– del dios, que protege y denota un espacio, que suele erguirse en las encrucijadas o ante una casa, propiciando su benevolencia. Es el dios de la ganancia inesperada, que se llama *hérmaion,* 'don de Hermes'.

Se le figura como a un venerable dios barbado en la época arcaica y en la clásica, pero también como a un joven esbelto y ágil. Lleva unas sandalias aladas, un gorro de viaje (el *pétasos* de alas anchas, que protege al caminante del sol y las lluvias), y en la mano empuña el bastón del mensajero, el *kerykéion* o caduceo, que también es varita mágica.

Ya en Homero Hermes figura como el mensajero de los dioses. En la *Ilíada* va disfrazado a acompañar a Pría-

## 7. Los doce dioses

mo hasta la tienda de Aquiles, para que el rey troyano logre llegar sano y salvo y rescatar el cadáver de Héctor. En la *Odisea* acude a la isla de Circe para ofrecer a Ulises la planta *môly,* que le protegerá de los hechizos de la maga, y más tarde se presentará en la de Calipso para transmitirle la orden de los dioses de que deje partir de regreso al héroe. Y en el último canto de la *Odisea* acompañará a las almas de los pretendientes muertos hacia el Hades. Mensajero de los dioses, encargado de misiones difíciles en remotos parajes, es también *psychopompós,* guía de las *psychaí* de los difuntos en su peregrinaje al Hades. En algunas representaciones se ve a Hermes escoltando al difunto hasta la barca de Caronte, en el umbral del Hades o en la orilla del Aqueronte.

Hermes, capaz de franquear todos los caminos, raudo viajero, señor de las encrucijadas, es un hábil embaucador. Su dominio linda con la magia. Su caduceo, en el que se cruzan, en forma de ocho, dos serpientes, es un cetro mágico –con claros precedentes orientales– con el que puede adormecer y desvelar a cualquiera. Con él logró dormir al gigante Argos, al que Hera había apostado junto a Io para impedir que Zeus se le acercara. Pero Hermes logró que al vigilante Argos le dominara el sueño, y en cuanto cerró el monstruo sus numerosos ojos, el taimado Hermes lo degolló, dejando expedito el camino a los amores de Zeus. El mito se relaciona con el sobrenombre más habitual del dios, *Argeiphontes,* 'el matador de Argos'.

La habilidad extrema y la rápida astucia que caracterizan al dios están muy bien reflejadas en el mito sobre su nacimiento y primeras hazañas, tal como las cuenta el *Himno homérico*. Nacido al alba, al mediodía tocaba la lira recién inventada sobre una concha de tortuga y al atardecer robó el ganado bovino de Apolo, llevándose las vacas arteramente desde Tesalia hasta Olimpia.

Cuando Apolo, irritado, logró dar con el bribón, Hermes logró que depusiera su furia, y ganó su amistad obsequiándole la lira. El dios arquero no pudo por menos de sonreír ante las argucias y zalamerías del pícaro recién nacido, y le dio sus vacas. Hermes era considerado también como inventor del sacrificio –en honor de los doce dioses– y de la técnica del fuego (en competencia con Prometeo). No es Hermes un dios pendenciero ni belicoso; su arte es la marrullería y una cierta capacidad de seducción, con sus trucos, sus palabras y sus gestos amables. Se lleva muy bien con su hermano Apolo, y también con Afrodita «tejedora de engaños».

No sólo se le atribuye el invento de la lira, sino también el de la flauta, instrumento pastoril de música campesina. Hermes gusta de esos aires y tonadas rústicas, y su hijo Pan ha heredado esa afición a las flautas de caña.

Como dijimos, es el dios de los mensajes, y favorece los pactos. Los heraldos están bajo su protección. Y también los intérpretes. *Hermeneús* es el nombre del intérprete y *hermeneía* es 'interpretación'.

Por sus habilidades no es nada raro que fuera el dios de los ladrones –furtivos y raudos como él– y también de los comerciantes. (Aunque el Mercurio romano estará aún más caracterizado como divinidad del comercio que el Hermes griego.) Proporciona la ganancia inesperada, y con la astucia propicia el botín del trato comercial. Es un dios popular, no aristocrático.

## 7. Los doce dioses

Praxiteles lo esculpió como dios joven, un adolescente de espléndida belleza. Es también un dios de los gimnasios y palestras, afable, sonriente, que promete éxitos y ganancias. Por todo eso debían venerarlo los adolescentes, en el paso arriesgado de la juventud.

Entre sus descendientes, además de a Pan, mencionemos al ambiguo Hermafrodito, al astuto Autólico, entre otros muchos.

## Ares[116]

Ares es el dios de la guerra, que personifica el furor bélico. Su mismo nombre se emplea como sinónimo de éste: *ares* es 'furia guerrera' y 'ardor combativo'. Se trata de una divinidad antigua. (Ya en las tablillas en Lineal B aparece atestiguado su nombre. Y también el de Enialio, epíteto suyo, pero que tal vez en época primitiva fue un dios distinto y parecido.) Es hijo legítimo de Zeus y Hera. Pero no goza del afecto de su padre, según Homero. El Zeus de la *Ilíada* (vv. 890-891) le reprende: «Para mí tú eres el más odioso de los dioses que habitan el Olimpo, pues siempre a tu ánimo le son gratos la discordia, las guerras y los combates».

Los griegos situaban su origen en la Tracia, salvaje y bárbara. Se contrapone a Atenea, que representa la inteligencia y táctica guerreras. En la *Ilíada* Atenea lo derriba, de un buen golpe de roca, y el héroe Diomedes, ayudado por Atenea, le asesta un lanzazo en el vientre del que brota la sangre. Le acompañan sus hijos: *Deîmos* y *Phóbos,* 'Espanto' y 'Terror'. La grácil Victoria, *Níke,* no está bajo sus órdenes. El dios bravucón sale mal parado en Homero. Son terribles sus gritos y sus furias, pero Atenea es, por su inteligencia, mucho más eficaz en todo.

Por alguna alusión sabemos de un episodio mítico curioso: los gigantes Oto y Efialtes encerraron a Ares en una jaula de hierro, y tuvo que rescatarlo el astuto Hermes a los once meses. Tiene numerosos vástagos, pero los más famosos fueron el feroz Cicno, que intentaba construir un templo con cráneos humanos, y al que mató Heracles en pelea (y Ares que acudió a vengarlo resultó herido por el héroe tebano); el dragón de la comarca de Tebas, al que mató Cadmo para fundar la ciudad, y de cuyos dientes sembrados surgieron los belicosos espartos, primeros habitantes de la misma, descendientes de Ares, por lo tanto; Harmonía, hija de Afrodita y esposa de Cadmo; y las Amazonas, doncellas guerreras.

En el conflicto de Troya, Ares está de parte de los troyanos. Se encoleriza al enterarse de la muerte de su hijo Ascálafo en el combate y ansía tomar terrible venganza (*Il.*, vv. 110 y ss.). También la amazona Pentesilea, a la que da muerte Aquiles, es hija suya.

Aunque estaba considerado como un dios poderoso, no tenía muchos lugares de culto. Sus desdichas eran una muestra de los daños y heridas de la brutalidad guerrera[117]. Por otro lado sus amoríos con Afrodita están tratados un tanto en broma en la *Odisea*. En el arte helenístico se encuentra también el tema: el dios de la guerra depone sus armas para hacer el amor y la diosa bella usa como espejo el reluciente escudo del guerrero en reposo.

## 7. Los doce dioses

# Hefesto[118]

Hefesto es el dios de la fragua y el fuego artesano. Trabaja moldeando los metales, fabrica espléndidas armas de bronce, pero también otros objetos con su arte maravilloso. Es el patrón de la metalurgia y los artesanos que a ella se dedican. Es una personalidad un tanto extraña, por sus hábitos y su figura, dentro de la familia olímpica.

Probablemente es una divinidad prehelénica, cuyo santuario central estaba en la isla de Lemnos y cuyo culto se ha extendido progresivamente. También hay dioses herreros en mitologías orientales (entre los hetitas y los fenicios). Y no es extraordinaria la vinculación entre el templo o el palacio y el taller del broncista donde se fabrican los instrumentos metálicos. (Así, por ejemplo, en Chipre lo encontramos en Pafos y en Cition.) Su nombre está atestiguado en las tablillas micénicas (si es que *A-pa-i-ti-jo* en Cnoso debe leerse como *Haphaistios*). No tenía muchos templos en Grecia. Después de Lemnos, que fue conquistada por Atenas en el siglo VI a. C., es Atenas la ciudad donde se le venera con mayor relieve, como patrón de artesanos de los metales y ceramistas.

Era el padre de Erictonio, el primer rey de Atenas, nacido del semen de Hefesto rechazado por Atenea, engendrado en la tierra, y luego criado en la Acrópolis. La relación con Atenea refleja cierto compañerismo como dioses de los artesanos. También tiene Hefesto buenas relaciones con Prometeo, otro dios hábil y promotor de la cultura. En las fiestas Apaturias se rinde culto al dios por su vinculación con los orígenes de Atenas. Y también en las Hefestias y las *Chalkeía* ('fiestas del bronce').

El gran templo en la colina junto al ágora, que se ha conservado en su estructura general, situado enfrente de la Acrópolis, se erigió para Hefesto –asociado a Atenea y ancestro de los atenienses en la segunda mitad del siglo V.

Aunque la versión mítica normal lo presenta como hijo de Zeus y de Hera, según otra es sólo hijo de la esposa de Zeus quien, irritada con él, se había retirado y habría engendrado al dios por su cuenta, lo mismo que Zeus había engendrado él aparte a Atenea. Pero, queriendo luego desembarazarse de Hefesto, lo había arrojado desde lo alto y el dios había caído en Lemnos, rompiéndose una pierna. Eso explicaría su cojera. Según Homero, sin embargo, fue Zeus quien lo arrojó desde el cielo, por intervenir en las peleas entre el Crónida y su esposa Hera en favor de su madre.

Otra versión contaba que Hefesto habría aprisionado a Hera en un sillón con brazos provistos de mágicas ligaduras y luego se habría alejado del Olimpo, siendo necesaria la intervención de Dioniso, quien tras embriagarlo habría reconducido a lomos de un asno, acompañado por el cortejo de sátiros, al dios artífice. Y éste habría soltado a su madre de la trampa.

Es un dios cojo y de andar vacilante. Excita la risa incesante de los otros cuando lo ven brincar a lo largo de la sala para servir en el banquete como copero, en lugar de Ganimedes. O cuando convoca a otros olímpicos a contemplar a su propia esposa atrapada en el lecho con Ares en una posición comprometida. La cojera y ese andar evocan el movimiento turbulento del fuego, y las figuras deformes de otros dioses herreros (como los gnomos de la mitología germánica). El trabajo de la fragua es apropiado para alguien que no anda demasiado bien, pero es también hábil para ligar y desligar, con su talento de artista, medio mago. Fabrica objetos prodigiosos, como unos trípodes con ruedas o unas sirvientas mecánicas, criaturas robóticas, o el escudo de Aquiles, con su prodigiosa decoración, descrita por Homero.

Su esposa es, según la *Odisea*, Afrodita. Según la *Ilíada*, Caris, personificación divina de la gracia, una esposa encantadora como conviene a un dios artista. Presta buenos servicios: ayuda a fabricar a Pandora, o a encadenar en el Cáucaso a Prometeo.

## Deméter[119]

Deméter es una divinidad de la tierra cultivada, diosa de los trigales y de los campos roturados y fértiles. Desde antiguo se ha interpretado su nombre –*Damáter* en los dialectos distintos del jonio y ático– como un compuesto: la Madre Tierra (*da* equivaldría a *ge*, en dorio arcaico, o tal vez en una lengua prehelénica). La etimología es discutible, pero la relación de la diosa con la tierra fecunda y maternal está destacada en sus mitos y ritos. No es, sin más, la Tierra (*Gaîa* o Gea), sino la productora de frutos y granos bajo el logro civilizador de la agricultura. Como Dioniso es el dios del vino, Deméter es esencialmente la diosa de los cereales, y especialmente del trigo; pero también de la cebada y otros productos de la siembra y cosecha.

Su culto estaba muy extendido, pero tenía especial relieve en Eleusis y en Sicilia. En los famosos misterios de

Eleusis, los iniciados –que llegaban en procesión desde Atenas– hallaban una mistérica revelación sobre los aspectos íntimos del nacimiento y la germinación natural, y también alguna esperanza sobre el destino tras la muerte. Pero el secreto ha quedado bien guardado. El mito de Deméter avala el prestigio de su santuario en esta localidad. Y allí fue donde la diosa obsequió al héroe Triptólemo la primera espiga y le ayudó a inventar el arado como instrumento de labranza. Por inspiración de ella comenzó allí la cultura del cereal, la del trigo y el pan, que caracteriza como alimento básico la alimentación humana.

Deméter es hija de Crono y Rea. Hermana de Zeus, por tanto, de quien concibió a su hija *Kóre* ('la Muchacha') o Perséfone. Como relata el *Himno homérico a Deméter*, Core fue raptada por Hades, su tío, el poderoso y tenebroso señor de los muertos. Cuando la joven se disponía a coger en la pradera un brillante narciso, se abrió la tierra ante ella y de la hendidura surgió, enhiesto sobre su cuadriga, el terrorífico Hades, que arrebató a Core y se la llevó a sus moradas bajo tierra.

De lejos oyó Deméter el grito de la angustiada joven, y corrió en busca de ella. Pero no pudo hallar el rastro del raptor. Vagabundeó entristecida, inconsolable, mientras los campos quedaban estériles por el dolor de la diosa. Ni florecían las plantas ni brotaban nuevos tallos de la tierra yerma por el pesar de Deméter. Ante la amenaza de la creciente desolación, el mismo Zeus tuvo que intervenir y envió a Hermes que llevara a Hades la orden del regreso de Core.

Antes de abandonar el mundo de las tinieblas, desoyendo el consejo de su madre, comió la joven unos granos de la granada que le ofreciera el dios infernal, como regalo. Por haber comido esos granos, quedó obligada a no abandonar para siempre el Hades. Por ello Perséfone pasa un tiempo con su madre en el Olimpo y otra parte del año –un tercio– junto a su esposo, como reina de aquel ámbito sombrío. Los meses que Perséfone pasa en el mundo subterráneo son los de invierno. Cuando resurge en primavera todo florece, manifestando la alegría de su madre. (El mito corresponde bien al ciclo vegetativo anual, y encontramos en él elementos que están también en mitos orientales o egipcios, como el de Isis y Osiris; específicamente griego parece el tema de que las dos diosas protagonistas sean madre e hija[120].)

En su búsqueda afligida, Deméter se detuvo en Eleusis, donde entró como nodriza en el palacio del rey Céleo. Allí quiso hacer inmortal al niño Demofonte; pero cuando lo sumergía en el fuego fue descubierta por la madre, la reina Metanira, y abandonó el intento. Ella guardó siempre gratitud hacia esa familia real de Eleusis. Triptólemo pasaba por ser hermano de Demofonte. Los misterios de Eleusis conmemoraban esa estancia[121].

Deméter prefiere entre las flores la amapola, y entre los árboles la higuera de dulces frutos, ambos semisalvajes y vecinos del trigal.

Deméter había tenido amores con Yasión, con quien se unió acostándose sobre un campo tres veces arado. De esa unión nació Pluto, personificación divina de la riqueza. Lo mismo que puede dar abundancia de bienes, también puede castigar mediante el hambre. Un ejemplo muy curioso del enojo de la diosa es el castigo que impuso a Erisicton por haber talado un bosquecillo de frutales consagrado a Deméter, con el pretexto de techar la sala para banquetes. Le infundió un hambre tan feroz e insaciable que Erisicton acabó con todos los animales de su casa, incluidas las mulas y el caballo de guerra, que devoró, y luego vendió a su mujer para comprar más comida y, finalmente, acabó devorándose a sí mismo (como cuenta Calímaco en el *Himno a Deméter*).

La persiguió Poseidón deseoso de unirse a ella. Al transformarse la diosa en yegua, él se hizo caballo, y de ese acoplamiento nació Arión, el caballo velocísimo que salvó a Adrasto en el asedio de Tebas. Otra leyenda cuenta que se refugió en una cueva de Figalia, en Arcadia, irritada por el acoso del dios, y allí la encontró Pan cuando los campos estaban ya casi agotados por la ausencia de flores y frutos.

Es una divinidad civilizadora. Por eso recibe el epíteto de *Thesmophóros*, 'legisladora', 'que trae normas legales', junto a otros: *Karpóphoros*, 'dadora de frutos', *Chthónia*, 'subterránea' (porque también tiene relación con el mundo de abajo, donde está Perséfone, y donde las simientes son impulsadas al crecimiento), y *Melaíne*, 'negra' (en recuerdo del luto por su hija, pero sin olvidar que ése es también un adjetivo que se aplica con frecuencia a la Tierra). En muchas fiestas se celebra a la vez a Deméter y Core como 'las dos diosas', *to Theo*.

Las fiestas más importantes en su honor en Atenas son las Tesmoforias, en las que participan sólo las mujeres casadas. Por su carácter de divinidad agraria y popular está ausente en la épica homérica (*Ilíada* y *Odisea*). Pero el *Himno homérico* en su honor es uno de los más antiguos y completos[122].

## 7. Los doce dioses

## Dioniso[123]

Frente a todos los demás dioses olímpicos Dioniso mantiene una posición singular. Se complace en aparecer como un extraño, un extranjero, un recién llegado; dios de la máscara y de extraño atavío, convoca a sus fieles a un culto muy distinto, los aleja de la ciudad y los invita a una comunión con la naturaleza en el éxtasis y el entusiasmo. Sin embargo, sabemos que es un dios antiguo en el panteón helénico. Su nombre aparece ya en una tablilla de Pilo (localidad en la que ya Homero cuenta que introdujo su culto el adivino Melampo) y su culto está atestiguado en un santuario de la isla de Ceos desde el siglo XV a. C.

Los antiguos griegos trazaban la etimología de su nombre a partir de un compuesto *Diòs-nýsos:* 'De Zeus hijo' (pero el segundo elemento no parece ser raíz indoeuropea, como tampoco parecen serlo su epíteto de *Bákchos,* el nombre de su madre *Sémele,* el de su símbolo, el bastón cubierto de yedra y coronado por una piña, el *thýrsos,* y el canto dedicado a él: el *thríambos o dith-ý-rambos*. Sémele es probablemente una palabra traco-frigia para la Tierra; *thýrsos* tal vez esté relacionado con el dios de Ugarit *Tirsu,* o mejor, con la palabra hetita *tuwarsa:* 'vid'). Por su aspecto y esos elementos exóticos de su ritual los mismos griegos consideraban a Dioniso originario de Tracia, o de Lidia y Frigia, lugares donde las fiestas orgiásticas y la música báquica parecían hallar su cuna. En las *Bacantes* de Eurípides el mismo dios proclama su proveniencia asiática. Nisa, la mítica patria del dios, era una localidad de dudoso emplazamiento; pero la tradición la colocaba en Tracia.

La madre de Dioniso era Sémele, hija del rey de Tebas, Cadmo. Sémele (que tal vez en su origen fuera una divinidad de la tierra) era, según el mito, una princesa mortal, que tuvo amores con Zeus, y que fue fulminada al unirse el dios a ella en su forma de rayo. Zeus salvó al feto cuando Sémele murió, y se lo guardó en su muslo, de donde al cumplirse los meses necesarios para su gestación plena salió Dioniso. Es el único dios que nació de una mortal. (Heracles, hijo de Alcmena, es un héroe que llegó a ser dios. Dioniso lo es desde su nacimiento.)

Dioniso aparece mencionado sólo un par de veces en Homero. No era una divinidad interesante para el poeta épico, ya que ni se cuida de guerras ni es un patrón de los héroes ni los nobles. Su dominio es muy diferente y es innegable su grandeza, como la de Deméter. Es un dios de la vegetación, del ímpetu natural, del impulso hacia la vida desbocada, del férvido brotar de las plantas y los seres animados. Es el dios del vino y de la vid; el del entusiasmo y el éxtasis, de la máscara y el tropel orgiástico. No protege la familia ni la comunidad cívica, sino el grupo de fieles que, a impulsos de su inspiración, van a festejarlo en correrías y danzas extáticas por los montes. Inspira el frenesí, la *manía* o 'desvarío', que puede ser una bendición y un castigo. Es *Lýsios* o *Lýaios*: 'liberador' de los vínculos sociales; invita a la fiesta, pero sus ritos son peculiares: los y las bacantes van a danzar al monte *(oreibasía)* y en alegres tropeles celebran sus ritos *(órgia)*, que incluyen el perseguir a algunos animales agrestes y devorar su carne cruda *(omophagía)*, sintiéndose entusiásticamente poseídos por el dios. Cada fiel de Dioniso se siente él mismo inundado por el dios; cada bacante es Baco.

## 7. Los doce dioses

El dios lleva un atuendo característico: ciñe sus sienes una corona de yedra –o de pámpanos de vid–, lleva sobre sus hombros una piel moteada de corzo –la nébride– y en sus manos blande un tirso, el bastón ornado de yedra. Los adeptos comparten ese hábito. La danza báquica es frenética y las bacantes agitan al vuelo sus largas melenas al echar hacia atrás la cabeza en un movimiento característico entre saltos y brincos. La música es de panderetas y timbales, instrumentos de origen asiático.

Dioniso aparece en el arte de la época arcaica como un dios barbado, acompañado por un grupo de alegres sátiros y danzantes ménades. Luego, en la época clásica, se rejuvenece (como Hermes) y aparece como un joven de delicada belleza. (La figura de Baco un tanto gordinflón y ebrio es ya romana y tardía.) Lleva entonces bajo la nébride un vestido azafranado –*krokotís*– y ofrece un aspecto un tanto ambiguo, afeminado. En las procesiones en honor de Dioniso se lleva un enorme falo, símbolo del dios; más que de su fertilidad lo es de su impulso creador; símbolo de la excitación y la tensión vital que el dios provoca.

Los mitos sobre Dioniso hablan de la oposición de algunos tiranos, defensores de un orden demasiado estricto en la *pólis,* contra el dios. Ya Homero alude a cómo el tracio Licurgo persiguió al joven dios y a sus nodrizas *(Ilíada,* VI, 135-136). Pero es Eurípides, en su tragedia las *Bacantes,* quien nos ha dejado un relato más claro de ese enfrentamiento[124]. En este caso, entre Dioniso, llegado a Tebas, la ciudad de su madre, y el joven tirano Penteo, su primo, nieto, como el dios, del viejo Cadmo. El castigo del dios es siempre terrible y cruelmente ejemplar. Penteo, el joven teómaco, es descuartizado por las bacantes dirigidas por su propia madre, Agave, enloquecida por Baco. El joven rey, que ha acudido al bosque a espiar las fiestas báquicas, ya ha sido seducido por el dios cuando, advertida su presencia, es desarzonado del árbol al que se había encaramado, y, asaltado por el tropel de las ménades, desmembrado como un animal cazado por las enfurecidas seguidoras del dios. A Dioniso, al igual que a los otros dioses, le gusta ser reconocido y venerado.

También castigó duramente a los campesinos del Ática, que habían dado muerte a Icario, el buen viejo a quien Dioniso dio el primer vino, y a cuya muerte se suicidó ahorcándose su hija Erígone. Dioniso se venga enloqueciendo a las muchachas, que se cuelgan de los árboles del Ática, hasta que los pobladores de la comarca establecen unas fiestas anuales en recuerdo de la joven Erígone.

Por otra parte, Dioniso, dios de la vegetación, es una divinidad que muere y renace. En Delfos, al pie del Parnaso, se mostraba la tumba de Dioniso. Los órficos narraban el mito del despedazamiento del niño Dioniso por los titanes. Éstos habían atraído al pequeño dios a una trampa, ofreciéndole juguetes y frutas. Luego lo habían descuartizado, y habían asado y hervido su carne, y la habían devorado en un banquete. Tan sólo el corazón divino había quedado sin devorar, cuando Zeus los castigó fulminándolos con su rayo. Y de las cenizas de los feroces titanes devoradores de Dioniso habrían sido creados los humanos. Por ello, según el mito órfico, los hombres tienen un componente titánico, feroz y culpable, y un algo divino, la porción dionisíaca que se quedó agregada a aquellas cenizas. Es difícil precisar la antigüedad de este mito.

Otra leyenda cuenta –en el *Himno homérico a Dioniso*– cómo unos piratas pretendieron raptar al dios, y cómo éste transformó a los piratas en animales salvajes que devoraron a su capitán y saltaron luego al mar y se volvieron delfines. Sólo el piloto, que protestara contra el rapto, quedó a salvo. El dios hizo crecer la vida a lo largo y ancho del navío. Una famosa copa de Exequias nos muestra al dios navegando en un barco cuyo mástil está florido de pámpanos y racimos.

En ciertos ritos se invoca a Dioniso bajo figura de toro, y en las *Bacantes* se alude a esa trasformación del dios. En el furor del toro se percibe algo del poderío de Dioniso.

El dios recibe honras en muchos festivales antiguos. Así en el Ática, en las Apaturias, las Antesterias, las Dionisias rústicas y las grandes Dionisias y en las Leneas. En estas dos últimas fiestas se celebran los festivales de teatro –tragedia y comedia– en el gran semicírculo al pie de la Acrópolis.

Dioniso es el dios del teatro. No porque los dramas representados tengan un tema dionisíaco. Con excepción de las *Bacantes* de Eurípides, una de las últimas tragedias conservadas, y de las *Ranas* de Aristófanes, en la que Dioniso aparece en un papel sorprendente al viajar al Hades para resucitar a uno de los grandes autores de tragedias y reavivar así la escena ateniense, los temas llevados a escena no tienen que ver «nada con Dioniso», como ya decían los mismos griegos. Pero es el dios de la máscara, el dios de la alteridad y el entusiasmo, el de la farsa y la fiesta. Sobre el pequeño altar en el centro de las *orchéstra* se celebraba un sacrificio en honor de Dioniso antes de las representaciones, y su sacerdote presidía los actos, sentado en la primera fila del enorme graderío.

Según la tradición local, Dioniso había llegado a Atenas desde la aldea de *Eleútherai;* era llamado *Eleuthereus:* 'de Eleúteras', pero también 'liberador'. Había también fiestas rústicas en su honor como dios del vino.

Otro mito relata cómo el dios se unió a Ariadna, la princesa cretense abandonada por Teseo en la isla de Naxos. Allí el dios había celebrado sus bodas con la joven, según una versión local, luego muy extendida. Ariadna –la 'muy santa': *ari-hagné*– era en el culto de Naxos una antigua divinidad agreste, que se unía a Dioniso, dios también de la fertilidad agraria, que acudía con su acompañamiento de sátiros y bacantes en procesión triunfal. Al lado de Dioniso iba Ariadna en el cortejo festivo. En época helenística es frecuente la representación en la que ambos presiden un festivo cortejo, de un carro del que tiran tigres y moteadas panteras, y al que siguen con sus abigarradas ropas y atuendos las ménades y los sátiros, al son de panderetas y timbales. El colorido oriental del dios y su séquito aumenta en esa época: Dioniso llega de muy lejos, de la India fabulosa.

Pero su culto está también en el corazón mismo de Grecia. En Delfos los mismos sacerdotes del santuario de Apolo celebran ritos para Dioniso en una época del año –mientras Apolo viaja al norte y visita allí a los piadosos hiperbóreos; la relación de Dioniso con Apolo es extraña y compleja: ambos saben convivir en los mismos espacios– y fue Apolo quien recogió los restos del cadáver de Dioniso y lo llevó a enterrar a la falda del Parnaso, y es Dioniso quien brinca danzante sobre las altas cumbres vecinas al santuario. (Desde otro punto de vista lo dionisíaco y lo apolíneo se contraponen, como ya hemos señalado; pero la antítesis es también complementariedad.)

Dioniso no es un dios de la guerra, sino una divinidad pacífica y bienhechora. Junto a Deméter figura como un dios de la fertilidad campesina y aporta la alegría y el consuelo del vino[125]. La diosa del trigo figura junto al dios de la vid como divinidades que han ofrecido a los humanos un don básico para el sustento. Pero, al mismo tiempo, Dioniso conserva su poder salvaje: es *omestés,* 'devorador de carne cruda', *brómios,* 'bramador', como una fiera, y ya hemos dicho que produce la *manía* (santa y destructora), e invita a fiestas que comportan una temporal transgresión de las normas cívicas. Sus adeptos se reúnen en un grupo fervoroso, el *thíasos,* que lo celebra con danzas y gritos rituales de ¡*evohé!,* al margen de la *pólis,* en los bosques y montes. Le gusta a este dios presentarse como extraño –como viniendo de Asia, de Tracia, de Lidia y Frigia, o de Creta–, como taumaturgo, entre un rumor de músicas bárbaras, o en el fragor del bramido; pero es el dios que penetra en el ánimo de sus fieles y provoca el entusiasmo. Un dios ambiguo, «el más dulce y el más cruel para los humanos», como dice Eurípides en las *Bacantes*.

# 8. Divinidades menores

Junto a los grandes dioses existían una serie de divinidades menores o de alcance más limitado, bien porque en el curso del tiempo hubieran decaído, bien porque su función los restringiera a ciertos ámbitos, bien porque estuvieran ensombrecidos por las figuras prominentes de los Olímpicos.

Así, por ejemplo, Hestia, diosa del hogar, figura en algunas listas como una de los doce Olímpicos. Diosa del hogar, hija de Crono y Rea, es hermana de Zeus y Hera, de Poseidón y Deméter, y de Hades. Diosa que permanece virgen, sin aventuras, ligada al interior de la casa, protectora de la familia, se identifica con el fuego hogareño. *Hestía* es el nombre del 'hogar' común. Si Hermes es el dios de los espacios abiertos, de los viajes azarosos y la comunicación afortunada, Hestia, en oposición, representa la seguridad del fuego doméstico, el espacio interior de la morada familiar, el fuego que no debe ex-

## 8. Divinidades menores

tinguirse, del que cuida la esposa fiel y la joven hija. Al dejarle su lugar a Dioniso el bullicioso en el grupo de los Doce, Hestia cedería el sitio con su silencio habitual, como apunta W. K. C. Guthrie[126].

Una diosa menor, encargada de una ayuda precisa, la de acudir en socorro de las jóvenes parturientas, es Ilitía, que aparece ligada a Hera y a Ártemis en su función auxiliadora. Su nombre antiguo parece ser *Eleuthyia,* 'la que llega' (en el momento de dar a luz). Aparece representada muchas veces, si bien como figura secundaria, en escenas de parto. Algunas veces se escinde en dos o tres Ilitías, diosas del nacimiento.

Diosa antigua, de origen minorasiático, es Hécate, que en algunos aspectos coincide con Ártemis. Es la diosa de las encrucijadas y de los caminos: *Enódia* o 'caminera'. Lleva en las manos antorchas y va de noche, por los espacios solitarios, terrorífica, seguida por un tropel de perros aulladores. La invocan las brujas de Tesalia en sus conjuros, y está asociada a la luna y al mundo tenebroso de las sombras y los muertos. Tiene tres rostros, como las máscaras que se colgaban en las encrucijadas. Su nombre se repite en las ceremonias mágicas, en los encantamientos, hechizos y maldiciones.

Helios, el Sol, es un dios antiguo, cuyo santuario más importante se encontraba en la isla de Rodas. Cruza el cielo todos los días sobre su carro de raudos corceles y es transportado a Oriente todas las noches en una copa de oro. Es Hiperión, el que vive en lo más alto, y tiene un hijo, Faetonte, que se precipita en el mar al desbocársele los caballos de su padre. Pero el brillo mítico de Helios está muy apagado por la competencia que le hace Febo Apolo, señor de la luz, que va atrayendo aspectos de la antigua divinidad solar. En época tardía, sin embargo, el Sol volverá a cobrar un enorme prestigio, favorecido por el apoyo político de algunos emperadores romanos.

Selene, la Luna, es una diosa que se ve absorbida por Ártemis, la brillante hermana de Apolo. Se enamoró de Endimión, un bello pastor que se adormece bajo los acariciantes rayos de la luna. También tuvo amores con el agreste Pan.

Pan, hijo de Hermes, es un dios de los espacios agrestes, al margen de la *pólis* y de la civilización. Tiene cuernos y patas de macho cabrío. Persigue a las ninfas con frenético ardor sexual. Tiene afición por tocar la flauta rústica. Su culto parece originario de Arcadia. Uno de sus santuarios estaba en una gruta de Maratón. Le acompañan con frecuencia los sátiros, semejantes a él.

Divinidades femeninas de reducido poder son Leto, la madre de Apolo y Ártemis, de origen minorasiático, y Tetis, hija de Nereo, el anciano dios marino, y Leucótea, otra divinidad marina.

Gran dios, pero apartado del mundo de los dioses celestes y de la superficie terrestre poblada por los hombres, es Hades. En el reparto entre los hijos de Crono, a él le tocó el reino de los muertos, el ámbito subterráneo de las sombras. Se le respeta, pero no se le rinde culto de ordinario. Es aborrecible a los demás dioses. Le acompaña en el trono subterráneo Perséfone, su esposa, la hija de Deméter, a quien raptara. Entre sus epítetos está el de *Polydégmon*, 'el muy acogedor', y el de *Plutón*, en relación con 'la riqueza', *ploûtos*. (Pero Pluto, *ploûtos,* es originariamente hijo de Deméter y Yasión, evocando la abundancia que nace de la fertilidad de los campos.)

El nombre de Hades parece evocar lo «invisible» ya en su misma etimología. El dios era *A-ides (a-widés)*. Su dominio lleva ese mismo nombre. Aidoneo era otro sobrenombre del dios.

Además de estos dioses de una individualidad conocida, había divinidades menores que se presentan en grupos de mayor o menor extensión, sin una distinción personal. A veces en trío, como las moiras (o parcas), las cárites (o gracias), o las gorgonas, o las horas. Las musas, hijas de Zeus y Mnemósine, son nueve. Las Océanides son unas cincuenta. Las ninfas son incontables; como los sátiros, los curetes, los titanes o los gigantes. Dioses y diosecillos ligados al culto de aspectos de la naturaleza, unos más festivos y otros más terroríficos. Figuras de variados coros, comparsas de los festejos y séquito de otros dioses.

Era difícil establecer una cuenta exacta del número de dioses, justamente porque todos estos seres, fugaces y eternos, poblaban los márgenes de lo divino. Y también porque los cultos locales –como los ríos personificados– diversificaban el panteón admitido por todos, que había sido establecido en sus líneas básicas por los poetas épicos.

Y a los dioses tradicionales –de diverso origen, como hemos indicado– vinieron a sumarse otras divinidades de entrada tardía en Grecia, como la Gran Madre, Isis, Sárapis o Mitra.

Por otro lado podemos sumar a los dioses las figuras divinas que parecen proceder de la personificación y representación plástica en forma humana de un aspecto de la naturaleza o de la sociedad. Son figuras muy diversas, como la Aurora, el Sueño, la Muerte, la Victoria, la Discordia, etc. El lector de Hesíodo es consciente de la facilidad con la que el poeta griego incorpora en figuras divinos conceptos o principios que nosotros llamaríamos abstractos.

Algunas de esas figuras son antiguas, y hasta tienen orígenes indoeuropeos y alguna breve historia mítica. Ése es el caso de Eos, 'la Aurora', 'la de dedos de rosa' (*rododáctylos*), que se enamoró de Titono, un bello mortal, para el que solicitó a Zeus la inmortalidad. También *Iris*, relacionada con el arco celeste de su nombre, que tiene asignado el papel de mensajera de los dioses, puede tener algunos rasgos antiguos.

Eris, 'la Discordia', es una personificación de un concepto importante en la visión hesiódica del mundo. Pero también puede relacionarse con una bruja del folclore, en su actuación típica, al lanzar la manzana de la discordia entre las diosas.

Níke, 'la Victoria', tan representada en relieves y pinturas, es una figura pequeña, alada, portadora de coronas triunfales, pero sin la más leve historia propia. Sí tiene algunas notas peculiares Némesis, que, según una versión, fue madre de Helena. La Noche, prolífica y misteriosa, es otra figura hesiódica.

Thánatos, 'la Muerte', es un personaje masculino, generalmente representado como un *daímon* o ángel alado. A veces va acompañado de su hermano, el Sueño, *Hýpnos*.

Un lugar aparte, mucho más prominente, merece Eros, que fue presentado como un niño divino, alado y jugue-

## 8. Divinidades menores

tón, provisto de un arco y de saetas eróticas, como hijo y compañero de Afrodita. Aunque su culto estuvo bastante restringido, fue invocado innumerables veces en la poesía y los filósofos le inventaron una genealogía alegórica. (Basta recordar el *Banquete* de Platón.)

La invocación habitual en algunos sacrificios y ceremonias, –«A todos los dioses y diosas»–, envuelve en su referencia todo este amplio repertorio de figuras, muy diversas y colocadas en distintos rangos: dioses mayores, menores, locales, *daímones* más o menos serviciales, etc. La importancia de una u otra divinidad podía además variar según la geografía y según la época. Conviene subrayar la importancia de los dioses y diosas introducidos en época plenamente histórica y especialmente en el helenismo: Isis, por ejemplo, tuvo una especial aureola y suscitó una devoción profunda entre sus fieles, como madre y auxiliadora, con un aspecto humanitario y compasivo superior a las diosas más clásicas. También Cíbele y Attis, o, más tarde, Mitra, tuvieron adeptos cuya devoción superaba la piedad tradicional. Pero en una época posterior al período clásico. La proveniencia oriental de estos dioses, así como los elementos exóticos de su culto, están muy marcados.

Convendría también precisar hasta qué punto las religiones mistéricas –como la predicada por los órficos– y algunos ritos marginales –como el de los cabiros en Tracia– suponen una desviación e innovaciones profundas de la religiosidad helénica. Aquí no podemos más que dejar esto apuntado.

## 9. Los héroes griegos

Uno de los rasgos más destacados de la mitología griega es la abundancia de figuras heroicas. Los héroes son 'semidioses', de acuerdo con la expresión habitual, *hemítheoi*. Superan a los hombres en poderío, fuerza y audacia, pero comparten con ellos la condición de mortales. Ese rasgo les distancia de los dioses. Los héroes son los grandes muertos, los muertos memorables, cuyas hazañas han dejado una impronta en el mundo, los que, en expresión homérica, son objeto de canto para los que vinieron después.

Los héroes presentan una morfología bastante variada, como subrayó A. Brelich en su claro estudio[127]. Casi todos tienen algo de extraordinario, de excesivo y monstruoso. Muchos de ellos están ligados a una tumba y un culto local; otros deben su fama a la épica que los recuerda y que ha difundido su gloria. Unos son héroes culturales, como Triptólemo o Equetio, otros son héroes gue-

## 9. Los héroes griegos

rreros y aventureros, como Teseo y Aquiles. Según la etimología del término, el héroe, *héros,* es el que ha alcanzado la madurez, el que realiza el máximo de lo asignado a la condición humana.

El culto de los héroes es distinto al de los dioses. Es distinto tanto en las ceremonias como en su alcance. Los héroes tienen un prestigio local –en la mayoría de los casos– y un culto específico bien delimitado en la geografía. Hay héroes con numerosas aventuras y una extensa nombradía, con culto muy dilatado, como es el caso de Heracles, y alguno adoptado como «héroe nacional», por razones políticas, como Teseo en Atenas; pero hay otros héroes de fama y culto reducidos a una sola localidad, como Anio en la isla de Delos[128].

Es muy interesante que Hesíodo, en su relato sobre las Edades, haya dejado, como ya dijimos, una Edad de los Héroes, situada entre la del Bronce y la del Hierro, esa tenebrosa edad en la que el poeta lamentaba que le hubiera tocado vivir. Esos héroes son los guerreros celebrados por la épica. Pero me gustaría citar algunos versos de *Trabajos y días:*

Y luego, cuando también a esta raza [la de los hombres de bronce] hubo sepultado la tierra, de nuevo sobre el fértil suelo Zeus Crónida hizo nacer otra cuarta, más justa y más noble, la raza divina de los héroes, que son llamados semidioses, la estirpe anterior a nosotros sobre la tierra ilimitada.

También a éstos los aniquiló la maldita guerra y el feroz combate: a los unos en torno a Tebas la de las siete puertas, en el país de Cadmo, peleando por los rebaños de Edipo, y a los otros llevándolos en naves por encima del inmenso abismo del mar hasta Troya, en pos de Helena de hermosa cabellera.

Entonces los envolvió el manto de la muerte. Pero a algunos el Padre, Zeus Crónida, les concedió vida y morada lejos de los humanos en los confines de la tierra. Así que ésos habitan con ánimo exento de pesares en las Islas de los Bienaventurados, a orillas del Océano de profundos remolinos. Felices héroes, a los que dulce cosecha, floreciente tres veces al año, les da la tierra fecunda, lejos de los Inmortales.

Reina sobre ellos Crono. Porque el mismo Padre de los hombres y dioses lo liberó, y ahora por siempre mantiene su gloria allí, como es justo. De nuevo Zeus estableció otra raza de humanos de voz articulada sobre la fértil tierra: los que ahora viven. Hubiera preferido no estar yo entre los hombres de esta quinta generación, sino morir antes o haber nacido después. Pues la que ahora existe es la raza de hierro (vv. 156-176).

Ya hemos anotado que en el esquema de las edades, la de los héroes representa una pausa brillante en la progresiva decadencia. Es 'una raza más justa y más noble' (*génos dikaióteron kai áreion*) que la del Bronce y, por supuesto, que la del Hierro. En esa Edad encaja el poeta el tiempo de las grandes hazañas míticas celebradas por la épica. Ahí coloca el tiempo de los héroes familiares al pueblo griego, los guerreros del ayer esclarecido por la epopeya, los magnánimos aqueos de hermosas grebas, a los que Homero y otros aedos y rapsodas habían rememorado en su cantos. En el esquema mítico de la progresiva degeneración se abre un espacio para la estirpe heroica. Como J. P. Vernant ha destacado en un fino aná-

## 9. Los héroes griegos

lisis, el contraste entre los guerreros de la Edad de Bronce y los héroes es muy expresivo, porque éstos vienen a representar el aspecto positivo de la función guerrera, según el esquema funcional tripartito (según G. Dumézil) que late bajo el texto mítico tal como lo ha estructurado Hesíodo.

Tanto para Homero como para Hesíodo, los héroes pertenecen a un pasado memorable. Tal vez no demasiado lejano; unas cuantas generaciones, pensaban los poetas e historiadores primeros, separaban los tiempos de las guerras de Tebas y de Troya de la época en que ellos componían sus relatos. Ninguno de los mortales podía ya compararse a los héroes. Ya el viejo Néstor en la *Ilíada* (I, 271-272) afirma que «ninguno de los que ahora viven en la tierra podría pelear con aquellos de antaño». La fórmula que habla de 'los de ahora', *hoi-nŷn,* como muy inferiores a los de antes vale para distanciar también a los héroes, superiores en mucho por su vigor corporal, pero también por la grandeza anímica, según dice Aristóteles[129].

Como Hesíodo cuenta, a algunos de los héroes les está reservado un retiro feliz y eterno en las Islas de los Bienaventurados o en los Campos Elíseos. Tal es el caso de Menelao, el esposo de Helena, yerno del gran Zeus.

Al margen del prestigio conferido por los cantos épicos, los cultos heroicos estuvieron muy difundidos en Grecia y gozaron de enorme arraigo en sus variantes locales. Muchas familias nobles pretendían descender de un famoso héroe, y numerosas ciudades tenían a un glorioso héroe como fundador mítico. Así en el supuesto sepulcro de un héroe se levantaba un culto local, con sus ritos y sacrificios específicos. Sólo Heracles, héroe convertido en dios por su singular esfuerzo y mérito, carecía de una tumba propia, aunque en el monte Eta se venerara el lugar en el que se levantó la pira en que ardió su cuerpo.

Hesíodo alude ya a que los hombres de la raza de oro se habían transformado, a su muerte, en *daímones*, especie de espíritus o genios, o divinidades inferiores, que vagan observadores y benéficos por la tierra. Los héroes, según una concepción popular, tuvieron un destino parecido. Como espíritus de difuntos, fantasmas nocturnos casi siempre, solían aparecerse y manifestar su fantasmal poder en lugares próximos a su tumba. Tener un héroe enterrado cerca era una buena protección para una ciudad o una tierra. (Así Edipo en Colono.) Los cultos estaban en relación con esa pervivencia de ultratumba. El radio de actuación de un héroe era, pues, limitado, a partir de su túmulo o del santuario local. La distinción entre *daímones* y espíritus heroicos estaba poco clara. (Aunque la categoría de *daímon* es bastante más amplia.)

Por otro lado, los héroes habían fundado no sólo ciudades, sino también fiestas, festivales e instituciones. Así, Heracles y Teseo eran los fundadores de los Juegos Olímpicos y los Ístmicos, y de otros cultos y fiestas, a los que se asociaba su nombre.

Son numerosos los estudios dedicados a los héroes en la cultura griega –desde los capítulos de J. Burckhardt y E. Rohde al libro ya mencionado de A. Brelich–. En la mitología griega, los relatos de los héroes ocupan tanto espacio como los de los dioses. Su relación con la épica no es característica del repertorio griego, sino general, como señala C. M. Bowra en su *Heroic Poetry*. También la lírica coral y la tragedia se nutren esencialmente de relatos sobre el destino y las hazañas de los héroes.

Como dijo Heráclito (frg. 29 DK): «Son los mejores quienes eligen una cosa por encima de todas: gloria imperecedera entre los mortales». Esa fama imperecedera, *aenáon kléos*, es lo que han buscado los héroes. La elección típicamente heroica es la que se cuenta de Aquiles: una vida breve y gloriosa mejor que una existencia larga y oscura. El *kléos*, 'gloria', es el correlato del 'honor', la *timé*, que los héroes apetecen y reclaman. Para los nobles magnánimos esa *timé* es «el mayor de los bienes externos», según dice Aristóteles en sus *Éticas*. Por esa *timé* compiten los héroes magnánimos en audaces empresas y por ella arrostran los mayores riesgos y la muerte misma, valerosos y esforzados.

El mismo Sócrates –personaje bien distanciado de lo mitológico– recuerda la elección heroica al escoger su fin. Prefiere morir a escapar con deshonra, como Aquiles, al que recuerda en el trance[130]. De algún modo los héroes resultan ejemplares, por esa magnanimidad y arrojo, a pesar de sus aspectos desmesurados y de su orgullo excesivo.

Cada héroe tiene su propia historia y su personalidad. Y una carrera heroica más o menos larga: Heracles es el que cuenta con más aventuras; otros son de breve vida, como Protesilao, el primer caído en la guerra de Troya, tumbado por un lanzazo al echar pie a tierra. Sólo Heracles obtiene la inmortalidad por sus denodados esfuerzos; es el «superhéroe», el primero y el mayor. Pero también Asclepio, hijo de Apolo, se vio realzado, en época posterior, a la condición de dios por sus beneficios médicos. Dioniso, hijo de Zeus y una mortal, posee –a pesar de su origen mixto– ya desde su nacimiento esa divinidad.

De los semidioses, unos tienen a un dios o una diosa entre sus progenitores (Heracles, Aquiles, Eneas, etc.), mientras que otros tienen un abolengo divino mucho más lejano. Tal es el caso, entre otros, de Ulises (Odiseo) y de Edipo. Muchas leyendas heroicas, como ya apuntó M. P. Nilsson, parecen tener su centro en alguna ciudad del período micénico, como son las de los Pelópidas en Argos o las de los Labdácidas de Tebas, o los Minias de Orcómenos. Tebas, Micenas, Tirinto, Pilos, Atenas y otras antiguas fundaciones micénicas son el hogar de prestigiosos héroes, lo que probablemente indica que las sagas correspondientes se originaron en esa época. Algunas de ellas pueden guardar, transformados en relatos míticos, elementos de lejanos acontecimientos históricos, como es el caso, por ejemplo, de la leyenda de Teseo, vencedor del Minotauro terrible, que liberó a Atenas de su tributo a Minos, el poderoso soberano de Creta.

Esas leyendas heroicas han sufrido también algunas modificaciones en el curso de la tradición, y han sido utilizadas por la propaganda política en algunos casos. Así, por ejemplo, Teseo, un antiguo héroe jónico, ligado a ritos de iniciación, con un curioso repertorio de aventuras y amoríos, fue adoptado como héroe nacional de Atenas en tiempo de Pisístrato. En la *Teseida,* de mediados del siglo VI, un poeta épico ateniense, o al servicio de esta ciudad, celebró una serie de hazañas en las que el

## 9. Los héroes griegos

joven Teseo había limpiado de monstruos y bandidos el camino de la Argólide a Atenas, emulando, en una serie más breve y en un espacio más reducido, las hazañas de Heracles, un héroe adoptado por los dorios.

Otra saga con numerosas variantes, influida por la tradición literaria secular, es la referida a Helena, que en Esparta recibía culto como una antigua diosa local. El lírico Estesícoro (siglo VII) modificó la leyenda en su *Palinodia,* al contar que Helena no había llegado a Troya en la nave de Paris, sino que su persona había sido sustituida por un doble, una falsa imagen forjada por los dioses, y por ella lucharon aqueos y troyanos, mientras la verdadera Helena permanecía en Egipto.

## 10. Héroes más famosos

Resulta imposible ofrecer en el breve espacio que concede un trabajo introductorio como el presente un catálogo completo de los héroes griegos, aunque fuera sucinto y esquemático. Renunciando a tal empeño, intentaré citar a los más famosos, los que han trascendido el prestigio local de sus orígenes. Son los grandes héroes cantados por la épica y aludidos por los líricos y evocados en las tragedias. La saga heroica que, en un comienzo, fue oral y tuvo sus centros geográficos precisos, ha sido luego difundida por la literatura.

Aunque hay que recordar que el introductor de la cultura y el progreso humano, el inventor de las *téchnai* de metal y del fuego, es un titán –un dios y no un héroe–, Prometeo, se atribuían a algunos héroes aportaciones culturales singulares. (Así a Triptólemo el cultivo de los cereales y especialmente del trigo, a Equetlo la invención del arado, a Foroneo la invención del fuego –en competencia o variante de Prometeo–, a Palamedes algunos juegos, etc.) Podemos considerar también héroes civilizadores a aquellos que extendieron los caminos por donde podían avanzar después los hombres, los que vencieron y eliminaron a los monstruos, los que abrieron nuevas rutas en el horizonte desconocido. Son figuras como Heracles, Jasón, Teseo y, más moderno, Ulises.

De un lado están esos héroes –solitarios o acompañados por uno o varios camaradas de aventura– y por otro los caudillos guerreros, los que lucharon en las batallas y los asedios en torno a una ciudad amurallada como Tebas o Troya. Héroes como Agamenón, Aquiles, Adrasto, Polinices, Tideo, Alcmeón, etc. Los primeros se enfrentan contra monstruos tremendos: dragones y fieras diversas, mientras que los segundos son jefes de tropas, que combaten según las reglas de la táctica bélica, bien armados y en peleas individuales, duelos de lanza y escudo. Estos segundos son más recientes. Es fácil hacer esa distinción en abstracto. En la práctica puede un héroe ser de uno y otro grupo, como Teseo o Ulises.

La lucha contra el monstruo que guarda un lugar o un tesoro es un tema mítico repetido en muchas mitologías. El héroe fundador debe eliminar al dragón tenebroso que previamente lo ocupa con todo su tremendo poder. No es una lucha específicamente heroica, ya que también a un dios le puede tocar el mismo papel. Así, por ejemplo, en Delfos es Apolo quien dio muerte en combate al terrible dragón –una dragona para ser más exactos– que dominaba el encaramado valle, para fundar luego allí su propio santuario. En Beocia, Cadmo debe dar muerte al dragón, hijo del dios Ares, que guardaba el paso, para fundar allí la ciudad de Tebas. Cadmo plantó luego los dientes del monstruo para obtener de la tierra una cosecha de guerreros autóctonos, los primeros espartos (*spartoi* = 'plantados').

Otras veces la lucha contra el dragón es para obtener la mano de una princesa –así Perseo rescata a Andrómeda, ofrecida como víctima propiciatoria al gran monstruo marino–, o para conquistar un tesoro –Jasón, ayudado por Medea, se enfrenta al dragón que guarda el vellocino en la Cólquide–, o bien para liberar a su gente de un lastimoso tributo –así Teseo penetra en el laberinto de Creta para aniquilar al Minotauro–. A veces el héroe cuenta con algún auxiliar mágico para su empresa: así Belerofonte ataca a la espantosa Quimera montado en su alado Pegaso.

El mito más semejante a un cuento maravilloso, un *Märchen* típico, con sus ingredientes fantásticos, es el de Perseo, el matador de la gorgona Medusa. Nacido de Dánae y de Zeus (que llegó hasta la encerrada princesa en forma de lluvia de oro), tras haber escapado del mar (adonde su abuelo Acrisio, rey de Argos, lo había arrojado con su madre en un arca claveteada), el héroe se dirige a la aventura lejana e imposible. Como auxiliares mágicos le protegen Atenea, Hermes y las Ninfas. Le ofrecen para su viaje unas sandalias con alas, un casco que hace invisible a su portador, una hoz de acero y un zurrón para guardar la cabeza de la gorgona. Para llegar hasta ella, Perseo debe informarse del camino, e interroga a las tres grayas, situadas en los confines del Atlas; les roba su único diente para hacerles revelar el secreto paradero de las terribles diosas. Luego con sus apoyos mágicos llega hasta el remoto refugio de las gorgonas y, protegiéndose con su escudo de la mirada petrificante de Medusa, dirigido por Atenea, le rebana el pescuezo. Y escapa de la persecución de las otras dos hermanas mediante el casco que lo hace invisible. Más allá mata al terrible dragón marino que asediaba el reino de los padres de Andrómeda y salva a la princesa, con la que se desposa. Vuelve a Sérifos a rescatar a su madre del acoso de Polidectes, a quien convierte en piedra, con todos sus cortesanos, con sólo sacar del zurrón la cabeza de Medusa. Algo semejante ya había hecho con el gigante Atlas, que intentara asaltarle. Después devolvió a los dioses los objetos maravillosos, y disfrutó del trono de Argos y del final feliz.

El mito de Perseo contiene dentro de una secuencia arquetípica muchos de los ingredientes del cuento maravilloso. El protagonista, por otro lado, cumple los requisitos del héroe mítico: su nacimiento mismo se ajusta a la pauta heroica (estudiada por O. Rank[131]), y su carrera ofrece los episodios más habituales de esa aventura fabulosa, iniciática y desaforada, que emprende tanto el protagonista del cuento maravilloso como el del mito de esta categoría. Perseo vence a diversos monstruos: la gorgona Medusa, monstruo escalofriante y singular, el dragón marino, el gigante Atlas y el rey tiránico y brutal, Polidectes. Un análisis del mito mediante el esquema de V. Propp mostraría que sus secuencias corresponden a las de un típico *Märchen*. Pero la ubicación en una determinada región (la de Argos), los nombres propios de los personajes (y de los dioses) consagran como relato mítico esta antigua trama. (También otros mitos se aproximan a los esquemas del cuento maravilloso; pero ninguno tanto como éste.)

Como es bien sabido, quiso Atenas proclamar a Teseo como su héroe nacional. También Teseo se enfrentó a un monstruo: el Minotauro en el Laberinto de Creta, y mucho luchó contra centauros y amazonas y bandidos varios como un paladín de la civilización y la libertad. En los monumentos más significativos de época clásica figura en paralelo con Heracles (así en las metopas del Tesoro de los atenienses en Delfos, en el Teseion de Atenas y en la base del Zeus de Olimpia). Pero junto a la imagen de Teseo como soberano ejemplar, hay en su leyenda otros episodios, como el rapto de Helena aún niña, y la bajada al Hades, con su fiel compañero Pirítoo, en un intento alocado de raptar a la misma Perséfone, que pertenece al fondo más antiguo de su historia mítica. Según una variante, en esa empresa quedó apresado en el Hades para siempre; según otra, de allí lo rescató Heracles, y luego acabó desterrado de Atenas y despeñado en la isla de Esciros, de donde los atenienses –hacia el 470– rescataron su esqueleto para enterrarlo con todos los honores cerca del ágora, en Atenas.

Jasón pertenece al mismo tipo de aventurero heroico. Fue desde Orcómeno hasta la Cólquide, en el extremo oriental del Mar Negro, a buscar el vellocino de oro en una rauda nave, la Argo, y acompañado por un tropel de jóvenes audaces, los argonautas. En la Cólquide tuvo que hacer frente al feroz rey Eetes, hijo de Helios, y al dragón que custodiaba en un bosque sagrado el áureo pellejo del carnero mágico. Con la ayuda de Medea, la princesa enamorada, Jasón logra apoderarse del vellocino, tras superar las tremendas pruebas y peligros. Regresa perseguido por Eetes y sus guerreros en un largo viaje (por el Danubio, el Rin, el Ródano, el norte de África, el Adriático, y rozando Creta antes de tocar la costa de Yolco, su patria). A pesar de este triunfo, la leyenda de Jasón no le concede un final feliz, sino una peripecia trágica al intentar abandonar en Corinto, algunos años después, a Medea. La bárbara Medea, hechicera y apasionada, se venga matando a sus hijos y a la nueva novia y a su padre, el rey de Corinto (tema de una famosa tragedia de Eurípides.) Teseo, en un lance parecido, había abandonado pronto a la princesa que le ayudara a obtener su victoria, la joven Ariadna, otra nieta de Helios.

Otro héroe aventurero, protagonista de prodigiosos episodios en parajes extraños en un itinerario marino tan misterioso como el explorado por los argonautas, es Odiseo (o Ulises, según su nombre latino). Pero Odiseo es un héroe más moderno y más complejo que Jasón o Teseo. Su ascendencia divina está bastante lejana: por su madre, Anticlea, desciende de Autólico, hijo de Hermes. Su padre, en la versión homérica, es Laertes, un oscuro reyezuelo de Ítaca, una isla pobre y pequeña. Según otra versión, es descendiente del taimado Sísifo. En todo caso, tanto si su verdadero padre fue Sísifo o no, ya de Autólico pudo heredar la astucia y la audacia que le caracterizan.

Odiseo ha sido un gran guerrero en el ataque a Troya. En la *Ilíada* se habla de su valor y de su inteligencia en el combate. A él se debe el ardid que permite conquistar

Troya mediante el célebre caballo de madera. Pero es su largo regreso, esos diez años que Odiseo pasa errante antes de arribar a su querida Ítaca, lo que le ofrece un ámbito singular a sus aventuras más características, las que él mismo relata a los feacios en la *Odisea,* cantos VIII-XII.

Odiseo es, según Homero, *polýtlas, polýmetis, polýtropos,* el 'muy sufridor', 'muy artero', 'el de muchos trucos'. La capacidad de soportar la adversidad, el armarse de astucia, el encontrar los rodeos y vueltas para el triunfo, eso caracteriza a Odiseo, personaje completo, no sólo valiente y fornido, sino inteligente y mucho más humano que otros héroes. Frente a Agamenón o Aquiles, ya en la *Ilíada* se percibe ese aspecto del héroe que, sin dejar de ser un buen guerrero en la ocasión —como se ve en los combates o en la matanza de los pretendientes con su arco—, es ante todo el astuto vencedor del brutal Polifemo —el gigante de un solo ojo, el ogro del *folktale*—, el que escapa tras escuchar a la sirenas, el que tras intentar salvar a sus hombres de los lestrígones, los lotófagos, los cíclopes y los hechizos de Circe, arrostra las iras de Poseidón y va al Hades a consultar al espíritu de Tiresias, y, al cabo, gracias a la ayuda de los feacios, regresa solo a su isla para recuperar su trono y su familia. Otros héroes marinos, como Teseo y Jasón, contaban con la protección de las diosas Atenea, Afrodita y Hera; Odiseo cuenta ante todo con el apoyo de Atenea, favorecedora de los héroes y admiradora de su inteligencia. Como Teseo y Jasón, Odiseo obtiene los favores de las figuras femeninas que encuentra en su erranza: de Circe, de Calipso y de la princesa Nausícaa. También Odiseo va al Hades, aunque no en un descenso arquetípico, sino en una aproximación turística y fugaz. (En el tratamiento de ese lance en la *Odisea* se perciben los ecos de lejanos motivos míticos, pero un tanto degradados. Odiseo comparte con Gilgamés el empeño de saber de lo oculto, pero no el ansia de inmortalidad. Tan sólo quiere regresar a su Ítaca.)

Odiseo es un héroe más complejo que sus compañeros aqueos y también más moderno que esos otros héroes de empresas lejanas, vencedores de monstruos. También Odiseo se enfrenta a los tremendos riesgos del mar fabuloso y a los monstruos (el cíclope Polifemo, la hechicera Circe, Escila y Caribdis, las sirenas, etc.), pero para vencer en sus lances apurados cuenta con un arma propia: la inteligencia. Es sintomático que él, y no Áyax, ganara las armas de Aquiles, y también que su viaje al Hades tenga los tintes curiosos que tiene la *nekyia* homérica. Odiseo es, por otro lado, un héroe épico, el protagonista de un poema como la *Odisea,* que contiene rasgos antiguos, pero anuncia lo novelesco. Figuras como su hijo Telémaco y su mujer, la paciente y no menos astuta Penélope, forman también parte de su leyenda. Así como algún otro hijo de Odiseo, como Telégono, nacido de Circe (o de Calipso, según una variante mítica), y desconocido por Homero. Según esa versión, Telégono iba en busca de su padre y se encontró con Odiseo, ya viejo, y, sin reconocerlo, le dio muerte en combate. (Luego Telégono se casaba con Penélope y Telémaco con Circe.)

El héroe épico por excelencia, no ya un aventurero ni civilizador, sino un rey guerrero, es Aquiles, hijo de la diosa marina Tetis y del héroe Peleo, rey de Ptía. Al frente de sus mirmídones, Aquiles ha acudido a Troya para conseguir gloria en los combates. La *Ilíada* no es una «Aquileida» –al modo como la *Odisea* es el poema de Odiseo–, pero la ira de Aquiles impone su estructura al poema, que concluye con la muerte de Héctor y el apaciguamiento del feroz rencor del héroe, vengador de su amigo Patroclo. Desde un comienzo sabemos que la vida de Aquiles será corta, si persiste en su elección de preferir la gloria. Pero su carácter es de una pieza. Aquiles, «ligero de pies», es un guerrero invencible en la batalla y acepta su destino trágico. Paris lo herirá de muerte en un talón (su único punto débil, según una leyenda que no parece conocer Homero.) Frente a Agamenón, rey de reyes, caudillo de todo el contingente bélico de los Dánaos, Aquiles es, por su arrojo y destreza en la pelea, «el mejor de los aqueos».

Su madre Tetis acude desde su morada marina a socorrerlo cuando el gran guerrero implora su ayuda. Lo hace en dos ocasiones, y va a solicitar a Zeus el cumplimiento del destino glorioso del héroe y, luego, a pedirle a Hefesto la fabricación de una nueva armadura para su hijo. (La primera armadura de Aquiles fue también regalo de los dioses, hecho a Peleo en sus bodas con la divina Nereida. Con ella muere Patroclo, y más tarde Héctor.)

Educado por el centauro Quirón, como otros grandes héroes, Aquiles muere joven tras haber mostrado su valentía incomparable. De un amorío juvenil procede su hijo Neoptólemo, que le sucederá al frente de sus tropas, conducirá a Troya a Filoctetes y morirá luego en Delfos, violentamente. Otro breve motivo mítico –no cantado por Homero– es el enamoramiento de Aquiles por Pentesilea, al tomarla en sus brazos después de haberla herido de muerte en combate. (Pentesilea, reina de las amazonas, acudió en ayuda de los troyanos.) Homero hizo de Aquiles el prototipo del héroe joven, paradigma de la *areté* del guerrero, con su trágico destino.

Junto a esos mitos de grandes héroes, otras leyendas abarcan el espacio de varias generaciones de una familia regia. Así es la que relata las vicisitudes, hazañas y padecimientos de los descendientes de Tántalo, una dinastía que proporcionó temas a numerosas tragedias.

Tántalo, hijo de Zeus, se había establecido en Lidia, en el monte Sípilo. Frecuentaba a los dioses y gozaba de prosperidad hasta que incurrió en una terrible desmesura. Invitó a los Olímpicos a un siniestro banquete, en el que les ofreció como plato fuerte la carne troceada y guisada de su hijo, Pélope. Los dioses, con su saber eterno, advirtieron el engaño y se abstuvieron de probar la comida, a excepción de Deméter que, apenada por la pérdida de su hija, mordió la paletilla que le habían ofrecido. Luego los dioses volvieron a dar la vida, restaurándolo en el caldero, al joven Pélope (con un hombro de marfil para compensar el mordisco de Deméter), y castigaron para siempre a Tántalo. (En lo más profundo de Hades se ve condenado a pasar hambre y sed, en medio de árboles frutales que se crecen cuando él intenta tomar un fruto, y junto a un río cuyo caudal baja cuando él se agacha a beber.)

Pélope emigró hacia el continente, a la región que luego tomaría su nombre, el Peloponeso *(Pélopos nêsos:* 'isla de Pélope'). En la Élide compitió en la carrera de carros con Enómao, que ofrecía la mano de su hija y su reino a quien lograra vencerle. Con la ayuda del cochero del rey, Mírtilo, Pélope consiguió la victoria, mientras que Enómao, al fallarle un eje de su carro, murió en la carrera. Luego Pélope desposó a Hipodamía, la joven princesa, y eliminó a Mírtilo, que al morir lo maldijo, a él y a sus descendientes.

Varios hijos tuvo el matrimonio. Instigados por su madre, los dos mayores, Atreo y Tiestes, mataron a su hermano Crisipo, el preferido de su padre. Tuvieron que exiliarse en Micenas. Allí pretendieron ambos el trono de Micenas. Después de unas mutuas añagazas —en las que interviene la apuesta sobre un carnero de oro, regalo de Hermes, y el adulterio de Aérope, la esposa de Atreo, con su cuñado, y la detención del sol en su curso celeste— fue Atreo quien logró hacerse con el poder real. Luego cometió una horrible venganza: le sirvió a su hermano Tiestes en un banquete la carne de sus propios hijos (los de Tiestes). Después del festín reveló al aterrorizado padre lo que había devorado. Tiestes se alejó maldiciendo a su hermano.

Para cumplir esa venganza, siguiendo un oráculo, Tiestes engendró en su propia hija, Pelopia, a Egisto, que con el tiempo acabaría con el primogénito de Atreo, Agamenón. De los Atridas, éste fue el heredero del reino de Micenas, mientras su hermano Menelao, al casarse con Helena, hija del espartíata Tindáreo, reinaba en Esparta. Tras el rapto de Helena, ambos marcharon contra Troya. Para asegurar la navegación hacia el Asia, Agamenón sacrificó en Aulide a su hija, Ifigenia. Y estuvo ausente durante los diez años de la guerra famosa.

En Micenas, Clitemnestra, esposa de Agamenón, irritada por el sacrificio de su hija y mujer de carácter apasionado, traicionó al ausente con su primo Egisto. Y al regresar Agamenón, vencedor y destructor de Troya, lo asesinó –junto con su cautiva Casandra, la profetisa hija de Príamo–. Los hijos de Agamenón, Orestes y Electra, unos años después, se encargaron de vengar a su padre, matando a su madre. El dios Apolo y la prudente Atenea aprobaron el matricidio. El joven Orestes, después de matar a su madre y a Egisto, fue perseguido por las erinias, pero fue absuelto del crimen de sangre al final, y, después de algunas otras peripecias, se casó con Hermíone, la hija de Menelao y de Helena, reinando sobre Micenas y Esparta. (La versión de Esquilo en la *Orestíada* sitúa la absolución de Orestes en el Areópago de Atenas, donde Apolo defiende al matricida y el voto de Atenea solventa la decisión final.)

Tan trágica como la de los Pelópidas es la saga de los Labdácidas de Tebas. Hijo de Lábdaco fue Layo que, traicionando la amistad de Pélope, raptó al adolescente Crisipo y fue maldito por el padre ultrajado. El oráculo de Delfos advirtió a Layo que se guardara de tener descendencia, porque, en tal caso, su hijo le mataría y se casaría con su propia madre, con la esposa de Layo, Yocasta. Pero el rey de Tebas la dejó encinta una noche, dominado por la pasión o la embriaguez, y Yocasta dio a luz a Edipo.

Por terror al cumplimiento del oráculo, sus padres decidieron abandonar al niño en el monte Citerón para que allí fuera devorado por las fieras. Para inmovilizarlo le traspasaron los pies con una fíbula. Así quedó Edipo 'el de los pies hinchados' *(Oidí-poús)* expuesto en el monte. De allí lo rescató un pastor que lo entregó a los reyes de

Corinto, Pólibo y Mérope, un matrimonio sin hijos que lo adoptaron como suyo. Más tarde Edipo fue a consultar al oráculo de Delfos, que le advirtió de que mataría a su padre y se casaría con su madre.

En una encrucijada Edipo tuvo un violento encuentro con un desconocido. Lo mató en la reyerta: era el tebano Layo, aunque él ignoró su identidad. Marchando hacia Tebas superó el enigma de la espantosa Esfinge que asolaba la región. Al vencer al monstruo, obtuvo en premio la mano de la reina, viuda de Layo. Así Edipo realizó la profecía délfica.

Según la versión trágica más notable (la de Sófocles en su *Edipo rey*), no fue sino muchos años después cuando el ya venerado rey de Tebas descubrió la verdadera historia de su ascendencia y sus crímenes. Ya entonces había tenido con su madre y esposa cuatro hijos: Etéocles, Polinices, Antígona e Ismene. Abrumado por esa conciencia de su terrible pasado, Edipo se exilió después de arrancarse los ojos, según Sófocles, y de conocer el suicidio de Yocasta. (Pero los detalles varían según los trágicos, y según los mitógrafos.)

Viéndose abandonado por sus hijos mayores, Edipo los maldijo. Etéocles y Polinices se disputaron el trono. Etéocles logró quedarse con él expulsando a su hermano, quien acudió a solicitar auxilio al rey de Argos, Adrasto. Se casó con una hija de éste, y, con la ayuda de su suegro, preparó una expedición armada contra Tebas. Es la llamada expedición de los Siete –por el número de los caudillos argivos que emprendieron el asedio de la ciudadela de las siete puertas–. En la batalla perecieron los dos hijos de Edipo, enfrentados en un duelo fratricida. (La ciudad se salvó de la destrucción, ya que vencieron los tebanos y sólo uno de los Siete salió con vida: Adrasto, que poseía un caballo prodigioso, Arión.)

Intentó Antígona, contra las órdenes del nuevo regente, enterrar a Polinices, y fue condenada a muerte por Creonte. Enterrada en vida, Antígona se suicidó. Con ella murió su prometido Hemón, hijo de Creonte; y el suicidio de Hemón incitó a su madre a suicidarse también en el palacio.

Según la leyenda, Edipo acabó sus días en Colono, una aldea de Ática, y allí, acogido por el rey Teseo, quiso dejar su sepultura, como un favorable augurio para la ciudad. Edipo es el mayor ejemplo de un destino trágico. Queda en pie, sin embargo, el interrogante sobre su responsabilidad en los sucesos que lo determinan. ¿Es acaso la fatalidad la que ha prefijado la oscura cadena de muertes? ¿No es el héroe con su voluntad quien se abre un camino hacia la luz y la memoria? Este héroe que trata de esquivar la fatídica profecía y que, sin saberlo, comete los dos mayores crímenes, el parricidio y el incesto, es –en la versión trágica– un hombre inocente y un rey justo, un *týrannos* que quiere salvar a su ciudad, que no puede escapar a su destino. Es innegable en cualquier caso la grandeza de Edipo, en la búsqueda de la verdad y en el dolor. Es el héroe trágico por excelencia.

Hay otros héroes de trágico destino. Entre aquellos cuya leyenda puede dar argumentos a buenas tragedias, Aristóteles cita –junto a Edipo, Tiestes y Orestes– a Alcmeón, Meleagro y Télefo[132]. Y hay más (Penteo, Áyax, Filoctetes, etc.). Pero quisiera ya concluir este incompleto catálogo nombrando a un héroe distinto de estos jóvenes guerreros y monarcas violentos. Un héroe muy diferente y con otras virtudes y prestigios: el tracio Orfeo.

El hijo del rey tracio Eagro y de la musa Calíope, Orfeo, era un maravilloso cantor, al son de la cítara (que él habría inventado, o a la que había añadido dos cuerdas). Con sus dulces cantos atraía a los animales del bosque, reunidos en pacífico corro, amansando a las fieras y conmoviendo a los mismos árboles y a las peñas. Figuró entre los héroes que se embarcaron en la Argo calmando las tempestades y derrotando en el encuentro a las cantoras sirenas con su melódica voz.

Se casó con Eurídice, que murió al ser mordida por una serpiente escondida entre la hierba. Orfeo la lloró y fue al Hades a rescatarla, logrando hechizar con su lira a los tremebundos guardianes del reducto infernal. Hades accedió a devolvérsela, con la condición de que no se volviera a mirarla hasta transponer el umbral de sus dominios. Orfeo, amoroso y desconfiado, se volvió a mirar a Eurídice antes de franquearlo, y su esposa tuvo que permanecer en el mundo de las sombras, adonde Hermes la recondujo de nuevo.

Orfeo difundía ciertos cultos místéricos en Tracia, admitiendo sólo a los hombres, despreciando a todas las mujeres. Por ello las tracias, incitadas acaso por Dioniso o por Afrodita, se lanzaron furiosas contra él y lo descuartizaron. Arrojaron su cabeza y su lira al río Hebro, que las transportó hasta la isla de Lesbos, afamada por la dulzura de sus poetas líricos. A Orfeo se le atribuían doctrinas sobre la vida en el Más Allá y la secta de los llamados órficos selló con su nombre toda una teología y una ética de singular alcance y fascinación.

# Tercera parte
# Interpretaciones

# 1. Interpretaciones de los mitos: El alegorismo y el evemerismo

Con los primeros filósofos aparece en Grecia la crítica al mito como forma de explicar el mundo. Desde un comienzo la filosofía tiene que enfrentarse a los mitos, pues intenta encontrar mediante un nuevo método de conocimiento, el de la razón, un fundamento y unas causas a los mismos fenómenos que el mito daba como producidos por los seres divinos y heroicos de tiempos lejanos. Frente a la narración mítica sobre el origen del mundo y de las cosas, ahora los filósofos plantean la pregunta por la verdad de un modo radical. Y este poner en cuestión todo el mundo mítico supone un enfrentamiento a la tradición. En griego la palabra que significa 'verdad' es *alétheia,* que significa etimológicamente 'desvelamiento', o negación de la *léthe* u 'olvido' de lo real; desde sus comienzos, la filosofía se plantea como una tarea crítica. Ese sentimiento de desconfianza en las explicaciones tradicionales, que es característico de los pensadores del siglo VI a. C., de un Jenófanes o un Heráclito, supone un rechazo de lo mítico. Es decir, que cuando Tales de Mileto dice que el origen y principio fundamental de todo es el agua, ya está negando cualquier *mŷthos* sobre el *arché* cósmico que no sea un elemento natural. Con una respuesta de ese tipo queda ya en entredicho el relato sobre los dioses primigenios, sean Urano y Gea, o el prolífico Océano.

El enfrentamiento entre el *mŷthos* y el *lógos* no es momentáneo, sino que más bien podemos verlo como una larga contienda en la que el mito va cediendo el terreno, con una cierta displicencia, esfumándose ante las luces de la ilustración. La marcha del mito al logos (según un famoso libro de W. Nestle: *Vom Mythos zum Logos*[133]) no es una peripecia catastrófica, sino un progresivo avance de la observación y la reflexión como bases de la explicación racional del mundo, sobre las cuales la especulación filosófica construye su interpretación.

La historia del pensamiento griego ha sido bien estudiada desde esta perspectiva. Cualquier manual de la historia de la filosofía antigua recoge lo esencial de este proceso. Junto al ya citado W. Nestle, podríamos recordar estudios importantes de Cornford, Untersteiner, Fraenkel, Jaeger, Burnet, Gigon y otros, que nos han comentado con agudeza y hondura cómo la filosofía no supuso un brusco corte en la cultura helénica, sino un progresivo avance de la inquisición racional sobre terrenos antes dominados por los mitos. Pero en las mismas explicaciones míticas había ya algunos puntos que facilitaban ese avance crítico. Pensemos, por ejemplo, en los intentos de un orden en el proceso cosmogónico des-

## 1. Interpretaciones de los mitos: El alegorismo y el evemerismo

crito por Hesíodo. Frente a otras mitologías, la helénica está singularmente bien ordenada y destaca por su sencillez y su referencia a asuntos familiares, como G. S. Kirk ha destacado. El amplio margen de libertad crítica existente en la sociedad griega al respecto de la religión favoreció ese avance crítico. (Aunque hubiera algún que otro enfrentamiento grave, como cuando Anaxágoras fue condenado en Atenas por sostener que el sol era una enorme roca candente suspendida en el cielo, o cuando Sócrates fue ajusticiado tras un proceso de impiedad espectacular.)

Está claro que en cuanto se le plantea al mito la cuestión de la veracidad de lo que narra, no puede dar razón de ello. Dar razón de acuerdo con los datos reales es algo propio del logos. En cuanto se plantean dudas sobre su veracidad los mitos se encuentran en una posición débil, y como creencias tienen una dudosa vigencia. La cuestión de hasta qué punto creían los griegos en sus mitos es bastante compleja; la respuesta varía mucho según la época y el nivel intelectual y el tipo de mitos. P. Veyne, que se la ha planteado en un brillante libro[134], reconoce que sí, pero a grandes rasgos y partiendo del hecho de que el creer no es un acto simple. Ortega, en su *Ideas y creencias,* atina, pensamos, en señalar que en las creencias se está instalado, y que es sólo cuando éstas se ponen en cuestión cuando surgen las ideas como nuevos instrumentos para aprehender la realidad cuestionada.

Pienso que el progresar de la filosofía en Grecia puede enfocarse con ayuda de ese esquema. A medida que los mitos como creencias van siendo sometidos a crítica, van cediendo su lugar a los razonamientos y las ideas.

Por otro lado, allí donde no llegan las ideas o los razonamientos siguen instalándose los mitos. Así, por ejemplo, cuando Platón quiere hablarnos de la vida del alma inmortal tras la muerte, ha de recurrir a un mito (que, como hemos dicho, es una recreación platónica sobre una pauta tradicional).

Ahora quisiéramos no insistir sobre este enfrentamiento, sino tan sólo enfocar un aspecto del mismo: cómo se rehabilita el mito ante los embates de la explicación racional. Para algunos ilustrados, como lo eran los sofistas, los mitos aparecen como reliquias fabulosas de un pasado ignorante, que explicaba el mundo de un modo fantástico e infantil, o bien como mentiras y patrañas urdidas para engaño de las gentes. Ante el tribunal de la razón, los mitos quedaban condenados como no veraces, como 'ficciones de los antiguos', *plásmata tôn próteron,* podríamos decir con una expresión de Jenófanes. Jenófanes fue el primero en atacar la teología mítica de Homero, con sus dioses antropomórficos, violentos e «inmorales». Es decir, unos dioses inadmisibles desde las exigencias críticas del pensador ilustrado del siglo VI a. C.

Y es probablemente frente a ese ataque cuando surge la teoría alegórica, que gozará luego de gran aceptación entre filósofos posteriores (en algunos sofistas, en los estoicos y en los neoplatónicos). La teoría alegórica –un intento por salvaguardar la lección verídica de los mitos, sólo en apariencia escandalosos– es también un signo de la ilustración, ya que parte de aceptar que el lenguaje del razonamiento es el normal y que los mitos se expresan en otro lenguaje, secundario y poético, que es necesario

## 1. Interpretaciones de los mitos: El alegorismo y el evemerismo

traducir al código del logos para comprenderlo en toda su hondura y valor. El primer alegorista fue Teágenes de Regio, un sagaz comentador de Homero, del siglo VI a. C. Su doctrina está expuesta en un escolio a la *Ilíada* XX 67, en una cita breve, pero muy jugosa.)

El escolio B al citado pasaje de la *Ilíada* dice así:

La enseñanza acerca de los dioses generalmente roza lo violento y aun lo inmoral. Pues ya él [¿Porfirio?] señala que los mitos de los dioses son escandalosos. Frente a tal juicio, algunos buscan tras la apariencia de su figura verbal una solución a la dificultad, en la creencia de que todo está dicho *alegóricamente* de la naturaleza de los elementos; así sería, por ejemplo, cuando se habla de los encuentros hostiles de los dioses. Señalan que también lo seco combate contra lo húmedo y lo cálido con lo frío, y lo ligero contra lo pesado. También el agua tiene la facultad de apagar el fuego, y el fuego la de secar el agua. Y así subyace entre los varios elementos, de los que se compone el universo mundo, una oposición, y en parte subyace ésta también al proceso de su destrucción. Pero el conjunto permanece en la eternidad. Así que el poeta [Homero] permite que tengan lugar las batallas [entre dioses] y nombra al fuego Apolo y Helios, y también Hefesto; y al agua Poseidón y Escamandro; a la luna Ártemis; al aire Hera, etc. De manera parecida da él, por otro lado, nombres de dioses a las facultades y propiedades espirituales; así dice en lugar de la inteligencia Atenea, en vez de sinrazón Ares, en vez de pasión Afrodita, en lugar de astucia Hermes, etc. Este modo de explicación [del poema homérico] es muy antiguo; comenzó a partir de Teágenes de Regio, que fue el primero en escribir así sobre Homero.

Podemos figurarnos cómo surgió esta defensa poética de Homero, que recurre a la teoría de que él se expresaba «alegóricamente». *Alegoría* es, etimológicamente, 'otro hablar', es decir, una expresión figurada, cifrada, metafórica. El comentador salva así la verdad profunda del mensaje homérico, que puede traducirse a sentencias como las de los filósofos (la oposición de los elementos naturales, tan destacada por Heráclito y otros presocráticos, está bajo la alegoría de los combates entre dioses en la *Ilíada)*. Dando por aceptado que las narraciones míticas son escandalosas (ante el canon ético de la moralidad convencional, cívica y cotidiana), se intenta justificar la sabiduría del poeta alegando que se expresaba de un modo críptico, mediante un código poético. Con tal lenguaje alude y revela a los entendidos verdades profundas ocultas tras un velo de metáforas, tras un ropaje embellecido por imágenes plásticas.

La teoría alegórica gozó de un enorme éxito en el mundo antiguo y ha perdurado en variadas épocas, con algunos matices nuevos. Ya los estoicos se sirvieron de ella contra los escépticos y los epicúreos, en un intento de rescatar la doctrina religiosa de los mitos venerables, y los neoplatónicos hicieron algo parecido frente a los cristianos (que no querían negar la existencia de los dioses paganos, sino ante todo destacar su inmoralidad escandalosa); más tarde los gnósticos recurrieron a la hermenéutica alegórica para expresar una concepción semifilosófica del universo, envolviendo sus doctrinas en relatos metafóricos y fantásticos, al modo de los antiguos mitos. Fundada en el principio de la alegoría se despliega una sutil hermenéutica que busca el sentido simbólico de las figuras y los actos narrados en el mito para traducirlo en un plano más abstracto. Así el mito queda visto como un lenguaje cifrado que cela un saber profundo que hay que interpretar y descifrar. Frente al modo lógico de expresarse, cabe una alternativa, la del mito como lenguaje críptico, cuya hondura espiritual requiere tal vez esa forma figurada de expresión poética y religiosa.

No se discute, pues, que el modo lógico sea el válido para la comunicación habitual, sino que se alega, en defensa de los mitos, que ese lenguaje mítico posee un código propio y unas referencias cifradas, que los sabios saben encontrar y rastrear. El mito dice verdades profundas, intuiciones extraordinarias, que, con una notable pérdida de su vigor poético y su plasticidad espiritual, los entendidos pueden traducir al lenguaje mostrenco y normal de la expresión lógica. Los mitos, para ser entendidos, requieren una exégesis que exprima todo el sentido de su forma alegórica.

El empleo del método alegórico en la interpretación de los mitos permite descubrir tras su ingenua y escandalosa apariencia mensajes con sentidos profundos y de alcance filosófico. Pero, en la interpretación de algunos alegoristas, esa traducción de los mitos aboca a resultados de una asombrosa trivialidad. Así, por ejemplo, en las *Historias increíbles* de Paléfato, un mediocre escritor del siglo IV a. C., se nos da una versión «racionalizada» de los mitos, que nos sorprende por lo anecdótica y facilona. De este Paléfato no tenemos datos personales. Como señala W. Nestle, es el típico teólogo de compromiso y mediación, que se separa tanto de la crédula muchedumbre como de los «completos incrédulos». La verdad está en el término medio y todo lo que se cuenta, supone él, se basa en algún suceso. No existe una invención completa. Hay que negarse a admitir esos supuestos hechos que han sucedido según la tradición una sola vez y no se repiten ya en el tiempo presente, en el mundo de nuestra experiencia: son exageraciones poéticas de acontecimientos reales, para hacer de ellos hechos sobrenaturales y milagrosos. Pero hay que explicar también por qué se ha recurrido a esas representaciones increíbles. Según tales principios, se someten a examen los mitos sistemáticamente, de modo que se interpretan todos y cada uno de los rasgos del mito, y se obtiene al final una eliminación completa de lo sobrenatural.

La obra de Paléfato nos proporciona una serie de ejemplos. Así Acteón no se habría trasformado en un ciervo, ni fue luego despedazado por sus propios perros, sino que ese desgarramiento fue el que le produjo su pasión por la caza y la compra de perros, que le arruinó y devoró su hacienda. La fábula de Níobe, trasformada por el dolor en una roca, aludiría simplemente a una estela de piedra levantada sobre la tumba de una desventurada madre. Linceo, del que se refería que podía ver incluso debajo de tierra, habría sido simplemente el inventor de la minería y la lámpara de los mineros. A Europa la raptó un cretense que se llamaba Toro, no un toro real. Eolo fue un astrólogo, sabedor de la ciencia de los vientos y la navegación, que adiestró en tal saber a Ulises. El muro de bronce que cercaba su isla no era más que un ejército de guerreros hoplitas. La famosa hidra de cincuenta cabezas, que venció Heracles, era un castillo con ese nombre, del rey de Lemnos, que estaba defendido por cincuenta

## 1. Interpretaciones de los mitos: El alegorismo y el evemerismo

hoplitas. Cuando caía uno, le sustituían otros dos. El cangrejo que socorría a la hidra no era sino un guerrero cario con el nombre propio de *Karkinos,* 'cangrejo'. Medea, que, según el mito, rejuvenecía a los ancianos al cocerlos en un caldero mágico, no era más que una hábil inventora de un tinte para el pelo, y de una especie de sauna, muy conveniente para la salud y la apariencia juvenil.

Este modo de interpretar los mitos, mediante su explicación racionalista tan superficial, supone que los relatos tradicionales están fundados en errores de transmisión y exageraciones disparatadas. Sin llegar a un sistematismo tan marcado, lo encontramos en los primeros historiadores, los logógrafos jonios, y en comentadores tardíos. Se mantuvo en la Edad Media y en el Renacimiento. Pero lo más sorprendente es la reaparición del método en la época moderna, desde comienzos del siglo XIX, amparado en teorías derivadas de la Ilustración.

Existe, como se puede advertir en la cita del escolio a la *Ilíada,* un alegorismo físico y otro espiritual, según se encuentren tras los personajes míticos alusiones a fuerzas de la naturaleza o a poderes del espíritu. La distinción puede proyectarse a interpretaciones más recientes. En el siglo XIX ya veremos que para unos los mitos se refieren mediante ese lenguaje figurativo a fenómenos naturales (como cuando Max Müller y sus secuaces interpretan como alusiones a auroras, tormentas y puestas de sol los relatos de luchas divinas), mientras que para otros, como para algunos psicoanalistas, los mitos cuentan en su figurado y dramático lenguaje los conflictos, temores y esperanzas del alma humana, y son algo así como los sueños de un alma colectiva.

## La teoría de Evémero

Algo posterior al alegorismo, hubo otra teoría sobre la interpretación de los mitos que tuvo extraordinaria resonancia en el ambiente helenístico. Fue el evemerismo, que deriva su nombre de su supuesto inventor, Evémero de Mesene, un escritor de fines del siglo IV a. C. Aunque hay rastros de esta teoría ya antes (en el mismo Heródoto), fue Evémero el primero en sustentarla de modo global, no en un tratado científico, sino en un texto casi novelesco. Según él, los dioses míticos no son más que personajes históricos de un pasado mal recordado, magnificados por una tradición fantasiosa.

En la teoría de Evémero hay claros reflejos de un momento histórico preciso: el de la deificación de los primeros monarcas helenísticos, los Diádocos, sucesores del gran Alejandro. Nos detendremos un rato en exponer lo que sabemos de su obra, perdida para nosotros. Evémero estuvo al servicio del rey Casandro de Macedonia entre el 311 y el 298 a. C., y allí dio a conocer su libro *Hierá Anagraphé*, la 'inscripción sagrada'. En su aspecto externo se trataba de un relato de viajes, pero por su contenido era básicamente una narración utópica, que bien podría enlazarse con la *República* de Platón, la *Ciropedia* de Jenofonte y la *Atlantis* de Critias.

En el libro contaba Evémero su viaje por el gran Océano (el Índico, al sureste del continente asiático), donde arribó a un grupo de islas, la mayor de las cuales era Pancaya, que describía con un cierto detalle, como un antropólogo *avant la lettre*. Allí encontró una población dividida en tres clases y regida por los sacerdotes. Pero lo

## 1. Interpretaciones de los mitos: El alegorismo y el evemerismo

más importante es que en una larga inscripción sagrada (de ahí el título de la obra) halló la historia de los primeros reyes de Pancaya: Urano, su hijo Crono y el hijo y sucesor de éste, Zeus, así como las hazañas de los mismos. A estos reyes de gran poder se les había rendido luego culto divino. Y sus *res gestae* se habían exagerado con el paso de los siglos. La conclusión estaba al alcance de la mano. He ahí de donde venían los dioses griegos. En esa remota isla oceánica aún se conservaba el recuerdo de lo que fueron, antiguos reyes, deificados por el culto popular, como los monarcas helenísticos.

El libro de Evémero obtuvo una estupenda acogida por la actualidad de sus alusiones. El culto divino a los soberanos, «benefactores y salvadores» de los pueblos, estaba en el candelero. Ya Filipo y Alejandro habían recibido honores divinos. En Egipto Tolomeo II y su hermana Arsínoe fueron deificados y se les adscribió un culto, en Siria Antíoco II y Demetrio se habían proclamado dioses, etc. Por otro lado, algunas leyendas locales apoyaban el aserto: en la isla de Creta se mostraba el sepulcro de Zeus. La revelación de Evémero se apoyaba, pues, en una sólida base «cultural». ¿Por qué no iban a ser los viejos dioses antiguos reyes deificados por el agradecimiento popular y el olvido histórico?

Ennio tradujo la obra de Evémero al latín. Sin duda debió de escandalizar a los romanos piadosos y complacer a los escépticos. Entre los escritores griegos de su época, Calímaco le reprochó su elocuencia y su frivolidad descarada, y Eratóstenes le llamó embustero. A cinco siglos de distancia, Plutarco le acusa de «haber diseminado el ateísmo por todo el mundo»[135]. A los Padres de la Iglesia les fue utilísimo para sus ataques contra los dioses paganos, de ahí que lo citen con frecuencia; es lo que hace Lactancio, por ejemplo. Y gracias a ello su interpretación pasó a los escritores medievales, como un recurso para poder referir los antiguos mitos sin incurrir en la censura como idólatras.

¿Fue Evémero un satírico a expensas de Alejandro y sus experiencias en la India, y recomendaba, cínicamente, la autodeificación de los reyes como un medio hacia fines políticos? ¿O era, más bien, el Voltaire o el Fontenelle de su tiempo, a quien Plutarco consideró responsable de haber diseminado el ateísmo por todo el mundo? De cualquier modo, la posibilidad de que escribiera irónicamente para intentar promover el culto al emperador al encontrar un distinguido precedente, se ha mostrado menos aceptable a los lectores, que prefieren con mucho una *Historia sagrada* iconoclástica a una imperialista. Sean cuales fueran sus intenciones, Evémero se acreditó por sus éxitos espectaculares, que van desde la subversión de las religiones paganas a la fundación de la antropología moderna.

Estas líneas de K. K. Ruthven[136] indican los sentidos en que puede entenderse la intencionalidad de esta obra, muy condicionada por su tiempo, pero que trascendió enormemente a esas circunstancias que le dieron origen.

El evemerismo reaparecerá en distintas épocas. Ya hemos aludido a lo útil que fue para los cristianos y para los escritores medievales como una fórmula fácil para explicarse la existencia y variedad de divinidades antiguas, aplicándolo tanto a héroes como a dioses. A veces lo encontramos junto al alegorismo, un alegorismo que se refuerza con sus alusiones a «etimologías» harto oportunas.

Cicerón, docto conocedor de estos temas, recurre tanto a una como a otra teoría, citando, si viene al caso, la recomendación de los estoicos a la tesis alegorista:

> Quedó admitido por las costumbres y el uso general que hombres eminentes por sus hazañas benéficas fueran elevados al cielo, con la aquiescencia y el consentimiento de todos. Así fue con Hércules, con Cástor y Pólux, así con Asclepio, y con Líber...

Y añade cautamente, para no herir la susceptibilidad de algún romano:

> Me refiero a Líber, el hijo de Sémele, y no a aquel al que nuestros antepasados han consagrado un culto augusto y santo junto a Ceres y a Líbera, culto que puede verse en los misterios... Así pasó también con Rómulo que, se cree, es idéntico a Quirino. Como las almas de todos estos hombres subsistían y gozaban de la eternidad, se les ha tenido legítimamente por dioses, puesto que son perfectos y eternos.

> Por otro motivo, en relación con la Física ha surgido una multitud de dioses que, revestidos de forma humana, han dado materia a las ficciones de los poetas, pero han llenado la vida humana de superstición. Este tema, tratado por Zenón, ha sido desarrollado por Cleantes y por Crisipo. Porque Grecia quedó invadida ha mucho por la creencia de que el Cielo había sido mutilado por su hijo Saturno, y Saturno, a su vez, encadenado por su hijo Júpiter. Hay una doctrina

física encerrada en esas fabulaciones impías; quieren decir que la naturaleza del cielo, que es la más elevada y está hecha de éter, es decir, de fuego, y capaz de engendrar todo por sí misma, carece de ese órgano corporal que necesita, para procrear, unirse a otro ser. Y han querido designar por Saturno la realidad que contiene el curso y la revolución circular de los espacios y del tiempo, del que lleva el nombre griego, porque le llaman *Cronos,* que es lo mismo que *Chronos,* es decir, espacio de tiempo.

Y nosotros le llamamos *Saturno* porque está *saturado* de años. Y fingen que tiene costumbre de devorar a sus propios hijos porque la duración devora los espacios de tiempo y se colma de los años del pasado sin estar jamás *saturada*. Y Saturno ha sido inmovilizado por Júpiter para que su curso no sea desmesurado y que quede encadenado por los vínculos de los astros. Júpiter mismo, es decir, el «padre que socorre», que en los casos oblicuos de la declinación llamamos *Iovis,* en relación con *iuvando* ['ayudando'], recibe también de los poetas el calificativo de «padre de los dioses y los hombres», y de nuestros antepasados el de «el óptimo y más excelso», «muy bueno», es decir «muy benévolo» antes que «muy grande», porque es mejor y más meritorio ser útil a todos que poseer grandes riquezas[137].

Cicerón sigue combinando ambas exégesis, para encontrar el origen de otros dioses. Un poco más adelante dice:

El aire, de acuerdo con la doctrina estoica, está situado entre el mar y el cielo, y fue deificado bajo el nombre de Juno. Juno es la hermana y la esposa de Júpiter, lo que quiere de-

## 1. Interpretaciones de los mitos: El alegorismo y el evemerismo

cir que el aire se asemeja al éter y tiene con él la unión más íntima. Pero se le representa en figura de sexo femenino, y está consagrado a Juno, porque no hay nada que ceda tan fácilmente como él. El nombre de *Iuno* viene, creo, de *iuvando*. Quedaban el agua y la tierra, de modo que hubo, según los mitos, tres reinos distintos. Así como *portunus* viene de *portus*, *Neptunus* viene de *nando*, cambiando algo sus primeras letras. Todo el poderío y la naturaleza terrestre le fueron atribuidos a *Dispater*, es decir, al que es rico [*Plutón* en griego], porque todas las cosas vuelven a la tierra y nacen de la tierra... Ceres fue la que trajo los cereales *[a gerendis frugibus]*, y Ceres está por *Geres*, con la primera letra modificada por azar, así como en griego a esta diosa se la llama *Deméter*, es decir, *Geméter*. *Mavors* [Marte] es el que produce grandes trastornos *[magna vertere]*; Minerva es la que disminuye o la que amenaza *[de minuere o minare]*[138].

Y continúa con otras etimologías más o menos pintorescas; en algún caso con un casual eco auténtico, como cuando emparenta a Diana, y en otros de lo más arbitrario, como cuando relaciona a Venus con *venire*[139].

Esta algarabía en que a las interpretaciones alegóricas, apuntadas por los estoicos, se añade un motivo etimológico, gozó de una notable aceptación entre los doctos. He ahí que el lenguaje mismo parecía sugerir la clave interpretativa, como mucho más tarde, a mediados del siglo XIX, postulará el comparatista Max Müller, mejor pertrechado en su saber etimológico, pero con una tesis que encuentra aquí su precedente lejano. Ya aquí parece perfilarse un origen mitológico en una «enfermedad del lenguaje», productor de figuras míticas. Isidoro de Sevilla continúa a Cicerón.

El alegorismo gozó de gran crédito entre los últimos pensadores y defensores del paganismo, en su afán de defender el culto antiguo.

El neoplatónico Salustio en su obra *Sobre los dioses y el mundo* intenta proveer a los mitos de una significación teológica, y propone una división de los mitos en: «mitos teológicos», que tratan de la naturaleza de los dioses; «mitos físicos», que hablan de la naturaleza donde se refleja la actuación divina; «mitos psicológicos», que nos ilustran sobre las actividades del alma en su búsqueda de la divinidad; y «mitos materiales», que tratan de los elementos de este mundo. Aunque son los menos interesantes para el teólogo, también estos últimos son instructivos, pues enseñan a rastrear en las piedras, plantas y animales las leyes de una simpatía cósmica que une estos seres a lo divino, y por medio de operaciones de magia puede remontarse de estos elementos materiales a su fundamento último.

Como ejemplo de una interpretación teológica expone Salustio el mito de Atis:

La Madre de los Dioses se enamoró del joven Atis, al que había visto acostado a la orilla del río Galo, y, tomando un gorro estrellado, lo cubrió con él y lo retuvo a su lado. Pero Atis, que se había enamorado de una ninfa, abandonó a la Madre de los Dioses y se fue a vivir con aquélla. Entonces la Madre de los Dioses lo volvió loco, de modo que él se cortó sus genitales, los dejó junto a la ninfa y volvió a habitar al lado de la Gran Madre.

## 1. Interpretaciones de los mitos: El alegorismo y el evemerismo

[Según la interpretación alegórica] La Madre de los Dioses es una diosa que da la vida, y por eso se la llama Madre. Atis es el artesano que nace y que perece, y he aquí por qué se dice que lo encontró junto al río Galo: Galo sugiere la Galaxia o la Vía Láctea, que es el límite superior de la materia sujeta a cambio. Como los dioses primeros perfeccionan a los dioses secundarios, la Madre se enamora de Atis, y le da los poderes celestes (que es lo que significa el bonete recubierto de estrellas); pero Atis, a su vez, se enamora de la ninfa; las ninfas presiden la generación, ya que todo lo que es engendrado fluye. No obstante, como era necesario que la generación tuviera un término, por miedo a que de lo que ya era malo surgiera algo aún peor, el artesano que producía todo eso abandonó sus potencias engendradoras en el mundo del devenir y de nuevo se unió a los dioses.

Ya se ve, esta interpretación significa el destino del alma, su caída en la materia y, de nuevo, su ascensión hacia los dioses por medio de ayunos y de ritos. Los relatos más extraños o más repugnantes pueden así cobrar un valor espiritual recordándonos las verdades más elevadas de la doctrina de la salvación.

Por lo demás, nada podía detener a los exégetas en el camino de la alegoría de los mitos divinos, puesto que su absurdidad misma era considerada para ellos como un estimulante para la búsqueda de significaciones escondidas. Salustio mismo expone este principio:

¿Pero por qué en los mitos se habló de adulterios, de raptos, de cadenas que aprisionan a un padre, y de tantas extrañezas? ¿No habrá ahí un designio admirable, con el fin de que, gracias a esa aparente extrañeza, el alma contemple de pronto esos relatos como velos y lo verdadero como una cosa inefable?

Una interpretación semejante da el emperador Juliano en su discurso *A la madre de los dioses*. Y añade una tesis interesante como corolario y justificación de su exégesis:

> Los antiguos investigaron las causas de los seres eternos, bien bajo la guía de los dioses o bien por su propia iniciativa o, por decirlo quizá mejor, lo buscaron bajo la guía de los dioses y, cuando las encontraron, las cubrieron con mitos paradójicos para que, por medio de lo paradójico y lo inverosímil, la ficción desvelada nos incitase a la búsqueda de la verdad. A la gente común creo que le basta la utilidad irracional y que proviene únicamente de los símbolos, mientras que a los que destacan por su inteligencia solamente les será útil la verdad acerca de los dioses si, investigándola bajo la guía de los mismos dioses, la encuentran y la aceptan, pensando por sus enigmas que hay que buscar algo en los mitos y que, tras encontrarla gracias a su investigación, les encamina hacia el fin y cumbre de su acción, no tanto por respeto y fe en una doctrina extraña cuanto por su propia energía espiritual (*A la madre de los dioses*, 10).

En *Contra el cínico Heraclio,* caps. 14-17, explica alegóricamente el mito de Dioniso y Sémele, y lo glosa así:

> Cuando los mitos que tratan sobre asuntos divinos son inverosímiles en cuanto a la razón, es como si nos gritaran y atestiguaran que no hay que creerlos llanamente, sino que hay

que observar y examinar su sentido oculto. En estos temas es tanto más preferible lo inverosímil a lo grave cuanto que, mediante esto, habría el peligro de creer que los dioses son muy bellos, grandes y buenos, pero son hombres, mientras que, por medio de lo inverosímil, mirando por encima del sentido evidente de las palabras, queda la esperanza de subir hacia su esencia abstracta y hacia su pensamiento puro que está por encima de todo lo que existe.

El emperador, que escribió el elogio del dios Helios, aúna el comentario alegórico con un sincretismo muy propio de su época. Es el caso de un filósofo, un ilustrado, conocedor del cristianismo, que no renuncia, sin embargo, al culto pagano y a la mitología, y puede mantener su fe gracias a esa interpretación alegórica[140].

En el repertorio enciclopédico que son las *Etimologías* de Isidoro de Sevilla encontramos los ecos de ambas corrientes, tanto del evemerismo como de la exégesis alegórica. Creo que es interesante observar cómo a los ecos de las tesis fundamentales se añade ya un tono cristiano, que ve la mitología como una suma de errores de los antiguos paganos. Dice, pues, San Isidoro:

Aquellos a quienes los paganos llamaron «dioses» se dice que en un comienzo fueron hombres, y que luego, después de su muerte, empezaron a recibir veneración entre los suyos, de acuerdo con la vida y los méritos mostrados por cada uno. Tal es el caso de Isis, en Egipto; de Júpiter, en Creta; de Juba entre los moros; de Fauno entre los latinos; de Quirino entre los romanos. Otro tanto cabe decir de Minerva, en Atenas; de Juno, en Samos; de Venus, en Pafos; de Vulcano, en Lemnos; de Líber, en Naxos; de Apolo, en Delos. Los poetas tomaron parte en sus alabanzas y, con los poemas que en su honor compusieron, los elevaron hasta el cielo. Cuentan que el invento de determinadas artes dio origen al culto de algunos de ellos, como Esculapio, por la medicina, o Vulcano, por la forja. Otros reciben su nombre de sus actividades, como Mercurio, que atiende a las mercaderías [*Mercurius quod mercibus praeest*] o Líber por su 'libertad'. Hubo también algunos que fueron hombres muy poderosos y fundadores de ciudades, en cuyo honor, al morir, las gentes agradecidas erigieron estatuas para encontrar consuelo en la contemplación de su imagen; pero poco a poco, y por incitación del demonio, tal error fue arraigando de tal modo en sus descendientes que a quienes se había honrado únicamente en recuerdo de su nombre, sus sucesores acabaron por admitir como dioses y les dieron culto. El uso de estatuas surgió cuando por deseo de los difuntos se les hicieron imágenes y efigies, como si se tratase de personas admitidas en el cielo, y los demonios los suplantaron en la tierra para ser venerados, persuadiendo a los engañados y extraviados a que les rindieran sacrificios[141].

Isidoro suscribe algunas etimologías propuestas por Cicerón, como es el caso de la de Saturno[142], y añade otras. Es difícil discernir qué es lo que toma de autores anteriores y lo que agrega de propia cosecha en todo este juego etimológico.

A Jano le dan este nombre porque viene a ser la puerta *ianua* del mundo o del cielo, o de los meses. Presentan a Jano con dos caras, teniendo en cuenta el oriente y el occidente. Cuan-

## 1. Interpretaciones de los mitos: El alegorismo y el evemerismo

do lo representan cuadrifronte y lo llaman Jano Gemelo, dicen que hace referencia a las cuatro partes del mundo o a los cuatro elementos o a las cuatro estaciones; pero cuando así lo representan, lo que nos muestran es un monstruo, no un dios. A Neptuno lo consideran señor de las aguas del mundo. Y lo denominan Neptuno, como si dijeran 'el que en la nube truena' *[Neptunus, quasi nube tonans]*. Pretenden que Vulcano es el dios del fuego, al que llaman Vulcano como un 'volante fuego' *[quasi volans candor]* o *volicanus* porque vuela por el aire, ya que el fuego nace en las nubes. De ahí que Homero dijera que el dios fue precipitado desde el cielo a la tierra, pues todo rayo cae del cielo. Y precisamente por eso se imaginan que Vulcano nació de un fémur de Juno, porque los rayos proceden de lo más profundo del cielo. Y se dice que Vulcano es cojo porque, por su misma naturaleza, el fuego no surge nunca recto, sino que, como un cojo, tiene una peculiar figura y movimientos. Afirman también que ese mismo Vulcano es el inventor de la fragua de los herreros, porque sin fuego no puede fundirse ni laminarse ninguna clase de metal[143].

A veces Isidoro da varias posibles etimologías, como alternativas para un mismo dios, ya que le interesa menos ser preciso que indicar o sugerir el origen natural de las erróneas divinidades de los paganos.

## 2. La mitología clásica en el Renacimiento

Con el redescubrimiento de los textos griegos y latinos, vuelven en el Renacimiento –sobre todo a partir de Italia– las figuras de los antiguos dioses y héroes. Vuelven en las representaciones plásticas, en la pintura y la escultura, en la poesía y en la retórica, y en las máscaras y motivos decorativos de las fiestas fantásticas de la época; vuelven en un suntuoso y alegre tropel, en un triunfo alegórico. Frente a esta presencia múltiple, y a esa evocación artística de la mitología, es muy poco lo que la época renacentista aporta en la interpretación y crítica de los mitos. Hay una enorme riqueza figurativa, como si la mitología fuera un libro de imágenes vistosas y lúdicas, y, en contraste, una gran pobreza hermenéutica o, más bien, un desinterés por la exégesis.

Es probable que entre esos dos aspectos haya una relación. Tal vez la incorporación o recuperación del repertorio mítico a la cultura literaria y artística de un modo

## 2. La mitología clásica en el Renacimiento

tan vivaz haya negado la distancia para la consideración crítica oportuna de un mundo que era para los renacentistas a la par próximo y extraño. Ese mundo lo enfocaba el hombre del Renacimiento con una cordial simpatía y con ojos de artista, fascinado por la poesía y la gracia de lo antiguo, en un afán estético singular. Los artistas y los escritores renacentistas han recreado los motivos y las figuras de los antiguos mitos con un amor sin límites por la belleza antigua. Pero el talante lúdico, el ambiente de fiestas, el regusto por la parodia, e incluso la mascarada y la ironía, no hacen sino matizar la impronta honda que toda la mitología resucitada por escultores, poetas, pintores y pensadores deja en el ambiente espiritual del tiempo; aunque sean pensadores y artistas cristianos, y a veces profundamente religiosos, quienes amparan ese renacer de lo pagano. ¿Qué sería el arte renacentista sin ese trasunto fantasmal de los númenes antiguos? Por doquier campean los amorcillos del cortejo de Venus, mientras la diosa del Amor y el astuto Eros reaparecen en mil formas, y ninfas, náyades y faunos corretean por paisajes selváticos o idílicos a los sones de la flatua de Pan. Júpiter, Marte, Vulcano, Minerva y el viejísimo Cronos, como tantos otros fantasmas del Olimpo, son evocados sin cesar. La luminosidad y la jovialidad de muchas escenas se enlaza con la prestancia poética de estas imágenes míticas. Sirven para expresar de modo plástico los aspectos gozosos de la existencia, para dar cuerpos y gestos a los anhelos de la sensibilidad, y para apelar a los misterios de la imaginación. Para eso el texto de la religión dominante, la doctrina cristiana, con su iconografía pobre y triste, con su austero desprecio de las galas del mundo, con su olvido de la belleza corporal, resultaba insípido y poco apropiado. El recurrir a la mitología clásica es mucho más que un juego formal. De algún modo podemos decir, como señaló K. Kerényi, que supone e implica una radical experiencia mítica. El mundo de la mitología reaparece ante el artista como un lenguaje cargado de incomparable riqueza semántica, simbólica, al que él puede recurrir para expresar una nueva comprensión del mundo.

¿Podría haberse revelado ese sentido mágico, místico y festivo de la naturaleza por otros caminos? ¿Hemos de considerar las imágenes míticas recurrentes como si fueran metáforas, máscaras sólo y disfraces de una romería fantasmagórica? En todo caso, queda claro que el Renacimiento revivió ese despliegue de figuras míticas con peculiar intensidad y que se sirvió de tales símbolos para expresar, con pasión y brillantez, una concepción del mundo muy diversa de la medieval. (Lo que no quiere decir que hubiera ningún corte brusco entre el Medievo y el Renacimiento; tan sólo que a nivel teórico hay una oposición de actitudes y de visión del mundo.) Sin embargo, no hubo en el Renacimiento una teoría sobre «el sentido mítico» que, dando un quiebro a la imaginería cristiana, justificara la reaparición de todo ese código de imágenes paganas.

En un espléndido estudio de Jean Seznec se indica que los dioses paganos «no resucitaron, porque jamás habían desaparecido de la memoria e imaginación de los hombres»[144]. En su supervivencia, los dioses antiguos fueron conocidos de los autores medievales, es verdad, y en ese aspecto no hay una ruptura entre la cultura de la Baja

Edad Media y el Renacimiento. Seznec apoya su tesis con un esfuerzo erudito considerable. Sin embargo, el énfasis con el que se recobra en el Renacimiento la mitología tiene mucho de singular. No sólo porque aquí los antiguos dioses recobran sus figuras, que en la Edad Media habían ocultado bajo disfraces diversos y estrambóticos, sino por la intensidad vital con la que ahora se les invoca, con un sentimiento que es muy distinto a lo medieval.

La cultura humanística renacentista fue riquísima en experiencias míticas. Escribe con razón Kerényi que, en la pintura de Boticelli sobre la *Primavera*, «hay al menos tanta mitología viva como cuanta pueda haber en el *Himno homérico a Afrodita*, traducido por Marsilio Ficino y transcrito en las *Stanze* de Poliziano». Mas precisamente esta excepcional riqueza de epifanías míticas y esa singular y apasionada disponibilidad a acogerlas mantuvieron al humanismo renacentista alejado de la «ciencia del mito», o sea, de aquella actividad crítica que indaga en términos racionales el origen, la formación, la historia y los valores de los mitos, encontrando en su rigor racionalista una compensación a la nostalgia por la pérdida de relación directa con las figuras míticas. Entendida así, la «ciencia del mito» es propia de épocas y culturas pobres en genuina mitología, y no debe, por tanto, resultar extraña su escasa presencia en el Renacimiento[145].

Hasta qué punto pueda percibirse como una experiencia mítica propia la de revivir ese repertorio mítico prestado, que ha perdido sus raíces en la religiosidad de la época y que se opone a la piedad cotidiana, es decir, a la religiosidad cristiana de los siglos XV y XVI, es algo difícil de precisar. Si el mito viene a ser, como ha subrayado Malinowski, «en su forma profunda y espontánea, no una explicación aprendida, sino una realidad vivida», está claro que toda esta mitología, que se recobraba en un contexto histórico tan distinto a su fondo originario, no podía funcionar como tal, sino como una mitología secundaria.

La recuperación de los mitos paganos sólo pudo hacerse desde una perspectiva escolástica y culta, y su reavivamiento, en tales condiciones, fue un irónico evocar las imágenes de los dioses perdidos, aunque la evocación se revistiera de pomposa ceremonia. La creencia en tal mitología fue irónica, lo que no quiere decir que fuera siempre desapasionada o que no hubiera tras la docta ficción mucho de vivaz. Justamente eso es lo singular en el Renacimiento: cómo artistas y poetas acertaron a insuflar un hálito joven y un gozo tal en la seducción de las figuras de antiguos dioses.

La experiencia mítica resulta aquí más estética que religiosa, cierto. Y es menos colectiva que propia del artista. Pero, aun así, hay en ella chispas de religiosidad y de popularidad. Las teorías sobre el mito como alegoría o como deformación de unos hechos o personajes de antaño de especial grandeza, de acuerdo con la tesis de Evémero, perduraron en la Edad Media y en el Renacimiento. Pero, junto con la admiración por todo el mundo grecolatino, en esta época se recobra una notable simpatía –*sympátheia*– hacia la mitología, y eso nos parece lo característico de esa recuperación nostálgica a veces y simbólica siempre. Hay, como indicaremos, un cierto

## 2. La mitología clásica en el Renacimiento

eclecticismo al mezclar motivos helénicos con otros cristianos, e incluso en la manera de ver y sentir los mitos.

Con todo, esa comprensión y afinidad estética y sentimental no es un mero arcaísmo, ni se contenta con el aprendizaje escolar y la reproducción de las historias antiguas, sino que se prolonga en un mitologizar activo, según las pautas de la conformación clásica, para la recreación de nuevas historias y leyendas épicas y elegíacas. Esto ya lo señaló J. Burckhardt:

> El desarrollo del mito antiguo, el juego de la imaginación en torno a sus lagunas son ahora muy productivos. La poesía italiana se apoderó muy pronto de este filón: citaremos como ejemplo –tras el poema *África* de Petrarca– la *Teseida* de Boccaccio, que pasa por ser la mejor de sus obras poéticas. Bajo Martín V, Maffeo Vegio compuso en latín un libro trece para añadir a la *Eneida;* luego se encuentran cantidad de ensayos sin gran valor en el género de Claudiano, una *Meleágrida,* una *Hespérida,* etc. Pero lo que hay de más notable son los mitos nuevamente imaginados, que pueblan las más bellas regiones de Italia de una muchedumbre de dioses, de ninfas, de genios, y también de pastores; pues aquí el elemento épico y el elemento pastoril son ya inseparables [...] Aquí se ve más claramente que en otra parte que los dioses antiguos tienen una doble significación en el Renacimiento: de un lado, reemplazan a las abstracciones, a las generalidades, y vuelven inútiles las figuras alegóricas; de otro, son al mismo tiempo un elemento de poesía libre e independiente, una especie de belleza neutra que puede encontrar su lugar en toda especie de poesía y que se presta a mil combinaciones variadas. Boccaccio abre la marcha con su mundo ima-

ginario de dioses y de pastores en los alrededores de Florencia, con su *Ninfale de Ameto* y su *Ninfale de Fiesolano,* que están escritos en italiano. Pero la obra maestra del género podría ser la *Sarca* de Pietro Bembo, los esponsales de la ninfa Garda con el río de este nombre, el magnífico banquete nupcial en una gruta del monte Balbo, las predicciones de Manto, la hija de Tiresias, sobre el nacimiento del niño Mincio, la fundación de Mantua y la gloria futura de Virgilio, que nacerá de la unión de Mincio con la ninfa de Andes, Maya. Sobre este bello rococó humanista, Bembo logró hermosos versos y, al final, una invocación a Virgilio que cualquier poeta puede envidiarle[146].

Sigue Burckhardt citando otros ejemplos. Entre ellos es el más interesante el de Sannazaro, que logra una admirable fusión de elementos cristianos y paganos en su delicada poesía. Pero vamos a recoger lo que parece ya un extremo producto de ese furor mitologizante: el poema de Hércules Strozza sobre la muerte de César Borgia, que es una pieza ocasional de esta retórica.

Se oyen las quejas de Roma, que había puesto toda su esperanza en los Papas españoles, Calixto III y Alejandro VI, y que, tras ellos, miraba a César como al hombre providencial.

El poeta aprovecha la circunstancia para contar toda la historia del príncipe hasta el desastre de 1503. Después pregunta a la musa cuáles fueron en el momento las decisiones de los dioses, y Erato le cuenta lo siguiente: en el Olimpo, Palas tomó partido a favor de los españoles, Venus por los italianos. Ambas diosas se echaron a las rodillas de Júpiter, con lo que el jefe de los dioses las abrazó, calmó a una y a otra, y se excusó de no hacer nada porque él era impotente contra el destino hilado por las parcas, pero las promesas de los dioses, les dijo, se realizarán por medio del hijo de la casa de Este-Borgia. Después de haber contado las aventuras maravillosas de las dos familias, afirma que no le es posible conceder a César la inmortalidad que tuvo que negar antaño a un Memnón o a un Aquiles, a pesar de intercesiones poderosas, y termina con la afirmación consoladora de que antes de morir César matará aún mucha gente en los campos de batalla. Marte se va por tanto a Nápoles a preparar allá la discordia y la guerra, mientras que Palas corre a Nepi y allí se aparece a César enfermo, bajo la apariencia de Alejandro VI, que tras exhortarle a resignarse y contentarse con la gloria de su nombre, desaparece –la diosa pontifical– «como un pájaro».

La poesía que se empeña en prolongar, imitándola, la antigua épica y lírica grecolatina nos da muchas veces una curiosa impresión de falsa, nos suena vacía y retórica, advertimos enseguida la parodia y nos parece un tanto cómica por su aire carnavalesco. Nuestra actual sensibilidad tiende a desacreditar enseguida esta retórica. Sin embargo, no debemos olvidar que tras ese manto pudo encubrirse un fervor paganizante que, en oposición a la tradición cristiana, defendía otros valores, recurriendo para su expresión a imitar los enredos descritos por Homero, a ese Olimpo acartonado o ingenuo. No deja de ser extraño y significativo que en este poema de consolación ante la muerte, dirigido al hijo de un Papa, no se recuerden las promesas trascendentes de Cristo, sino tan sólo la universal condena de la muerte, la obligada sumisión al destino común y el único consuelo de la fama terrena.

En muchos otros poemas y en muchas pinturas lo que advertimos es una fusión de notas paganas y cristianas. Venus presta su gracia a una Madonna o una Magdalena, pero a su vez recibe rasgos de la *mater dolorosa*[147]. Convertida en una práctica universal, esta mezcla de elementos se encuentra con mucha frecuencia en el arte. Pero, como señala E. Wind, sería absurdo buscar un misterio en cada imagen híbrida del Renacimiento. En principio, sin embargo, la costumbre artística de explorar estas oscilaciones y jugar con ellas fue sancionada por una teoría de la concordancia que descubría un misterio sagrado en la belleza pagana, instrumento poético al servicio de la transmisión del esplendor divino[148].

Los mitos, según Pico della Mirandola, encubrían bajo su velo poético un significado mistérico que sólo los espíritus más perfectos y elevados consiguen recobrar, y en esta sabiduría enigmática coinciden los mitos de la tradición pagana y los de la Biblia.

El sentimiento deísta o panteísta que anima la obra de algunos artistas acentúa su simpatía hacia esas figuraciones míticas, tan válidas como las cristianas, al menos en cuanto símbolos de un mundo divino trascendente que se refleja en multitud de alegorías y variedad de imágenes. Esta simpatía conduce a la interpenetración de motivos paganos antiguos y cristianos en un claro y pintoresco sincretismo.

Como señala Agnes Heller:

## 2. La mitología clásica en el Renacimiento

en el curso del Renacimiento se desarrolló un *cuerpo mítico unitario,* y no sólo en el sentido de que poetas, pintores y escultores recurrieran a una u otra de las reservas míticas (grecorromana, judía, cristiana) en busca de temas; lo más importante del caso fue que las anécdotas y los personajes de los mitos comenzaron a fundirse. El cardenal Besarión trazó un paralelo entre Homero y Moisés poniendo de relieve los aspectos en que ambos *se asemejaban;* el pueblo de Florencia consideraba igualmente símbolos de la ciudad a Bruto y a David; las figuras de Cristo y Sócrates (interpretadas asimismo míticamente) se volvían progresivamente una sola. Charles de Tolnay ha estudiado agudamente el punto culminante de esta tendencia en las obras de Miguel Ángel. Miguel Ángel retrata a Jesús niño a la manera de un *putto;* la Madonna Medici es realmente una sibila que mirase como un símbolo del Hado antiguo las tumbas de los dos Medici. El Cristo del Juicio Final es idéntico a Apolo: se alza en el centro de la composición como un poderoso y vengativo dios solar[149].

Por otra parte, ese sentimiento de simpatía hacia las figuras de la mitología pagana ayuda a expresar nuevos valores, como el de la belleza del cuerpo humano, esplendoroso en su desnudez, un aspecto que las figuras de los dioses antiguos venían a ejemplificar con noble prestancia, o el de la potencia del amor, que tanto los filósofos antiguos, especialmente Platón, como los mitos venían a demostrar.

Muy difundida por algunos prestigiosos escritores de la Antigüedad, y bien conocida en la Edad Media, la teoría de que los mitos eran relatos alegóricos, que bajo un disfraz poético y figurado estilo velaban una antigua y perenne sabiduría, encontró en el Renacimiento una aceptación extraordinaria. Con esta hermenéutica algunos filósofos tardíos, estoicos, neoplatónicos, eclécticos, habían tratado de salvar el prestigio de las fábulas míticas presentándolas como ficciones poéticas, en las que los sabios habían cifrado un enigmático mensaje, veraz y profundo, para que pasara inadvertido a los necios e ineducados, pero para que llegara a ser reinterpretado por otros sabios. Código cifrado, jeroglífico, el mito. Alegorías del mundo físico, los dramáticos sucesos divinos simbolizaban aconteceres del cosmos físico, fenómenos cósmicos, movimientos astrales, Zeus era el cielo, Hera el aire, Apolo el sol, etc. Alegorías del saber moral, cualquier leyenda podía ser leída como una imagen en clave de una sentencia moral. Los mitos son una trama selvática de metáforas y símbolos que el iniciado sabe descifrar. Minerva es la Prudencia, Venus la Belleza. Los atributos viriles de Mercurio simbolizan la fecundidad de la razón (Cornuto). Las Arpías que arrebatan los alimentos a Fineo son las cortesanas que arrebatan su hacienda al joven disoluto (Heráclito), etc.

Las apariencias míticas son el velo poético en el que quedan prendidas esas máximas profundas sobre la naturaleza de las cosas, una revelación que aguarda la sutil lectura del teólogo o del filósofo inspirado, mediador de los símbolos y las imágenes.

Fueron algunos filósofos de la Antigüedad, que querían recuperar para la filosofía todo el saber tradicional de los grandes poetas, quienes insistieron en esta explicación: Plutarco, Cicerón, Apuleyo, Macrobio, Servio,

## 2. La mitología clásica en el Renacimiento

Juliano, etc., ofrecían a los renacentistas apoyos sistemáticos para esta interpretación. El estoico Heráclito que escribió las *Alegorías de Homero,* Paléfato, Cornuto, Fulgencio, daban ejemplos de esta hermenéutica inagotable. Cualquier relato mítico, cualquier figura albergaba esas potencialidades de interpretación.

Los renacentistas acogieron esta teoría, que ya tuvo grandes adeptos en la Baja Edad Media –basta pensar en la tradición mitográfica medieval que culmina en el *Ovidio moralizado* en sus diferentes versiones–, con singular entusiasmo. Encajaba admirablemente en algunas tendencias de la época, en la que ese saber por enigmas y por misterios tuvo tantos adeptos. Los jeroglíficos, los emblemas, el universo críptico de la alquimia y la cábala, estaban en contacto con ese saber escondido y secreto, tan sólo revelado a unos pocos. Pico della Mirandola planteó escribir un libro sobre la naturaleza secreta de los mitos paganos que llevaría el título de *Poetica theologia.*

Afirmaba que las religiones paganas, sin excepción, se habían servido de una iconografía «jeroglífica»; y que habían ocultado sus revelaciones bajo la forma de mitos y fábulas destinados a distraer la atención del vulgo, para proteger así los secretos divinos de la profanación: «mostrando al vulgo sólo la corteza de los misterios y reservando el meollo del verdadero sentido a los espíritus superiores y más perfectos». Como ejemplo, Pico citaba los Himnos órficos, pues imaginaba que Orfeo había ocultado en ellos una revelación religiosa que deseaba fuera comprendida sólo por una pequeña secta de iniciados: «Siguiendo el uso de los antiguos teólogos, Orfeo entretejió los secretos de su doctrina con los adornos de la fantasía y los recubrió con ropaje poético. De este modo alguien podría pensar que en sus himnos sólo se contienen fábulas y simples bromas»[150].

Del mismo modo, «la Cábala era a la Ley escrita del Antiguo Testamento lo que los secretos órficos a los mitos paganos. El texto bíblico era la cáscara; la Cábala, el meollo», según Pico[151]. Apoyándose en Dioniso Areopagita, decía que «estas teologías no diferían en el fondo, sino sólo en nombre»[152].

Algunos de los más destacados humanistas florentinos se expresaron en el mismo sentido que Pico. Así Poliziano y Landino, vinculados a la renacida Academia platónica dirigida por Marsilio Ficino. Otra vez encontramos aquí el doble juego:

De hecho los mitos paganos sirvieron de vehículo al pensamiento filosófico del Renacimiento: cuando Lorenzo Valla trata acerca del libre arbitrio, simboliza la presciencia divina por Apolo, la omnipotencia por Júpiter; más tarde, bajo la influencia de la Academia florentina, Charles de Bouelles insuflará una nueva vida espiritual al viejo tema de Prometeo, remontándose así, esta vez, a la pura tradición platónica, la del *Protágoras*. Los simples eruditos y los poetas «platonizan» a su vez en ese sentido. [...]

Pero a la luz del neoplatonismo, los humanistas descubren en los mitos algo más, que rebasa las ideas morales: descubren una doctrina religiosa, una enseñanza cristiana.

La interpretación simbólica no permite únicamente, en efecto, discernir bajo las ficciones más diversas, y en apariencia menos edificantes, una elevada sabiduría: lleva a constatar el parentesco fundamental de esta sabiduría profana –cuya envoltura varía, pero cuyos preceptos son inmutables– con la de la Escritura. Del mismo modo que Platón concuerda con Moisés y Sócrates «confirma» a Jesús, la voz de Homero es la voz de un profeta; y los «Magos» de Persia y de Egipto, que disimulan también máximas sagradas bajo una que se insinuara, entre los humanistas, la idea en que había desembocado el paganismo declinante, a saber, que todas las religiones son equivalentes, y que bajo sus diversas formas –ya sean pueriles o monstruosas– se esconde una común verdad. Marsilio Ficino se inclina hacia una especie de teísmo universal, con el platonismo como evangelio[153].

Ciertos humanistas avanzarán por este peligroso sendero hacia sostener la universalidad de la alegoría en cualquier manifestación religiosa. La expresión más abierta de esto se encuentra en una confidencia epistolar de Mutianus Rufus a un amigo, bien recogida por Seznec:

*Est unus deus et una dea. Sed sunt multa uti numina ita et nomina: Jupiter, Sol, Apolo, Moses, Christus, Luna, Ceres, Proserpina, Tellus, Maria. Sed haec cave enunties. Sunt enim occulta silentio tanquam Eleusinarum dearum mysteria. Utendum est fabulis atque enigmatum integumentis in re sacra.*

Se ve aquí hasta dónde llegaban algunos humanistas: hasta la herejía inclusive. La exégesis neoplatónica, que les había abierto posibilidades inesperadas de conciliación entre la Biblia y la Mitología, les lleva ahora a confundirlas, hasta el punto de no aceptar ya el dogma cristiano más que en sentido alegórico. Es bueno, sin duda, que el pueblo continúe ingenuamente prestando fe a las enseñanzas tradicionales: los doctos, más instruidos, sabrán discernir en ellas, como en el paganismo, la inevitable concesión a la fabulación[154].

La alegoría sirve para justificar la presencia de múltiples imágenes paganas, como las que decoran, por ejemplo, los apartamentos de la abadesa del monasterio de San Pablo en Parma, pintados por Correggio: Diana cazadora, amorcillos en tropel, Adonis, Juno desnuda y colgada según el castigo que cuenta Homero (*Il.* XV 18 y ss.)[155]. Imágenes que, a primera vista, no parecen las más propias de un monasterio de monjas. Incluso después del Concilio de Trento, cuando la alegoría tiene que explicitarse con mayor claridad, pero sigue siendo un medio muy socorrido para evitar la censura y dar inocencia al uso de imágenes paganas o relatos antiguos de tono licencioso.

Un ejemplo famoso lo representa la inscripción grabada en la base de la famosa *Dafne* esculpida por Bernini:

*Quisquis amans sequitur fugitivae gaudia formae*
*fronde manus implet, baccas seu carpit amaras...*

Los versos son del cardenal Barberini –más tarde Urbano VIII–, que los improvisó para «remediar» los encantos turbadores de la ninfa y para apaciguar los escrúpulos del cardenal de Sourdis[156].

(Otras variantes del mismo mito explicado: «Febo aspira a la vana gloria del mundo, que es Dafne»; «Dafne es un alma perseguida por el diablo y salvada por la plegaria»; «la huida es el medio más seguro para escapar a las tentaciones».)

La interpretación alegórica encontró un gran foco en la Florencia de fines del siglo XV, donde es comentada por humanistas de enorme prestigio, reavivada por poetas como Poliziano, y reaflora en la pintura de Botticelli, de Rafael, de Ticiano y de Giorgione. Pero, sin duda, es justo reconocer que ya la Edad Media había avanzado por este camino.

La obra más importante del Medievo al respecto es la del *Mythographus III*, el repertorio compuesto por Alexander Neckham, que murió hacia 1217, y que merece ser considerada como la última *Summa* mitográfica medieval. El mismo Petrarca se servirá de ella para su poema *África*. Ahora bien, como señala Panofsky, una serie de textos anteriores a Petrarca avanzaron en la moralización de los mitos. Así el *Fulgentius Metaforalis* de John Ridewall, las *Moralitates* de Robert Walcott, los *Gesta Romanorum*, el *Ovide Moralisé* francés y sobre todo el *Ovidio moralizado*, que redactó en latín Pierre Bersuire hacia 1340, precedieron la vasta compilación mítica de la *Genealogia deorum*, en la que Boccaccio pasaba revista a todo un amplio material mitológico, tratando de avanzar hacia sus fuentes antiguas.

La *Genealogía de los dioses* de Boccaccio significa un paso hacia la actitud renacentista, por su respeto a la Antigüedad clásica y su afán erudito, más poético que teológico. En este amplio compendio culmina el saber enciclopédico medieval. La idea de partida y su concepción son medievales. Tratar de reducir la mitología clásica a un sistema y vincular cada figura, dios o héroe, al fundador de una raza o casta noble señala a Boccaccio como un hijo del Medievo. Obra de encargo, a petición del rey de Chipre, Hugo, le ocupó al escritor veinticinco años de su vida. Las emprendió a mediados del siglo XIV e influyó mucho durante unos doscientos años. Sólo a mediados del siglo XVI encontrará sucesión y competencia en las obras de L. G. Giraldi, Natale Conti y Vicenzo Cartari, tan estimados por los escritores del Barroco.

La *Genealogia deorum* de Boccaccio concluye con un elogio de la poesía:

> La poesía [...] es un ardiente anhelo de descubrimientos insólitos [...] Procede del seno de Dios y a pocos es concedida [...] Sublimes son los frutos de ese ardor: la mente se siente arrastrada por un deseo de expresarse, de hallar invenciones peregrinas e insólitas, de componerlas según un orden preciso, de adornarlas en un nuevo contexto de palabras y oraciones, de disimular su verdad con bellas fábulas.

Con una exaltación de la poesía comienza su libro *De laboribus Herculis* (1406) Colluccio Salutati (1331-1406), que ve la poesía como un himno que confiere rasgos divinos a las hazañas de los héroes. Para ambos la interpretación alegórica sigue siendo esencial. Pero hay algo más en su defensa de la poesía, que canta *sub cortice fabularum* la grandeza de los dioses y los héroes antiguos. (Basta comparar el libro de Enrique de Villena *Los doze trabajos de Hércules* [1417] con el del canciller florentino para advertir que el primero es un estudio medieval, y que en el segundo apunta un aire nuevo.)

## 2. La mitología clásica en el Renacimiento

La teología poética de que hablaba Pico, el neoplatonismo de Ficino, las alegorías de Poliziano, todo concordaba en ese sentimiento de admiración y entusiasmo. Mientras iba desapareciendo la vieja concepción de la realidad y florecían las *humanae disciplinae* y las «ciencias nuevas», los artistas redescubrían la antigua función de los mitos y restauraban su sentido, al tiempo que una conciencia ya madura reducía las visiones «divinas» y las convertía en bellas fantasías, para poblar los ilimitados espacios celestes y llenar con cantos los espacios sobrehumanos del absoluto, para apartar el temor del corazón de los hombres. Situándose por encima del humilde plano de una investigación humana, cuyo campo específico eran los *studia humanitatis* y las ciencias revalorizadas, el arte llegó a ser el ámbito en que el hombre se reencontraba con el sentido divino de la naturaleza, y el valor eterno de la vida: otra «teología poética», pero que esta vez empieza a comprender el origen y los límites humanos de sus «revelaciones», como explica Eugenio Garin.

Es justo recordar que el Renacimiento no trae consigo una resurrección de los dioses de la mitología pagana, sino que recoge una tradición medieval. Como señaló J. Seznec en su espléndido libro, «los dioses no resucitaron, porque jamás habían desaparecido de la memoria y de la imaginación de los hombres». Pero el problema fundamental, como ha señalado E. Garin, no es precisar hasta qué punto la temática mitológica pervivió en tiempos medievales y qué mayor acopio erudito proporciona el Renacimiento, sino que «el problema es este otro: la actitud hacia los dioses antiguos ¿sigue siendo la misma o, acaso, cambia radicalmente la valoración de las creencias paganas?».

Creo que Garin lo señala muy agudamente, cuando dice que

> Seznec, a pesar de su tesis, tuvo que reconocer algo muy importante cuando declaró que las expresiones tradicionales en el sentido de una «muerte» de los dioses al final del mundo antiguo, y de una «resurrección», se justificaban en cuanto que en la Edad Media «lo único que había sobrevivido era el *contenido*». Los antiguos dioses habían servido de vehículo a ideas tan profundas y tenaces que no podían morir [...]; había desaparecido la envoltura, la forma clásica. Se la habían quitado para cubrirlos con bárbaros disfraces que los volvían irreconocibles.

Son estas formas lo que el Renacimiento quiso restaurar, solucionando así el largo divorcio entre temas y motivos, la disyunción medieval de contenido y forma. Esa recuperación de las figuras clásicas, esa integración de las historias míticas y las imágenes bellas, es una característica del arte y la sensibilidad renacentistas, y es un presupuesto para gozar de la mitología en su plenitud y en su autonomía significativa.

Junto a esta «restauración» de las formas de las divinidades antiguas en su plenitud y en su belleza, «al margen de la inserción de esos mitos en la economía del cristianismo», el Renacimiento propone una revalorización de la poesía como expresión del mundo, un nuevo saber poético, al margen de la teología oficial, el reconocimiento de que a través de esos bellos mitos se expresa también la velada sabiduría eterna y en la belleza antigua también se revela la plenitud de la vida.

La Edad Media trató de aprovechar gran parte de las doctrinas heredadas de la Antigüedad, tanto en saberes como en motivos, pero con su falta de perspectiva no pudo establecer lo heredado en su contexto, sino en forma de mezcla un tanto abigarrada y confusa. De ahí que, una vez que mediante la alegoría y el evemerismo podía evocar las figuras de los dioses antiguos, lo hiciera con una mirada familiar, como si hubieran sido personajes surgidos de su propio tiempo, con trazas medievales. Así, un Mercurio puede ir vestido de obispo, un Júpiter aparece como un noble tonsurado, y una virgen de Reims tiene el porte de una vestal venerable. Hay un mantenimiento de los nombres y las historias, pero una pérdida de los trazos auténticos y distintivos de las figuras clásicas. Hay, pues, en lo medieval, un «principio de disyunción», según señala Panofsky:

> Cada vez que en la Edad Media plena y tardía una obra de arte toma su forma de un modelo clásico, esa forma es investida de una significación no clásica, normalmente cristiana; cada vez que en la Edad Media plena y tardía una obra de arte toma su tema de la poesía, la leyenda, la historia o la mitología clásicas, ese tema es representado en una forma no clásica, normalmente contemporánea.

Y Seznec dice lo mismo:

> A la luz de estos análisis, el Renacimiento se nos aparece como la reintegración de un tema antiguo en una forma an-

tigua: se puede hablar de Renacimiento a partir del día en que Hércules recuperó su contextura atlética, su maza y su piel de león. En modo alguno se trata de una resurrección: Hércules nunca había muerto, como tampoco Marte o Perseo; cuando menos, el nombre y la idea de estos dioses habían sobrevivido tenazmente en la memoria de los hombres. Únicamente su apariencia se había desvanecido, puesto que Perseo vivía con el aspecto de un turco, y Marte con el de un caballero. [...] El Renacimiento aparece por consiguiente, no ya como una crisis súbita, sino como el final de un largo divorcio; no como una resurrección, sino como una síntesis[157].

La erudición mitológica del Renacimiento culminará más tarde, a mediados del siglo XVI, en ciertos repertorios, de gran éxito y difusión. Los más importantes son los de Lilio Gregorio Gyraldi *De deis gentium varia et multiplex historia* (Basilea, 1548), de Natale Conti *Mythologiae sive explicationum fabularum libri decem* (Venecia, 1551) y Vincenzo Cartari *Le immagini colla sposizioni degli Dei degli Antichi* (Venecia, 1556). Estos manuales ilustrados son un monumento de erudición: una multitud de figuras divinas se aglomeran en una confusa y demónica algarabía. En la Europa del Barroco, que anuncian, serán de gran utilidad, pero frente al entusiamo y a la serena admiración del humanismo, son un signo de decadencia. Ya no hay intentos de reconciliar estas figuras con la piedad cristiana. Lo que aquí se expone es erudición para uso de los poetas y de los retóricos. Son diccionarios mitográficos, que no fueron necesarios en el esplendor del Renacimiento italiano (entre Boccaccio y Gyraldi no aparece en Italia ninguna historia de los dioses; más bien recuerdan, con nuevas figuras, los doctos repertorios medievales). Ya se acabó el culto pagano de la vida. Son los tiempos de Trento y la Contrarreforma. El frágil equilibrio entre la admiración poética por la belleza y el culto pagano de la vida y la fe cristiana ya ha hecho crisis. Es el tiempo de la reacción.

Al fervor sucede una admiración reticente e inquietante, llena de escrúpulos; a la embriaguez de la belleza un frío interés arqueológico, una curiosidad de eruditos. Dejan de ser un objeto de amor para convertirse en tema de estudio. Se renueva así la tradición medieval de los *Libri de Imaginibus Deorum;* ¡reaparecen así, por un extraño retorno de las cosas, los dioses de Marziano Capella! Los Olímpicos ceden ante los ídolos de Egipto y de Siria, como en el crepúsculo del mundo antiguo[158].

En España los paralelos, tardíos y no muy poéticos, de estos repertorios son el grueso libro de Juan Pérez de Moya *Philosophia secreta, donde debajo de historias fabulosas se contiene mucha doctrina provechosa a todos los estudios,* con el *Origen de los ídolos o dioses de la gentilidad* (al menos cuatro reediciones), y el *Teatro de los dioses de la gentilidad* de Fray Baltasar de Vitoria, prior del convento de San Francisco de Salamanca, que apareció en 1620, con una «aprobación» justamente de Lope de Vega. Ya en su mismo título ambas obras proclaman su barroquismo y su concepción alegórica. Fueron muy utilizadas por muchos escritores de nuestro tardío Siglo de Oro, especialmente por dramaturgos y poetas cortesanos.

En resumen, el Renacimiento recobró a los dioses paganos con sus figuras clásicas y se entusiasmó con su teología poética. Incluso intentó, en un impulso de fervor poético, un sincretismo con la doctrina cristiana. Pero luego la mitología volvió a ser erudición alambicada y peregrina, un *pandemonium* de la imaginería antigua. A pesar de su enorme simpatía, y quizás por ello, el Renacimiento no buscó nuevas explicaciones a las que recibió; el alegorismo y el evemerismo le parecieron aceptables.

A los renacentistas les faltaron elementos importantes para una visión más amplia. Los descubrimientos de nuevas culturas y de pueblos primitivos con sus mitologías –que luego se verán similares a las de la Antigüedad– serán al respecto decisivos para un comparatismo, que no se desarrolla hasta el siglo XVIII. No llegaron tampoco los renacentistas a afinar su perspectiva histórica de modo que advirtieran las fases de la tradición religiosa griega, y así metían en un mismo saco a los dioses de Homero y a los de los tardíos himnos órficos, a las figuras de la *Teogonía* hesiódica con las de dioses orientales de cultos mistéricos helenísticos. Conocían mejor a Plutarco que a Esquilo, y no atendieron a las raíces sociales de lo mítico. Su perspectiva era deficiente en antropología, ciertamente. Vieron los mitos como creaciones de la poesía antigua, o como ficciones fabulosas y enigmáticas cifradas por unos pocos sabios, más que como las creencias de una comunidad arcaica. Teorizaron poco sobre el tema. Pero se sirvieron de los mitos, recuperados con gracia y fervor, para expresar y representarse el sentido divino de la naturaleza, recogiendo ecos de un antiguo paganismo. De ellos hemos aprendido mucho.

## 3. La perspectiva romántica sobre el mito

### El rechazo del racionalismo y la alegoría. El mito como originaria visión poética

En la perspectiva crítica adoptada por varios ilustrados y filósofos racionalistas del siglo XVII y posteriormente del XVIII, la visión del mundo que representaban los mitos era una fantasmagoría absurda e infantil, un cúmulo de relatos e imágenes surgidos del terror y la fantasía primitiva, y sustentados por la superstición y la ignorancia, que un pensamiento crítico, racionalista e ilustrado debía denunciar y marginar por completo. Como escribe C. Jamme: «Los mitos parecían equívocos, aberraciones del espíritu humano; se comprendían como deficitarios, prerracionales, como etapas primarias en el desarrollo de un conocimiento en progresión». A finales del siglo XVIII, el deísmo se oponía a cualquier tradición; la tesis del «engaño sacerdotal» veía entonces en los mitos la obra de sacerdotes ávidos de poder. De manera destacada, esta tesis del engaño sacerdotal como origen de la producción de mitos se halla sobre todo en Nicolás Fréret, en 1756; se opone a una racionalización eufemística de la mitología que se queda excesivamente corta, y subraya, antes que nada, el despotismo arbitrario de los poetas, que habría convertido la religión griega en algo carente de sistema. Fontenelle veía en los mitos «una historia de los errores del espíritu humano». Los mitos son a sus ojos un producto errático de la fantasía, surgido en una etapa primitiva y salvaje de la Humanidad, un repertorio de fantasmas manipulado luego por poetas irresponsables y sacerdotes taimados que sacan provecho de la ingenuidad popular. Des Brosses, por su parte, veía en la ignorancia y el terror las fuerzas impulsoras de las imágenes primitivas de los dioses, personificaciones míticas de fenómenos naturales. (Una teoría que bien podría remontarse a Demócrito, y aún resuena en algunos pensadores modernos, desde luego.) Todos los pueblos primitivos tuvieron unas mitologías pintorescas, que se mostraban en lo esencial parecidas a las de los antiguos, con sus fabulaciones extrañas y monstruosas, que sólo podían explicarse como oscuros balbuceos de la fantasía, en una edad en que no alboreaban aún los progresos de la razón.

Pero frente a esa concepción tan racionalista y desdeñosa del alcance y sentido real de la mitología, contra esta visión ilustrada tan reductora y satisfecha en su pretensión de entender la vida y comprender el mundo mediante conceptos precisos y claros, los románticos se alzaron en defensa del universo mítico, fantástico,

## 3. La perspectiva romántica sobre el mito

poético y fascinante. En ese movimiento intelectual que reivindica la veracidad y hondura de los mitos fueron unos cuantos pensadores alemanes quienes elaboraron, en unos decenios, toda una teoría de la mitología, invirtiendo la valoración de los positivistas ilustrados. Aceptaron la fuerza de la imaginación como un complemento a los estrictos esquemas de la razón, insuficientes para dar cuenta de la vida de la cultura y las creaciones del espíritu. Ellos recelaban del progreso universal de la razón y su orgulloso menosprecio de la sabiduría del pasado, y, en revancha y con animoso fervor, postularon un amplio crédito a los logros antiguos de la imaginación poética y renovaron la interpretación del legado mitológico. Y así surgió un cambio profundo y radical en la perspectiva de la apreciación del mito y su prestigio[159].

Por regla general, los románticos asociaban de forma muy directa *mito* y *sabiduría*. Era preciso estudiar los mitos porque eran la voz majestuosa de un tiempo original, que era más sabio y más creador; los mitos podían ser considerados como emanaciones de la sabiduría original; eran los depositarios privilegiados de la sabiduría y la santidad primordiales, las cuales permitían comprender la profunda realidad del ser humano todavía sin malograr por las degradaciones producidas por los progresos históricos (Duch, p. 129).

Para los pensadores románticos, el retorno a las fuentes míticas libera el sentimiento y la imaginación, que habían sido fuertemente reprimidos por una reflexión filosófica basada primordialmente en la cuantificación y en la verificación.

Los románticos, sobre todo en su interpretación del mito, abandonaron el formalismo de la filosofía kantiana que hasta entonces prevalecía en Alemania. La consecuencia de este abandono fue la creación de una nueva mitología. Por otra parte, los románticos eran del parecer que la liberación del ser humano, que había de realizarse mediante el mito, lo conduciría a comprender y a disfrutar su verdadero fundamento espiritual, ya que —como escribe Gusdorf— : «la función mítica rige un espacio transracional, donde se elaboran las formas primitivas del ser y del conocer (Duch, p. 127).

## Los simbolistas románticos y las filosofías de la mitología

Esta acogida del mito como expresión auténtica de un saber redivivo y valioso sobre el mundo y el destino humano refleja una nueva etapa en la consideración del mismo y abre los caminos a una nueva hermenéutica. Podemos recordar los nombres más destacados de esta nueva actitud hacia lo mítico, todos ellos muy significativos de la cultura alemana de finales del XVIII y la primera mitad del XIX. Son los de Johann Gottfried Herder (1744-1803), Karl Philip Moritz (1756-1793), Johann Joseph Görres (1776-1848), Friedrich Schlegel (1759-1805), Georg W. Fr. Hegel (1770-1831), Georg Friedrich Creuzer (1771-1858) y Friedrich W. J. Schelling (1775-1854). A ellos se podrían agregar los de tres grandes poetas de ese tiempo: Goethe, Schiller y Hölderlin[160], que, cada uno a su manera, participaron del fervor entusiasta hacia

## 3. La perspectiva romántica sobre el mito

la mitología griega, aunque no teorizaran por extenso sobre sus sentimientos.

Sin embargo, al margen de esa corriente intelectual germánica, que se sitúa entre el neoclasicismo y el romanticismo, tan apasionada por alcanzar y entender a una nueva luz el mensaje poético y espiritual de los mitos griegos, parece justo recordar a un precursor solitario y marginal –cuya influencia no llegará hasta muy tarde al mundo académico europeo– de la nueva manera de recobrar el pasado. En su libro *Principi di scienza nuova* (1730), el napolitano Gianbattista Vico (1668-1744) había expresado una nueva interpretación del proceso histórico, en la que el ser humano, enteramente responsable de la marcha de la historia, va progresivamente construyendo por sí mismo su cultura desde la edad del mito a la final de la razón. Y en esa historia de la formación de la civilización Vico señalaba tres etapas. La primera era la edad de las mitologías arcaicas. Aunque el progreso lleva al hombre a superar en cada etapa la anterior, ésta no queda suprimida, sino asumida en la siguiente. Así que esa fase inicial, la de «la producción mitopoética», debe ser comprendida en su función seminal. Revaloriza, pues, el saber mitológico desde este enfoque. Como señala Duch:

> Vico, reaccionando contra las interpretaciones habituales de la Ilustración, observa que el desciframiento racional del mito ha de dar paso a una hermenéutica comprensiva, porque el sentido del mito sólo es revelado a quien es capaz de simpatizar con la experiencia vivida en un tiempo en el que la exigencia mítica había ayudado a forjar un sentido y un valor ilimitados de la humanidad (p. 125).

De entre los escritores alemanes mencionados, Moritz merece destacarse como el primero en defender el valor de la mitología como poesía, una poesía dotada de una interna y propia belleza, de valor trascendente, no sólo impregnada de un gran valor estético, sino de una misteriosa y perenne veracidad, con una esencia enigmática, puesto que los mitos expresan su mensaje simbólicamente. Ya Moritz, como luego harán otros, rechaza la explicación alegórica de los mitos, como banal y artificiosa:

> El mito –dice– no es alegoría, ni tampoco una verdad prosaica expuesta por medio de parábolas; el mito es poesía [*Dichtung*]. [...] Los poemas mitológicos deben ser vistos como lenguaje de la fantasía: como tales constituyen un mundo completo y surgido del contexto de las cosas reales.

Herder, por su parte, insiste en que lenguaje, poesía y mitología tienen su origen común en el espíritu humano y en el genio popular. A través de los mitos se expresa el espíritu colectivo, y la poesía va unida radicalmente al mito y a la religión. Los poetas han dado forma al mito, que a través de sus bellas palabras habla de las profundidades del alma humana, y de la naturaleza más profunda del mundo, donde se reconcilian la belleza y la verdad. Con un estilo metafórico, Herder dice que «la creación es un símbolo, un jeroglífico de Dios»[161]. La obra de Herder, con su poderosa retórica, obtuvo una notable difusión y su influencia resuena en muchos autores cercanos.

Así, por ejemplo, en Fr. Schlegel, quien en su *Discurso sobre la mitología* (1800), tras argumentar en la línea

### 3. La perspectiva romántica sobre el mito

romántica ya indicada que ésta es la base más firme de la poesía, reclamaba la creación de una nueva mitología, una mitología moderna y germánica, basada en el entusiasmo y la ironía. Como el sabio Herder y otros doctos pensadores de su época, fascinados por las auras del hinduismo, Schlegel pensaba que esa renovación poético-mítica había de llegar del Oriente, cuna de la poesía y la mitología más antiguas y más genuinas. (Era la época en que los textos sagrados de la India llegaban por entonces a Europa como una honda revelación poética y sapiencial. En su libro *Sobre el lenguaje y la sabiduría de los hindúes* (1808), Fr. Schlegel buscaba en la India los orígenes de los mitos griegos. En esa misma línea escribieron por entonces otros teóricos de la mitología antigua, como Görres, Kanne y Creuzer)[162].

Pero fue Friedrich Creuzer el teórico más significado de estas ideas en el ámbito del pensamiento romántico alemán, y quien daría a las tesis ya divulgadas sobre el simbolismo mítico y el origen oriental de la mitología su perfil más aguzado. Su obra fundamental, *Symbolik und Mythologie del alten Völker,* en cuatro tomos (Leipzig-Darmstadt, 1810-1812) tuvo una gran repercusión en su época y suscitó pronto una amplia polémica.

El término clave en la perspectiva de Creuzer es el de «símbolo», esencial para entender el concepto de mito y de mitología, como expresión simbólica y conjunto de símbolos. Con una perspectiva marcadamente neoplatónica, Creuzer afirma que la primitiva mitología ofrece un saber de naturaleza religiosa y ética, que recoge y refunde intuiciones básicas de la esencia de la naturaleza y lo divino, percibidas a partir de los símbolos y expresadas a través de los mitos. Del lenguaje simbólico surgen los relatos míticos, reelaborados y transmitidos luego por los sacerdotes y los poetas, que son los mediadores de esa sabiduría arcaica. El mito aparece pues como un ropaje verbal del símbolo, y refunde en palabras la impronta religiosa y el saber originario que viene de aquél[163]. La obra de Creuzer suscitó una fuerte polémica; tuvo fervorosos admiradores y denodados adversarios. (Entre éstos se contaban grandes filólogos e historiadores del mundo griego: Gottfried Hermann, Johann Heinrich Voss, C. A. Lobeck y K. O. Müller.)

Aunque Hegel no utilizara el concepto de «símbolo» en el sentido de Creuzer, aceptaba muchos puntos de su teoría. Pero para él, la energía representativa del saber de la mitología queda limitada a un momento muy arcaico y superado en la marcha histórica del espíritu. También Hegel compartía el fervor romántico por el arte griego y sus bellas imágenes, pero consideraba que el auténtico fervor mitopoético pertenecía a una etapa primigenia del progreso intelectual[164]. La religión del politeísmo helénico, así como todo el bello repertorio de sus figuras divinas, quedaba como un fulgurante logro antiguo y rebasado por la marcha progresiva de la Razón en la concepción de la Historia del gran filósofo idealista.

Schelling (1775-1854) dedicó gran parte de su labor filosófica a la reflexión sobre el mito, con un enfoque muy influido por los poetas románticos y por otros pensadores, como Moritz, Herder y Creuzer. Para él la mitología es una forma de conocimiento y expresión simbólica de la realidad a un nivel profundo y poético. No es sólo un producto del pasado que se ve superado por los progre-

### 3. La perspectiva romántica sobre el mito

sos de la razón, sino una auténtica dimensión espiritual que debe pervivir en el presente. El pensamiento mítico tiene una esencia propia y positiva en la irrenunicable dimensión religiosa del existir humano. En su gran obra *Philosophie der Mythologie* (de publicación póstuma en 1856, pero que recoge sus lecciones universitarias desde 1820 a 1850), Schelling insiste en que la verdadera comprensión del mito debe advertir el profundo alcance de su representación poética de la vida. Y ésa es una labor esencial que compete a la filosofía: comprender el sentido y el valor del mito, entendido en la dimensión de su original sistema simbólico. Ahí surge, como un desafío intelectual decisivo, su «Filosofía de la mitología»:

> Escrutar el origen y la significación de la mitología –escribió– es una labor importante y digna de nuestro tiempo. No es el azar ni la intención de lanzarme a una disciplina nueva, aparentemente extraña a mis anteriores trabajos, lo que me ha incitado especialmente a tratar esta materia en público. Lo que me hizo decidirme es sobre todo la relación natural que esta investigación (sobre la mitología) mantiene con las exigencias más auténticas, con los requerimientos más profundos de nuestro tiempo, que, aunque no se conozcan perfectamente, se sienten con claridad[165].

A través del mito, y sus representaciones e intuiciones, la humanidad alcanza un conocimiento de lo divino, avanzando más allá de lo que puede conocerse por medio de conceptos y la experiencia objetiva del mundo. No se trata, pues, de glosar el mito como un lenguaje anticuado y fantasioso, sino de un instrumento necesario de la conciencia humana en su relación con lo divino. De ahí que Schelling se apunte, como otros románticos, a la idea de un renacimiento de la mitología, una «nueva mitología». De ahí también que rechace, como otros pensadores de su tiempo, la interpretación alegórica de manera radical[166]. No hay traducción del mito al lenguaje del logos. Los mitos quieren decir justamente lo mismo que dicen. Son *tautegóricos*. Esa afirmación del valor del mito para la comprensión del sentido de la vida se desliza en la filosofía idealista de Schelling hacia una relectura muy personal de la mitología en clave monoteísta y concluye postulando, a fin de cuentas, un nuevo horizonte para el mito renovado, en un marco teológico de raíces claramente cristianas, de acuerdo con su *Filosofía de la revelación*.

## La perspectiva historicista: K. O. Müller

Los historiadores de la religión griega y algunos filólogos clásicos ofrecieron pronto firmes objeciones críticas a las teorías de los simbolistas. Entre esos investigadores de la mitología griega, el más destacado, por la claridad de sus críticas y la solidez de sus argumentos, fue, sin duda, Karl Ottfried Müller (1797-1840). Su libro *Prolegómenos a una Mitología científica* (*Prolegomena zu einer wisseschaftlichen Mythologie,* 1825), sigue teniendo a mucha distancia una validez en sus claros presupuestos y aportaciones. El título, de resonancias kantianas, anuncia ya el firme propósito de Müller de fundar la mitología sobre una base científica, es decir, objetiva, críti-

## 3. La perspectiva romántica sobre el mito

ca y sobre datos precisos. Hay en él un empeño histórico por situar los mitos en un contexto cultural definido —y su investigación, con una cierta aura romántica, ofrece cierto parecido a las investigaciones de los Grimm, con un estilo austero y muy distante de la retórica brumosa de los filósofos idealistas—. K. O. Müller rebate, con una sensata serenidad, las opiniones generales más emblemáticas de los filósofos simbolistas y encauza la investigación mitológica en una senda positiva y científica.

Las tesis más notorias de sus adversarios y en boga entonces eran éstas: los mitos griegos tienen un origen oriental, derivando de los mitos más antiguos de la India; en los mitos se expresa una sabiduría profunda y arcana, poética a la par que filosófica; los mitos fueron configurados por los sacerdotes, quienes encubrieron su esencia simbólica con sutiles palabras para comunicarlos al pueblo ingenuo y crédulo. No se necesitaba una larga discusión para rebatir estas tres tesis y mostrar cuán escaso era su fundamento real o histórico. De los mitos indios no se podía precisar la antigüedad y era muy evidente, cuando se analizaban en detalle, que no habían servido para troquelar los mitos griegos. Tampoco podía admitirse como una creencia fundada y firme que los mitos albergaran lecciones de una sabiduría profunda y cargada de símbolos ni que hubieran sido reelaborados por los sacerdotes (una tesis también sostenida antes por algunos ilustrados). Según Müller, los mitos eran creaciones del pueblo —de lo que otros románticos llamaban el espíritu popular—, y eran intentos de reflejar, a su modo fabuloso y con una forma imaginativa, las experiencias humanas elementales ante los fenómenos del cosmos y la naturaleza, así como una cierta idea de los fundamentos de la sociedad más antigua. Los mitos habían surgido en circunstancias que los perfilaban y expresaban; eran inquietudes y visiones de una época muy antigua, transmitidas en una larga y variada tradición, primero oral y luego escrita, que convenía estudiar con precisión[167].

Partiendo de la idea de que los mitos expresan una realidad singular y que lo hacen con una fantasía propia, conviene atender a cómo esos mitos griegos nos han llegado en una tradición que ha resultado decisiva en la configuración de los mismos. Porque no poseemos la forma originaria de ese mensaje mítico, sino las versiones transmitidas por una tradición de muchos siglos, primero oral y luego escrita, y condicionada por los intereses y hábitos narrativos de sus relatores, poetas e historiadores. Los motivos originales de los mitos se han conservado a través de su mediación histórica y literaria, marcada por las tendencias y gustos de cada época. También hay que prestar atención, además de a los grandes textos literarios, a los ritos y leyendas locales, y a las imágenes y datos de la arqueología para reconstruir ese legado de múltiples reflejos.

Para acercarnos al origen de los mitos, para alcanzar lo genuino de sus mensajes, hay que investigar y analizar esa tradición, con sus variantes según los diversos contextos, las épocas y los lugares. Con un método histórico, y en gran medida filológico, Müller estudia la mitología griega, y pone así las bases metódicas para una investigación científica de la transmisión y sentido de los mitos. Con su crítica de las elucubraciones filosóficas y las generalizaciones apresuradas, y su enfoque riguroso con

### 3. La perspectiva romántica sobre el mito

una metodología histórica, incluso arqueológica, Müller sitúa la mitología en el terreno riguroso de las Ciencias de la Antigüedad. A pesar de su breve vida, dejó una obra de imponente solidez y muy decisiva para la orientación de estos estudios, que encarriló positivamente la tarea exegética en la recepción de los mitos. Es justo que su obra haya recibido, incluso muchos años más tarde, un sincero aplauso de grandes filólogos (de U. von Wilamowitz, por ejemplo).

Mucho más discutible, desde el punto de vista de los filólogos, pero sin duda más resonante a la larga, resultaba la interpretación de los mitos por parte de J. J. Bachofen (1815-1887), quien, por un lado, recoge ideas fundamentales de Creuzer –como la distinción entre símbolos y mitos, y el aspecto secundario de estos respecto a aquellos– y, por otro, busca analizar en los relatos míticos las huellas y testimonios de un modo de pensar que refleja las condiciones de la sociedad arcaica que los produjo. Así inaugura una perspectiva arqueosociológica que va a tener una larga influencia en pensadores muy varios. Si bien es ya muy notable su estudio acerca de los símbolos en las inscripciones sepulcrales (1859), fue su libro sobre el derecho matriarcal, *Das Mutterrecht* (1861), el texto que ha hecho famoso su nombre, ligado para siempre a su teoría sobre mitos y matriarcado. Para Bachofen «el mito es la exégesis del símbolo», y por ahí continúa la línea hermenéutica marcada por Creuzer; pero, al mismo tiempo –él, que, aunque romántico, era un jurista y no un poeta– subraya que los mitos –que surgen de y se mantienen en el 'espíritu popular', el *Volksgeist*– reelaboran una visión simbólica originaria y religiosa, pues quieren dar respuesta a las grandes cuestiones de la existencia, y así guardan vestigios precisos de la sociedad que los configuró en una época anterior a la histórica:

> La tradición mítica aparece como la fiel expresión de la vida de aquellos tiempos en los cuales tiene sus fundamentos el desarrollo histórico del mundo antiguo, cuando la manifestación del modo original de pensar, como una inmediata revelación histórica, sitúa el proceso entero de este progreso en su más clara luz.

Así, los mitos conservan el testimonio más trascendente de los hechos y creencias de ese remoto pasado. El más destacado de esos vestigios de las normas de una sociedad prehistórica que los mitos atestiguan a partir de sus reliquias es la existencia del matriarcado en el área europea, en una etapa anterior a la de la religión olímpica. La tesis de que en el ámbito religioso mediterráneo hubo un matriarcado, con diosas madres como figuras dominantes, antes de que se impusiera el panteón indoeuropeo con su estructura de la familia patriarcal presidida por un dios padre –Zeus o Júpiter–, surge de un análisis de los símbolos latentes en los mitos griegos. Ese matriarcado primitivo sufrió algunos cambios y quedó luego reprimido por una sociedad nómada y guerrera, en la que los hombres impusieron su dominio y en la que, consecuentemente, los grandes dioses indoeuropeos de moradas celestes desplazaron del poder a las antiguas diosas madres, divinidades de la tierra y la fecundidad[168].

## 3. La perspectiva romántica sobre el mito

Con esa tesis, Bachofen sacudió el panorama de los estudios mitológicos e influyó en algunos importantes teóricos de la sociología posterior[169]. Ecos de esa teoría sobre el matriarcado y la memoria simbólica de los mitos se encuentran en escritores muy diversos del siglo XIX y del XX: desde Engels y Marx hasta Eliade, o bien en ensayistas y novelistas como Robert Graves, y varias escritoras feministas todavía hoy.

### Sobre la posición de F. Nietzsche, joven filólogo heterodoxo

Es en *El nacimiento de la tragedia en el espíritu de la música* (1871), la obra del joven profesor de Filología Griega de la Universidad de Basilea Friedrich Nietzsche (1844-1900), donde encontramos expuestas, en un peculiar estilo fervoroso y exaltado, sus ideas sobre la función del mito en la cultura y la vida griegas. En su perspectiva sobre la genuina intuición griega del sentido de la vida y el papel del arte trágico, se resalta el papel del mito, fundamento de la épica y la tragedia. Se expresa a partir del mito una hermosa justificación de la existencia, justificación estética a la par que religiosa, gracias a la representación de la mítica armonía de imágenes y figuras divinas, con una fe que invita a superar la experiencia del dolor ubicuo y la fragilidad de todo lo humano. Allí, en la conjunción del impulso dionisíaco y el apolíneo, en ese espléndido *agón* cósmico, eterno combate y fiero abrazo entre el luminoso dios Apolo y el delirante Dioniso, el señor de la máscara y la fiesta teatral, se ofrece un símbolo de la aventura trágica que es siempre la dolorosa existencia individual. En el éxtasis dionisíaco el ser humano puede sentirse en comunión con el universo, ese torbellino por donde lo arrastra el impulso ciego de la vida sin razón ni límites, bajo el impulso de la Voluntad universal, según la filosofía pesimista de Schopenhauer. En la pérdida de Dios en el horizonte de la modernidad (cuando, según la frase de Nietzsche, «Dios ha muerto») surge esa búsqueda del fervor mítico, y en esta profunda intuición, en buena medida compensatoria y nostálgica, se recobra o redescubre la figura salvadora de Dioniso, un dios trágico[170]. En la dialéctica de lo apolíneo y lo dionisíaco surge el arte trágico, y con él una sabiduría basada en las enseñanzas del mito (algo que luego Sócrates y Eurípides, críticos y decadentes, arruinarán con su empeño racionalista). El dios Dioniso, divinidad muy singular en el panteón helénico, un dios viajero y extraño, filantrópico y cruel, celebrado en el ditirambo y en el frenético danzar de las fiestas báquicas, es elevado en la representación nietzscheana a un magnífico símbolo del eterno drama existencial y cósmico [171]. La tragedia antigua, escenificada en el teatro ático de Dioniso, representaba así la forma artística más conseguida, con su trasfondo religioso y ritual, e incluso político, pero estaba abocada fatídicamente, por la marcha de la historia, a su decadencia y crisis agónica a fines del siglo V a. C. [172].

La teoría de Nietzsche fue muy pronto duramente rechazada por algunos colegas suyos, como el todavía muy joven, y luego gran pontífice académico de la Filología Griega, U. von Wilamowitz, con críticas de dura agresividad. Cierto es que ni siquiera él mismo suscribiría todas sus tesis más tarde. Su primer libro tenía, en efecto, un estilo harto filosófico y muy entusiasta, y era un tanto unilateral. Pero significó, con ese sello genial que tuvo siempre Nietzsche, la culminación del fervor poético germano hacia el mito griego. Con algún error puntual y tonos ditirámbicos, *El origen de la tragedia,* este «libro imposible», según su autor, de evidentes simpatías wagnerianas en aquella época de su vida, todavía se nos muestra colmado de hondas sugerencias de muy largo alcance[173]. Acierta en mucho tanto sobre el final de la tragedia como sobre su discutible nacimiento y última significación, y debe ser leído teniendo en cuenta la atmósfera cultural en la que se escribió. Como ha escrito Jamme[174]:

> Por mucho que la «reducción unilateral» de Nietzsche al elemento dionisíaco y apolíneo (que dejó de lado «el papel decisivo del mito ctónico y del culto a los héroes») fuese criticada ya por sus contemporáneos (los filólogos), fue pionera en el reconocimiento de una discrepancia entre arte y verdad / ciencia, que es aún más profunda que la existente entre mito y verdad que dio origen a la filosofía griega.

Al mito y al arte se les atribuye aquí una función crítica frente a la fe en el progreso postulado por las ciencias, hecho que también explica las esperanzas que Nietzsche deposita en la aparición de un nuevo mito. «Aquel desvanecimiento de la tragedia fue, al mismo tiempo, el desvanecimiento del mito», y por ello Nietzsche, de cara al futuro, tenía la esperanza de un «renacimiento de la tragedia»; más aún, al igual que Schelling, creía en el «tercer Dioniso venidero», pues sin mito [...] cualquier cultura pierde su sana fuerza natural creadora: sólo un horizonte rodeado de mitos asegura la continuidad de todo gran movimiento cultural. Las fuerzas de la imaginación y del sueño apolíneo sólo a través del mito se salvan de un deambular sin rumbo.

Frente a estas teorías sobre el sentido de los mitos, la postura de los filólogos e historiadores de la Antigüedad clásica fue de claro rechazo a la exégesis simbolista. Con un desdeñoso silencio sobre las especulaciones filosóficas, pareció contentarse con el estudio estricto y minucioso de los datos y su almacenaje enciclopédico, renunciando a otras hermenéuticas. Así lo mostraba O. Gruppe en su gran manual *Griechische Mythologie und Religionsgeschichte* de 1906, y todavía en esa línea puede incluirse el posterior manual de M. P. Nilsson, la *Geschichte der griechischen Religion* (1941, reed. 1955). Entre uno y otro queda la obra de Wilamowitz sobre la religión griega: *Der Glaube der Hellenen* (1931), que distingue religión y mitología de forma tajante. La Filología Clásica, con sus ínfulas de ciencia exacta, en el marco tan prestigioso de las Ciencias de la Antigüedad, la *Altertumswissenschaft,* recurre con rigor metódico al análisis y la ordenación de los datos históricos y arqueológicos, y se contenta con ello[175].

# 4. La mitología comparada en sus comienzos

## Primeros comparatistas: los salvajes y los antiguos

La denominación de «mitología comparada» para un determinado enfoque de los estudios de mitología ha quedado consagrada a partir del ensayo de igual título que Fr. Max Müller publicó en 1856[176]. Pero la aparición del método comparativo en el campo de la historia de las religiones puede retrotraerse hasta comienzos del siglo XVIII. Aunque sin una aplicación tan precisa como la que tendrá en comparatistas posteriores, podemos señalar el enorme interés que tiene, en esa dirección, el tratado que B. de Fontenelle publicó en 1724 con el título de *De l'origine des fables*. Un título que ya de por sí resulta muy indicativo.

Para este docto racionalista, un adelantado del Siglo de las Luces, las mitologías de los pueblos primitivos son un cúmulo de «quimeras, sueños y absurdidades». Pero, al mismo tiempo, tales fabulaciones son un fenómeno común a todas las civilizaciones. Orientales, griegos, cafres, lapones o iroqueses coinciden, a los ojos de su autor, en ofrecer un montón de relatos de sorprendente ferocidad sobre los dioses y el mundo. Sus divinidades son tan brutales como los hombres en su estado salvaje; solamente los superan en fuerza y en poder, como sucede también en los poemas de Homero. Hay, según Fontenelle, «una asombrosa conformidad entre las fabulaciones de los americanos y las de los griegos».

S. Reinach, L. Lévi-Bruhl y M. Detienne, entre otros, han destacado la importancia de este opúsculo, que refleja tan agudamente el espíritu de un autor y una época, la de la Ilustración. De un lado, las investigaciones etnográficas habían aportado muchos materiales acerca de nuevas culturas (nuevas para los europeos), como eran las de los indios americanos, con sus costumbres y creencias; de otro lado, la observación crítica y racionalista encontraba unas semejanzas admirables entre los mitos de estas tribus salvajes y las fábulas de los griegos y romanos. Sin duda, conviene recordar que la sensibilidad de la época estaba ya alertada en tal sentido por la famosa *querelle* entre los antiguos y los modernos.

El *Origen de las fábulas* –según apunta R. Chase– es característicamente un breve *jeu d'esprit*. Aunque no usa todavía el método comparativo, propone una perspectiva evolucionista y racionalista para el estudio del mito que los pensadores posteriores del siglo XVIII generalmente ignoraron y que tuvo que esperar su reconocimiento, en Inglaterra al menos, hasta el tardío período victoriano, cuando los racionalistas ingleses lo adoptaron.

## 4. La mitología comparada en sus comienzos

Andrew Lang, en su *Myth, Ritual and Religion* advierte:

> los seguidores del señor E. B. Tylor parecen no darse cuenta de que sólo están repitiendo las ideas del sobrino de Corneille.

Fontenelle quería descubrir, mediante la comparación de los paralelismos y similitudes entre las creencias de los pueblos antiguos, cómo se habían originado las *fables,* es decir, los mitos. En sus primeras nebulosas edades, los humanos habrían tratado de explicarse los fenómenos naturales recurriendo a una fantasía mitopoética, que era así una especie de ciencia infantil o filosofía primitiva. Su esencial ignorancia acerca de lo real y luego la debilidad mental y su «respeto ciego por el pasado» perpetuaron las fantasiosas y absurdas nociones fabulosas, inventos de una época grosera y salvaje. Con el progreso, el mundo bárbaro de tales imágenes quedaría barrido por la luz de la razón, según Fontenelle, que pensaba que tal progreso sería universal. Todos los pueblos seguirían las pautas que tuvo el desarrollo racional en Grecia:

> Puesto que los griegos, con todo su espíritu, cuando eran un pueblo nuevo no pensaron más razonablemente que los bárbaros de América, que eran según todas las apariencias un pueblo bastante nuevo cuando fueron descubiertos por los españoles, hay motivos para creer que los americanos habrían llegado, al fin, a pensar tan razonablemente como los griegos, si se les hubiera dejado tiempo para ello.

El mismo año en que se publica la obra de Fontenelle, en 1724, aparece la del jesuita J. F. Lafitau, *Moeurs des savages amériquains comparées aux moeurs des premiers temps,* que, como M. Detienne ha indicado, presenta una notable coincidencia en su idea fundamental con aquélla. Los indios de Norteamérica, estudiados por los jesuitas, tienen una afinidad de costumbres muy notable con los antiguos griegos. Los iroqueses y los hurones son en sus hábitos frugales y nobles como los espartanos o los antiguos helenos retratados por Plutarco; y junto a sus nobles figuras y gestos muestran, como los antiguos, una credulidad en lo maravilloso y una fantasía en su visión de la naturaleza que son el origen de sus fabulaciones. Así, en su fantasía, el origen de su religión y de sus mitos, esas *fables* son «fantasía, infantil» en la concepción de Fontenelle, o imaginación errada, «perversa», para el jesuita Lafitau, como dice Marcel Detienne.

Las reflexiones sobre el fundamento de la religión natural, al margen de la religión cristiana que se presenta como revelada, son también una nota característica de la época, aunque en muchos pensadores esas reflexiones aparecen desvinculadas de la consideración sobre los mitos. Es la época de Locke, de Hume, de Voltaire, de B. Constant y de G. Vico, cuya *Scienza Nuova* aparece en 1725. Precediendo a Herder, a Heyne y a Schleiermacher, es probablemente Vico el pensador más interesante en su concepción del desarrollo de la religión en la historia de las culturas primitivas y del fundamento poético del pensamiento mito-poético. Pero no hablaremos ahora de su teoría, sino que sí recogemos la noción de que en muchos aspectos se muestra un precursor, mucho más avanzado que pensadores ilustrados como Voltaire o Hume. Ahora queremos señalar tan sólo algunos espíritus pioneros en el camino del método comparativo

## 4. La mitología comparada en sus comienzos

en mitología. Aunque se trate, en el caso de Fontenelle y de Lafitau, de autores menos interesados en las formas específicas de lo mítico que en relacionar la creación de los mitos con una tendencia universal de una mentalidad fabulosa, infantil, primitiva.

La mitología, como un amasijo de relatos y creencias salvajes y absurdas, fruto de la ignorancia y de los errores primitivos, no requería más explicación, sino que podía ser presentada como un discurso infantil, vano, ridículo y, no obstante, atractivo a la luz de la Razón. Los mitos formaban el trasfondo de las religiones de los salvajes que los misioneros, como el jesuita Lafitau, se empeñaban en rechazar sustituyéndolas por la cristiana. A los ojos de los primeros antropólogos racionalistas, la religión de los primitivos era un producto de sus sentimientos irracionales y su impotencia ante las fuerzas de la Naturaleza. Lafitau subrayaba la generalidad del fundamento psicológico y social que daba origen a esas religiones: «El fundamento de la religión de los salvajes de América es el mismo que el de los bárbaros que ocuparon Grecia, se expandieron por Asia, el mismo que sirvió luego de fundamento a toda la mitología pagana y a las fábulas de los griegos». Y, más explícitamente, pocos lustros después, «el Presidente» De Brosses afirmaba en el mismo sentido: «Las prácticas semejantes que vemos en siglos y climas alejados tienen una misma causa cuya explicación ha de buscarse en las afecciones de la humanidad: el temor, la admiración, el agradecimiento». Señala M. Meslin –de quien hemos tomado la cita– que «aquí estamos en las raíces de todas las teorías modernas sobre los orígenes patológicos del sentimiento religioso»[177]. Pero se trata de una reafirmación de viejas tesis sofísticas, de Pródico y de Demócrito, formuladas en nuevos contextos filosóficos.

## El fetichismo y la evolución del culto

La palabra *fetichismo* se difundió a partir de una obra publicada en 1760; su título, traducido al español, era *Del culto de los dioses fetiches, o paralelo de la antigua religión del Egipto con la religión actual de la Nigricia*. El libro apareció como de autor anónimo, pero muy pronto se conoció que se debía a la pluma de un docto ilustrado, Ch. De Brosses, uno de los sabios más reputados de Francia, que fue amigo y corresponsal de Voltaire. De Brosses, que nació en 1709 y murió en 1777, parece que se dedicó al estudio de las tribus salvajes y del hombre primitivo de tiempos prehistóricos por influencia de su amigo, el naturalista Buffon. Su interés fue muy amplio; reunió numerosas descripciones de viajes, antiguos y modernos, informes de misioneros, comerciantes y exploradores, y publicó luego estudios que nos muestran esa amplia perspectiva, como su *Historia de las navegaciones a las tierras australes*, de 1765, y su tratado sobre la *Formación mecánica de las lenguas*, del mismo año.

La obra que ahora nos interesa de este enciclopedista, y antropólogo de biblioteca, es la primera que hemos citado, por su teoría acerca del culto a los fetiches en las sociedades africanas. La palabra *fetiche* la tomó de algunos relatos de misioneros portugueses. *Feitisso* corresponde al español 'hechizo', y viene del latín *factitium*.

#### 4. La mitología comparada en sus comienzos

Pero tiene un sentido muy concreto: un objeto inanimado (según nuestra concepción) que recibe un culto propio, como si estuviera impregnado de poderes divinos o mágicos.

De Brosses dividió su libro en tres partes. En la primera expone todo lo que en su época se podía saber sobre el fetichismo practicado por ciertas tribus del África occidental y, por extensión, en otras partes del mundo. En la segunda lo compara con los hábitos religiosos de los pueblos de la Antigüedad. En la tercera finaliza destacando la similitud entre los ritos de los negros y los antiguos griegos, romanos y egipcios, la identidad de su sentido original. Todas las gentes, concluye De Brosses, han comenzado por el fetichismo para pasar luego al politeísmo y de ahí al monoteísmo. Como se ve, un esquema evolutivo muy simple, que va de lo más tosco a lo más abstracto en la concepción de lo divino.

Como señala Max Müller –en su *Origen y función de la religión*–, en su comparación, De Brosses excluye el culto hebreo:

> Una sola nación es la exceptuada: la de los judíos, el pueblo escogido por Dios. Según De Brosses, nunca adoraron fetiches, mientras los otros pueblos, olvidando la revelación primitiva, volvían a empezar por su comienzo natural: el fetichismo.

> Es curioso ver la influencia que las ideas teológicas del tiempo ejercían hasta en el espíritu de un De Brosses. Si se hubiera atrevido a buscar huellas de fetichismo en el Antiguo Testamento con la misma valentía que en Egipto, en Grecia, en Roma y en otras muchas partes, hubiera ciertamente en-

contrado rica cosecha en los Teraphim y los Thummin y en el Ephod, y esto prescindiendo de los becerros de oro y de las serpientes de bronce (Génesis 28, 18, Jeremías 2, 27)[178].

Max Müller, algo más de un siglo después, todavía recuerda lo atractivo de esa teoría:

> Sobre este punto y algunos otros, los modernos partidarios de la teoría de De Brosses ya no le siguen. Sin embargo, considerado en su conjunto, su sistema se ha mantenido intacto durante los últimos cien años. Era tan sencillo, tan natural, tan plausible, que penetró en los manuales y los libros de texto, y creo que todos nos hemos educado en él. Por lo que a mí respecta, he creído en él mucho tiempo sin experimentar la menor duda. Sólo al paso y a la medida de mis estudios, me sentí cada vez más sorprendido por el hecho de que en vano se buscaban en los monumentos más primitivos del pensamiento religioso, accesibles a nosotros, huellas evidentes de fetichismo, en tanto que se las ve multiplicarse por todas partes en los períodos más recientes del desarrollo religioso.

La teoría del fetichismo obtuvo, como F. M. Müller indica, durante más de un siglo una amplia aceptación. E. B. Tylor y Andrew Lang elogiarán el libro de De Brosses como uno de los pioneros en el uso sistemático de los testimonios antropológicos. También Comte aceptará la tesis del desarrollo de la religión a partir de ese primer estadio representado por el culto a los objetos admitidos como «fetiches», culto que denomina la adoración que, según los marineros portugueses, prestaban

## 4. La mitología comparada en sus comienzos

los negros de la costa del África occidental a cosas inanimadas o animales, como si en ellos residiera un tremendo poder. Para designarlo, De Brosses utiliza los términos de *genius* o de *manitou*, una palabra algonquina que él introduce así en el lenguaje técnico, como se introduce más tarde el vocablo melanesio *mana*. El fetichismo evoluciona hacia el politeísmo, y éste hacia el monoteísmo. Perdido el original conocimiento del dios único, la Humanidad, en un estado de necedad, inconsciencia y simplicidad infantil, se dedica al culto de esos ídolos menores, para pasar luego a la adoración de dioses ya personificados. Muchos pueblos primitivos permanecen aún en ese estado, por el que pasaron los egipcios, como muestra el culto a tantos dioses ferinos, y los griegos, de los que Heródoto cuenta que adoraron piedras y objetos informes en un principio.

De Brosses rechaza la explicación alegórica de la mitología, que es «para los modernos un indescifrable caos o un enigma completamente arbitrario», si uno trata de buscarle un sentido profundo o un trasfondo metafísico. Y no se contenta tampoco con la explicación evemerista, aceptada aún por Hume, y parcialmente por Spencer después. Generalizó su «fetichismo» más allá de las religiones africanas, de donde tomó el nombre, para referirlo a cualquier pueblo donde los animales y los objetos inanimados reciben culto y son deificados, donde el uso de amuletos, talismanes y oráculos manifiesta esa creencia, según él, universal y primitiva. Fue, *avant la lettre,* una teoría evolucionista, que preludia el animismo de Tylor y el sistema progresista de los tres estadios de la civilización que propondrá más tarde Comte.

## La lingüística comparada como ejemplo metódico

El método comparativo, que, como hemos apuntado anteriormente, surgió de una forma un tanto ingenua en el campo de estudios sobre religiones y antropología, alcanzó un importante éxito en el de las ciencias de la naturaleza con la aparición de la anatomía comparada, la biología comparada y la paleontología comparada, a comienzos del siglo XIX. Recordemos a una figura tan significativa como la de Cuvier. Luego se desarrolló en el de la lingüística. La gramática comparada será una ciencia metódicamente ejemplar, gracias a los trabajos de Rasmus Rask, Franz Bopp y los hermanos Grimm. La ciencia del lenguaje quedó establecida como una disciplina tan sólida como las ciencias naturales a comienzos del siglo. M. Foucault ha destacado bien el interés de ese avance epistemológico[179].

En su influyente libro *Von der Sprache und Weisheit der Indier,* de 1808, ya señalaba F. Schlegel:

> El punto decisivo, que lo aclarará todo, es la estructura interna de las lenguas o la gramática comparada, que nos dará soluciones completamente nuevas sobre la genealogía de las lenguas, de la misma manera como la anatomía comparada ha esparcido una gran luz sobre la historia natural.

Gracias a los estudios de F. Bopp, de R. Rask, de los Grimm y de los llamados «neogramáticos», la gramática comparada de las lenguas indoeuropeas se constituye como una ciencia positiva y metódicamente ejemplar. Al método de las *Lecciones de anatomía comparada* de Cuvier puede dar una réplica el libro de F. Bopp sobre el sistema de la conjugación de las varias lenguas indoeuropeas, publicado en 1816, o la *Gramática alemana* de Grimm, en 1818. Sobre la base de una comparación gramatical, la filología va más allá, y penetra en lo profundo del pasado indoeuropeo. Basándose en la comparación sistemática, con un cierto apoyo enfático en el indio antiguo, en el védico y en el sánscrito, se reconstruye una lengua perdida, base de casi todas las habladas en Europa durante los tres últimos milenios. Y con la lengua se reconstruye una cultura –y una mitología–. En su libro *El futuro de la ciencia,* en 1848, E. Renan proclamaba la filología como la gran disciplina intelectual de la época.

## La teoría de Max Müller

Es en este ambiente intelectual en el que se sitúa la obra de Max Müller, a quien algunos han llamado «el inventor de la mitología comparada».

Contemporáneo de los grandes logros de la gramática comparada, este docto sanscritista, que había estudiado en Berlín con Bopp y en París con Burnouf, desplegó en varios trabajos su brillante hipótesis de que la mitología podía explicarse recurriendo a la «Ciencia del Lenguaje». De un lado la comparación entre las diversas lenguas indoeuropeas mostraba la afinidad de los dioses de los pueblos indoeuropeos; entre el védico Dyaus, el griego Zeus y el latino Júpiter se descubre una clara identidad: la divinidad del dios padre celeste, que luego recibe el nombre de Ahura Mazda en Irán y de Thor en Escandinavia. El dios del cielo es también Varuna en sánscrito y Urano entre los griegos. Los términos para 'dios': *devah, deus,* proceden de una raíz indoeuropea que significa 'brillo', y el dios era, en un principio, «el brillante», aludiendo así a su carácter celeste.

Tras la comparación, la etimología aclaraba el sentido primitivo de los nombres divinos, que están en el origen de la personificación de los dioses. Según el célebre adagio, *nomina numina,* los nombres se volvieron dioses en cuanto las gentes dejaron de entender su aspecto primitivo, que era el de designar bajo la forma de un agente un aspecto de la naturaleza (Indra era «el hacedor de lluvia», Rudra «el rugidor», según los aspectos divinos de la lluvia o el trueno), para verlo como un personaje mítico. Así pues, mediante dos fases –el desconocimiento de una metáfora poética que aludía a un aspecto natural (por ejemplo, acerca del sol, la luna o algún fenómeno atmósferico) y la adscripción de tal actividad a una figura creada por hipóstasis de un nombre mal interpretado, con olvido de su carácter apelativo original– aparecieron los dioses de la mitología aria. Los testimonios de la literatura védica eran los predilectos de Müller, pero los acordaba con los datos de los mitos griegos con bastante habilidad.

La fabulación mitológica se explicaba así con ayuda del método etimológico. En el fondo, la mitología era «una enfermedad del lenguaje».

El poder poético del lenguaje es enorme. En principio, señala M. Müller, todas las raíces indoeuropeas indicaban una actividad. De ahí que los aspectos mismos de

#### 4. La mitología comparada en sus comienzos

la naturaleza fueran denominados con nombres activos. Luego detrás de esos nombres se supuso un agente personal; así nacieron los dioses particulares del politeísmo ario. Al ensayo ya citado de 1856 siguieron otros estudios con otros ejemplos. (La bibliografía de F. M. Müller es amplia. La edición de sus *Collected Works,* Londres, 1898 y ss., comprende 20 vols.) Su estudio sobre el *Origen y desarrollo de la religión estudiados a la luz de las religiones de la India* (1878), que recoge las conferencias que dio en la abadía de Westminster ante un vasto auditorio, resume bien su visión sobre el tema más amplio de la evolución del pensamiento religioso[180].

Renan había escrito, y antes Schopenhauer, Hegel y Schlegel lo habían anunciado, que los estudiosos del sánscrito habían realizado una «decisiva revolución» en el estudio de la mitología, al mostrar que los mitos eran en conjunto un vasto juego de palabras y que la etimología podía mostrar cómo muchos contenían claras referencias al sol y a los astros. En Alemania, Adalbert Kuhn (por ejemplo en *Die Herabkunft des Feuers und des Gottertranks,* 1859) y en Francia Michel Bréal *(Hercule et Cacus, étude de Mythologie Comparée,* 1863) pertenecían a la misma escuela. Todos se afanaban en mostrar cómo en los más diversos relatos míticos se encerraban alusiones veladas a fenómenos celestes. Y mientras M. Müller revelaba que «una espléndida puesta de sol destella en el mito de la muerte de Heracles», Bréal sostenía que el mito de Edipo reflejaba la lucha impresionante del sol (Edipo) contra las nubes de tormenta convertidas en la enigmática Esfinge. Los mitos eran historias contadas para explicar expresiones lingüísticas o figuras del lenguaje desprendidas de su sentido metafórico originario. Cuando los arios se dispersaron por Europa y Asia llevaron consigo las metáforas de la etapa fundamental, que luego florecieron poéticamente en sus varios sistemas mitológicos.

En la conformación de la mitología, como en la estratigrafía de la palabra y el sentido léxico, M. Müller distingue tres fases: una temática, una dialectal y una mitopoética. Así lo expone en su *The Science of Language* (1867). Primero se da un nombre a un tema o un fenómeno natural, luego ese nombre se diversifica y se hace menos evidente su referente originario, y luego se forjan fantasías sobre él. El primitivo lenguaje tenía nombres para las acciones y los aspectos activos del mundo, luego tales nombres se personifican, y más tarde aparecen tras estas denominaciones entidades míticas. En la etapa mitopoética es cuando se fabula todo el repertorio mítico, en un proceso de fabulación en el que el hombre es más una víctima que un creador, extraviado por los malentendidos de la lengua.

Curiosamente, tras todo ese proceso metafórico, Müller encuentra sólo una referencia a fenómenos naturales, al espectáculo impresionante de la aurora y el ocaso, el retorno de la luz y de la noche, «el drama solar» cotidiano y los combates celestes de nubes y astros centelleantes. De un lado, pues, la inconsciente creación de imágenes en el lenguaje, y de otro esta admiración teatral del primitivo ante lo atmosférico. Sobre todo el alba era para M. Müller la fuente mágica de mil mitos:

¿Acaso no fue para él, el primitivo hacedor de mitos, el primer milagro, el primer comienzo de la reflexión, de todo pensamiento, de toda filosofía? ¿No fue para él la primera revelación, el comienzo primario de toda verdad, de toda religión?

El celeste combate de luces y sombras era «el tema principal de cualquier mitología». Dafne perseguida por Apolo era una visión mítica de la aurora perseguida por el sol, que desaparece cuando el amante le da caza. El mito de Procris es otro entre los mil ejemplos de ese proceso metafórico. Hijo de un poeta romántico alemán, Müller tenía un fervor admirable ante los fenómenos naturales y se exaltaba en sus exposiciones. Pero era, además, un gran filólogo, un buen conocedor de las lenguas de la India antigua, y del latín y el griego. Por medio de la etimología, pensaba, el investigador puede rastrear el origen de tales procesos mitopoéticos.

Como señala E. Evans Pritchard,

M. Müller y sus partidarios llevaron sus teorías hasta el absurdo. Pretendía M. Müller que el sitio de Troya no fue más que un mito solar, y, puestos a reducir a farsa este tipo de interpretaciones, creo que alguien escribió un panfleto preguntándose si el propio M. Müller no era un mito solar. Dejando aparte sus errores de erudición clásica, que ahora sabemos que fueron numerosos, es evidente que, por ingeniosas que fueran las explicaciones de este tipo, no estaban, porque no podían, apoyadas convincentemente en testimonios adecuados.

Mientras para Max Müller la referencia fundamental de los mitos eran los fenómenos solares y los cambios de luces en el escenario de la naturaleza, para A. Kuhn lo eran los fenómenos celestes más violentos: el rayo y la tempestad, manifestaciones divinas. Pero el método hermenéutico era el mismo, un método de excesiva eficacia, puesto que, al explicar aparentemente todo, no explicaba casi nada. M. Detienne lo señala con agudeza:

A la explicación lingüística igualmente aceptada por los partidarios del sol y por los amigos de la tormenta, la escuela antropológica va a objetar de manera pertinente que un sistema explicativo, concebido para dar cuenta del discurso mítico por entero, no está en condiciones de justificar los detalles «estúpidos, absurdos y salvajes» cuya presencia escandalosa había sido denunciada de común acuerdo. El modelo lingüístico de Müller peca por exceso de poder. La medicina era demasiado fuerte. Y la operación se revelaba demasiado brutal, puesto que toda la mitología desaparecía al mismo tiempo que se desvanecían las brumas de las palabras y las nubes de las frases.

Es curioso observar cómo un gran sabio, como sin duda lo era Müller, cuyos trabajos en filología védica y sánscrita marcan un hito científico, cuyos conocimientos lingüísticos eran asombrosos por su amplitud y cuyos talante y estilo le hacían acreedor a un éxito como el que tuvo, reconocido en su tiempo como uno de los más doctos profesores europeos, mantuvo un sistema tan ingenuo en sus premisas básicas.

Entre los estudiosos de la religión y la mitología de los pueblos de origen indoeuropeo fueron bastantes los que se adhirieron a la hipótesis de que los mitos representa-

## 4. La mitología comparada en sus comienzos

ban fenómenos naturales, ya sea que tuvieran al sol y al alba, o a las tormentas y las nubes, como referentes velados bajo la fantasmagoría de los relatos. Así, por ejemplo, Alfred de Maury en su *Histoire des Religions de la Grèce antique*, de 1857, destacaba la relación de los mitos griegos con los de la antigua India, y rastreaba su sentido de mitología natural. W. Mannhardt en *Die Germanischen Mythen,* de 1858, recurría también a la mitología hindú del Rig-Veda para buscar la *Urreligion* indoeuropea, con el mismo marco de referencia en el origen. Ya hemos citado el libro de A. Kuhn *Die Herabkunft des Feuers und des Gottertranks,* de 1859. Su cuñado F. L. W. Schwarz publicó poco después su *Der Ursprung der Mythologie, dargelegt an griechischer und deutscher Sage,* que añadía nuevos ejemplos con la misma teoría, y una *Indogermanischer Volksglaube. Ein Beitrag zur Religionsgeschichte der Urzeit,* de título tan revelador.

Max Müller encontró su más ferviente seguidor en el folclorista G. W. Cox, con su *Mythology of the Arian Nations* (1870) y su *An introduction to the science of comparative mythology and folklore,* de 1881; éste compartió con él los ataques polémicos de A. Lang.

En menor medida, ecos de la interpretación naturalista de los mitos se encuentran en K. Simrock, *Handbuch der deutschen Mythologie,* ya en 1854, y en el ya mencionado M. Bréal, cuyos *Mélanges de mythologie et linguistique* son de 1877.

Max Müller recogió sus ideas y aportaciones fundamentales, expuestas como colofón en larga polémica con los partidarios de la explicación antropológica de Tylor y A. Lang, en sus *Contributions to the Science of Mytho-*

*logy,* en dos gruesos volúmenes. Murió en 1900, y su teoría declinó con él[181].

Me he extendido bastante al tratar de las tesis de Max Müller porque él representó mejor que nadie la primera etapa de la mitología comparada referida a las religiones indoeuropeas, partiendo de una base lingüística y filológica. Cierto que sus exageraciones al apuntar siempre al tipo de explicación de la mitología solar para los relatos más diversos, la aplicación desaforada de sus etimologías a los elementos sueltos y esporádicos de tantos nombres, su teoría misma de los *nomina numina,* con el recurso constante a esa mitopoética, basada en la confusión y en unos procesos de polionimia y homonimia que valían para explicarlo todo, acabaron por rodear sus ideas de un halo demasiado nebuloso e hicieron caer su teoría en un perdurable desprestigio, bajo los dardos de la polémica con la escuela rival de los partidarios de la explicación por la evolución mental y el salvajismo primitivo, como E. Tylor, H. Spencer y A. Lang. M. Müller aceptaba, como los etnólogos victorianos, la idea de la evolución y el progreso, pero sus críticas al modelo del «salvaje» infantil y confuso, que los partidarios de esa escuela etnológica suponían como fuente de las fabulaciones mitológicas, no dejan de ofrecer altas dosis de buen sentido. Su teoría era, al menos, algo más original y más docta.

La polémica que enfrentó a Max Müller y al agudo y mordaz A. Lang durante varios lustros fue un debate apasionado. Al final, con la muerte de M. Müller en 1900, su hermenéutica cayó derrotada. Los etnólogos discípulos de E. Tylor volvieron con renovado brío a la tesis evolucionista, sustituyendo el fetichismo por el animismo, o bien recurriendo a un primer estadio mental dominado por la creencia en la magia (como sostendrá J. Frazer), o pensando en justificar la mitología como una degeneración de la primera creencia universal en un Dios único (como el P. Schmidt), o imaginando una mentalidad primitiva prelógica y fabulosamente crédula (como nos contará L. Lévy-Bruhl).

## Apuntes sobre el evolucionismo

Si el comparatismo fue en la metodología científica del siglo XIX uno de los rasgos más sobresalientes, tanto en las ciencias de la naturaleza como en las humanas (entonces aparecen también el derecho comparado, y la literatura comparada, junto a la lingüística y la mitología comparadas), no cabe duda que la referencia al evolucionismo como esquema general para explicar el pasado y el presente lo fue también. El positivismo de A. Comte —que publica sus obras decisivas a mediados de siglo— asume como eje del progreso histórico, social y filosófico la evolución. Y es en 1859 cuando aparece el gran libro de Darwin sobre *El origen de las especies*. Ernst Haeckel, cuya obra *Natürliche Schöpfungsgeschichte,* de 1868, será un *best seller* científico, divulgará en su forma más destacada esas ideas de una concepción mecanicista del progreso y la evolución natural.

En este ambiente hay que situar la obra del antropólogo E. B. Tylor *Primitive Culture,* de 1871, que intenta explicar mediante un esquema muy sencillo la evolución general de las creencias religiosas, desde el animismo al politeísmo y de éste al monoteísmo. Tylor no era un filólogo y desdeñaba la especulación lingüística de M. Müller; para él, el animismo estaba antes del lenguaje y pertenecía a un estadio primitivo de los pueblos salvajes. Esos primitivos que, en su incapacidad para explicarse el mundo científicamente, tuvieron que recurrir a su fantasía, semejante a la de los niños y los poetas, dieron vida al universo de los dioses.

Para H. Spencer (cuyos *Principles of Sociology* son de 1876), no fue el animismo, sino la creencia en espíritus y la incapacidad del salvaje en distinguir lo real y lo soñado lo que contribuyó a la construcción de ese fabuloso universo. Más cauteloso y más dotado para la comprensión de esa mentalidad mitopoética, Andrew Lang compartió esa creencia en un sistema evolutivo. Más tarde, James Frazer recoge un esquema parecido: primero creencia en la magia, luego la religión y, al final, la ciencia. A. Comte habría estado de acuerdo con este esquema.

La gran figura de la escuela evolucionista fue, sin duda, Sir James Frazer, cuya vasta y atractiva obra ejerció una enorme influencia no sólo en antropología, sino incluso en la literatura inglesa. Siguió, en principio, la teoría evolucionista de Tylor, pero Frazer se interesaba, más que en el esquema teórico, en la recogida y contraste de los relatos y rituales, en la ordenación de una enorme colección universal de mitos y textos de muy diversa procedencia sobre el mundo mágico y fascinante, lejano al hombre moderno, que es la mitología comparada. Creía en una cierta uniformidad de la mentalidad primitiva, productora de los mitos. Pero, a diferencia de Tylor, no veía al salvaje como a un filósofo *manqué*, con una racionalidad truncada, sino como a un pensador emotivo e infantil, dotado de una extraordinaria fantasía. La lectura de *La rama dorada,* su obra más ambiciosa, fue para muchos lectores una experiencia intelectual y literaria inolvidable. Para Malinowski fue la causa de su conversión irresistible a la antropología.

Frazer, clasicista y antropólogo de biblioteca, vivió en Cambridge una larga vida dedicada a las lecturas y la escritura. Editó, con notas y comentarios, a Pausanias (6 vols., 1898), a Apolodoro (1921) y a Ovidio *(Los fastos,* 1929-1931). Su gran obra es *The Golden Bough (La rama dorada),* en doce volúmenes y siete partes, título que alude al ramo de áureo muérdago que Eneas lleva en su viaje al Más Allá en la *Eneida*[182].

# 5. La interpretación de los mitos en el siglo XX

En un trabajo excelente, por lo condensado y lo claro de sus observaciones[183], J. P. Vernant ha tratado de los estudios recientes sobre el mito, y al tratar del enfoque actual («el mito hoy») ha comenzado por subrayar cómo

> es en el tiempo de entre las dos guerras [mundiales] cuando se transforma el horizonte de los estudios mitológicos y se desarrolla una problemática nueva. Los cambios se operan en direcciones múltiples, siguiendo ángulos de vista diferentes, a partir de disciplinas variadas: filosofía del conocimiento, psicología, sociología, etnología, historia de las religiones, lingüística. Pero los investigadores tienen en común el tomar el mito en serio, el aceptarlo como una dimensión irrecusable de la experiencia humana. Se rechaza lo que tenía de estrechamiento limitado el positivismo del siglo pre-

## 5. La interpretación de los mitos en el siglo XX

cedente, con su confianza ingenua en una evolución de las sociedades progresando desde las tinieblas de la superstición hacia la luz de la razón. [...] Bajo diversos aspectos se esboza, en esta perspectiva, una rehabilitación del mito. Su «absurdidad» no es ya denunciada como un escándalo lógico; es sentida como un desafío lanzado a la inteligencia científica que se apresta a recogerlo para comprender eso otro que es el mito e incorporarlo al saber antropológico[184].

Ese nuevo tono en la atención al mundo de los «primitivos» y a su expresión en los relatos míticos, ese *prendre le mythe au sérieux,* que caracteriza el enfoque de las investigaciones mitológicas a partir de los años veinte, es, como ya había sugerido J. de Vries[185], un efecto de la conmoción sufrida por la cultura europea tras la Primera Guerra Mundial. El europeo, que había creído en el progreso intelectual y moral, que se consideraba asentado sobre unas creencias religiosas civilizadas y sobre un racionalismo crítico en constante avance en una sociedad cada día más culta, mejor y más humana, como culminación de un devenir histórico y cultural irreversible, se encontró sumido en un caos, en la quiebra radical de sus creencias, en la agonía de esa fe en la razón unida al progreso moral. Bajo la máscara de la civilización latían, como la guerra había revelado con una intensa crudeza, la ferocidad, las angustias y las pasiones del hombre primitivo:

> El hombre de la Europa occidental, que hasta entonces había valido como muestra de una civilización moral refinada, se mostró en la desnudez de sus instintos primitivos, que lle-

gaban a la bestialidad. Cuando el caos completo se presentó, no pudo velarse por más tiempo que la vieja Europa habíase hundido para siempre. Se dejaban oír voces como la de O. Spengler, que hablaban de que estábamos ante el hundimiento de Occidente. [...] Pues el europeo no era ya el superhombre altamente cultivado, dominador de la técnica y la naturaleza, sino el mismo ser débil y menesteroso que había existido desde los tiempos primeros [...] El interés hacia los primitivos se hizo por ello más intensivo; se vio en ellos no sólo una humanidad profundamente sumergida bajo nosotros, sino que se reconoció que eran nuestros semejantes y que nosotros éramos semejantes a ellos[186].

Tal vez esta vivencia general del fracaso de una civilización demasiado segura de sí –como muestra el optimismo victoriano, tan de *belle époque*– explique la renuncia a la perspectiva que había caracterizado a gran parte de la investigación sobre los «primitivos» en el siglo XIX, considerando a estos pueblos y sus modos de concebir el mundo y expresarlo como una etapa infantil situada al comienzo de ese proceso histórico que había llevado a la racionalidad y la moralidad modernas como su madurez lógica y natural. De alguna manera se había remediado el escándalo de la mitología con sus extraños, bárbaros e irracionales relatos, atribuyéndolo a su lejanía y a la fantasía desbordada y selvática del pueblo primitivo en el nebuloso estadio de una cultura agreste, ingenua y sin desarrollar. Los antropólogos habían llevado a cabo una labor importante de información señalando curiosas coincidencias con esas mitologías salvajes, y eso era una prueba de la persistencia de

## 5. La interpretación de los mitos en el siglo XX

esas creencias primitivas, como tales *survivals* en estados culturales avanzados, así como subsistían reliquias del pensamiento mágico en creencias populares de diversas regiones de Europa, en el folclore, al que se prestó una considerable atención en el siglo XIX. Ahora, sin embargo, no se va a subrayar ese primitivismo del mito, sino su alteridad; no se trata de que los mitos sean explicaciones alegóricas primitivas de los procesos naturales, o imágenes fantásticas sugeridas por un lenguaje primitivo mal comprendido, una «enfermedad del lenguaje» un tanto infantil, sino de que son explicaciones *diferentes* de las explicaciones de la filosofía y la ciencia modernas. Y, puesto que la crisis de los valores de la cultura occidental ha mostrado que estas explicaciones no eran ejemplares ni únicas, que no son la culminación de los progresos intelectuales y morales ni tienen una validez total para la satisfacción de la pregunta del hombre por su destino, en este nuevo horizonte se enfoca más imparcialmente el estudio de los mitos, de sus «escandalosas» explicaciones, y también de los ritos que las sociedades «primitivas» ofrecen.

De todos modos, esta sugerencia tan general sobre el cambio de actitud ante lo primitivo y de disposición intelectual hacia la comprensión del «pensamiento salvaje», como diríamos utilizando una expresión posterior, es nada más que una rápida y fácil generalización. No está de más, aunque por otro lado es una constatación obvia, advertir que tales cambios de perspectiva no son fenómenos repentinos ni tajantes, y no se deben a meros factores externos, sino que acontecen en el marco de un mundo cultural muy complejo. El panorama intelectual anterior a la guerra del 14 era extraordinariamente vivaz y tal vez baste para sugerir esa riqueza de ideas y nuevas orientaciones recordar algunos títulos de esos años inmediatamente anteriores a la Gran Guerra[187].

En 1912 se publica el libro de E. Durkheim *Formes élémentaires de la vie religieuse,* que abre un camino nuevo a la sociología de la religión. El mismo año concluye W. Schmidt el primer tomo de su monumental libro *Der Ursprung der Gottesidee,* que se opone a la teoría animista de Tylor y al preanimismo de otros evolucionistas (la obra de Schmidt llegará a las 11.000 páginas, y sólo concluirá su publicación, ya póstuma, en 1955). También ese año aparece el libro de C. G. Jung *Wandlungen und Symbole der Libido,* que marca su ruptura definitiva con las teorías de su maestro S. Freud, quien está redactando su *Totem und Tabu,* publicado en 1913. Jung busca las estructuras psíquicas generales del inconsciente colectivo, y abre así un nuevo espacio de la teoría mítica.

Entre 1911 y 1915 aparecen los doce tomos de la tercera edición de la más famosa obra de Sir James Frazer (1854-1941), *The Golden Bough* [188], cuya influencia es en estos años enorme. A su sombra aparecen algunos de los libros más significativos de los helenistas de la llamada Escuela de Cambridge[189]. Podríamos recordar que *Themis,* de Jane E. Harrison, es de 1912, el mismo año en que F. Cornford publica su *From Religion to Philosophy* y G. Murray su *Four Stages of Greek Religion* (ampliado luego en *Five Stages...* )[190].

En sus estudios sobre la religión helénica, tanto Harrison como Murray y Cornford destacaron cómo la serenidad y la belleza del panteón olímpico eran el término

## 5. La interpretación de los mitos en el siglo XX

luminoso de un largo proceso, en el que las nobles figuras de dioses y héroes se habían decantado por encima de formas religiosas mucho más bárbaras, oscuras y primitivas. Señalaron cómo en mitos y rituales pervivían durante mucho tiempo esos dioses ctónicos o mistéricos –Dioniso, Adonis, Orfeo– que tienen características más arcaicas, comparables a divinidades estudiadas por los antropólogos en otras latitudes. Supieron relacionar mitos y rituales en busca de una religiosidad más primitiva que la reflejada por los textos griegos literarios, y se mostraron muy receptivos a las sugerencias de la mitología comparada, para escándalo de algunos filólogos colegas suyos. Cornford destacó que razón y mito no eran términos radicalmente enfrentados, e hizo ver que la filosofía griega entroncaba con la explicación mitológica que ofrecía Hesíodo. Ya Nietzsche y E. Rohde habían sugerido, con otros acentos, algunos de esos puntos; pero los helenistas de la Escuela de Cambridge consiguieron expresar esos aspectos con gran claridad y excelente entusiasmo.

Todos ellos analizaron el proceso histórico por el que las creencias, las instituciones y los ideales griegos habían evolucionado hasta la época clásica, insistiendo en sus orígenes, en sus implicaciones sociales y rituales, en su trasfondo colectivo y arcaico. Enfoque historicista y, al mismo tiempo, apertura hacia los estudios contemporáneos de sociología y antropología caracterizan esta actitud, tan diferente del clasicismo winckelmiano o del conservadurismo corriente del helenista profesional. Pero todos ellos eran victorianos en cuanto que consideraban el mundo del mito como algo arcaico y primordial, originario de nuevas formas de religiosidad y de una razón que surgiendo de ese turbio y vivaz ámbito de creencias se había perfeccionado hasta llegar al racionalismo filosófico y a la serenidad olímpica.

A este enfoque de las representaciones míticas como relativas a una etapa inicial de una evolución o un esquema de desarrollo histórico y social va a sucederle un modo distinto de abordar los estudios sobre religión y mitología antiguas. Siguiendo una división que encontramos cómoda, ya presente en otros estudiosos, como Leach y Vernant[191], distinguiremos tres orientaciones fundamentales, que designamos con las etiquetas de: simbolismo, funcionalismo y estructuralismo.

La tendencia general en los estudiosos a los que alojamos bajo esta amplia calificación de «simbolistas» es la de indicar que el mito es, ante todo, una forma de expresar, comprender y sentir el mundo y la vida, diversa de la representación lógica. Se trata, dirían, de otro tipo de lenguaje, más emotivo y colectivo, pletórico de imágenes y símbolos, que expresa algo que no puede traducirse en los signos arbitrarios de la lengua corriente. En los mitos queda reflejada de manera intraducible una experiencia primordial y religiosa de la existencia; en los mitos se nos presenta con forma poética una intuición esencial del mundo de lo eterno, lo divino y lo sagrado. El pensamiento mítico nos propone una serie de imágenes que no sólo se dirigen al entendimiento, sino también a la fantasía y la sensibilidad. Como ya habían dicho Creuzer y Schelling, y creído algunos románticos alemanes, en el mito se nos habla de una original concepción del universo de un modo figurado y profundo, no a tra-

## 5. La interpretación de los mitos en el siglo XX

vés de alegorías, sino de una forma *tautegórica*, es decir, significando lo que se dice con una intraducible fuerza expresiva. Tanto Freud y Jung, desde la psicología profunda, como E. Cassirer, desde la hermenéutica filosófica, Van der Leeuw en su fenomenología religiosa y M. Eliade, historiador de las religiones, convergen en esta exégesis y revalorización del sentido del mito. Seguramente es a E. Cassirer a quien debemos la más clara teoría sobre la significación y característica del pensamiento mítico. En su estudio sobre el mito como forma simbólica, en clara prosa filosófica ha reflejado la singularidad del mito como «forma de pensamiento, forma de intuición y forma de vida», expresión colectiva, poética y primordial del mundo, diferente del pensamiento lógico. El tomo II de la *Filosofía de las formas simbólicas*[192] de E. Cassirer, dedicado al mito, es del año 1923, lo que quiere decir que es contemporáneo de los escritos más influyentes de Lévy-Bruhl, de Malinowski y de Jung.

Aquí no tenemos tiempo para examinar la teoría de E. Cassirer sobre las categorías fundamentales del pensamiento mítico. Como provisional resumen citaré unas líneas de su obra posterior *Antropología filosófica*[193]:

> Lo que caracteriza a la mentalidad primitiva no es su lógica sino su sentimiento general de la vida. El hombre primitivo no mira a la naturaleza con los ojos de un naturalista que desea clasificar las cosas para satisfacer una curiosidad intelectual, ni se acerca a ella con intereses meramente pragmáticos o técnicos. No es para él ni un mero objeto de conocimiento ni el campo de sus necesidades prácticas inmediatas. Estamos acostumbrados a dividir nuestra vida en las dos esferas

de la actividad práctica y la teórica y al hacer esta división fácilmente olvidamos que existe, junto a las dos, otra capa más honda. El hombre primitivo no es víctima de tal olvido; sus pensamientos y sus sentimientos continúan encauzados en este estrato original. Su visión de la naturaleza no es puramente práctica ni meramente teórica; es *simpatética*. Si descuidamos este punto no podremos abordar el pensamiento mítico. El rasgo fundamental del mito no es una dirección especial del pensamiento o una dirección especial de la imaginación humana; brota de la emoción y su trasfondo emotivo tiene sus producciones de su propio color específico. En modo alguno le falta al hombre primitivo capacidad para captar las diferencias empíricas de las cosas, pero en su concepción de la naturaleza y de la vida todas estas diferencias se hallan superadas por un sentimiento más fuerte: la convicción profunda de una *solidaridad* fundamental e indeleble de la vida que salta sobre la multiplicidad de sus formas singulares. No se atribuye a sí mismo un lugar único y privilegiado en la jerarquía de la naturaleza. La consanguinidad de todas las formas de la vida parece ser un supuesto general del pensamiento mítico.

En el campo de la filología clásica quien de un modo más claro expresa esa nueva concepción del mundo mítico y de lo religioso es W. F. Otto con su libro *Los dioses de Grecia. La imagen de lo divino a la luz del espíritu griego,* del año 1927. Más tarde publicaría *Theophanía. Der Geist der griechischen Religion* (1956), que está muy en consonancia con ese su primer gran libro. Nada más lejos de los habituales estudios sobre la religión griega, bien meramente arqueológicos y positivistas, con acu-

## 5. La interpretación de los mitos en el siglo XX

mulación de datos y citas, bien guiados por esquemas evolutivos de un culto o de una figura divina, que esta visión de Otto. Para él las figuras de los dioses griegos –tal como se nos muestran ya en Homero– son imágenes simbólicas de una intuición vital intraducible en otros términos. En ellos se expresa insuperablemente la visión religiosa, poética y mítica de los griegos. No vienen de y van hacia otras formas, sino que esos dioses son manifestaciones irreductibles de una intuición de la existencia, de lo sagrado, y de ahí su vitalidad y su belleza que aún nos conmueve y nos ilumina. Citaré unas líneas de Otto como muestra de su estilo:

El hombre moderno está dispuesto a confundir la validez universal de los conceptos con la abstracta objetividad. Todavía hoy el investigador de religiones rara vez sabe reconocer en las personas divinas de la fe antigua otra cosa que objetos naturales y poderes físicos o conceptos generales ilusorios. Esta voluntad interpretativa que vacila entre la cruda materialidad y el racionalismo fracasa siempre en la vida plástica de la figura de los dioses griegos. Ésta da testimonio de un conocimiento superior en el que el comprender y el contemplar son idénticos. Este conocimiento encuentra siempre totalidades y de ellas toma precisamente esos rasgos para los que el intelecto no posee norma: nobleza y majestad, solemnidad, magnificencia, bondad, aspereza, rareza, astucia, gracia, encanto y muchos otros valores significativos y manifiestos que el pensamiento racional ha de pasar por alto. Este conocimiento ni siquiera necesita lo expresable porque recibe la forma que puede renacer una y otra vez en el destello de espíritu a espíritu. Su lenguaje propio es la creación del poeta y del artista, lo que no impide reconocer su significación eminentemente religiosa. ¿Qué pues sería religioso sino la emoción del hombre que mira las honduras de la existencia?[194].

Aunque U. von Wilamowitz-Moellendorf publicó pocos años después su importante libro *Der Glaube der Hellenen* (1931), jamás expresó la opinión que le merecían los escritos sobre religión y mitología de W. Otto; pero podemos suponer que ese estilo –ya que no el enfoque– le resultaba tan molesto e incómodo como los de su antiguo condiscípulo F. Nietzsche.

El discípulo más importante de W. Otto fue K. Kerényi, autor notablemente prolífico, que supo recoger la interpretación psicológica de C. G. Jung y acordarla con su propia consideración, muy afín a la de W. Otto. Sería muy largo citar los muchos libros de Kerényi. Su *Einführung in das Wesen der Mythologie,* en colaboración con el psicólogo suizo, es de 1941. Traducido al castellano está su libro *La religión antigua* (Madrid, 1972), que recoge algunos de sus artículos más interesantes de años cercanos.

Como libro curioso, aunque menor y un tanto adulterado, en el que el simbolismo deriva hacia un alegorismo psicológico, podríamos citar aquí el de Paul Diel, *Le symbolisme dans la mythologie Grecque,* cuya primera edición es de 1927 (trad. esp., 1978). La mitología tiene su propio lenguaje, como la música, dice Kerényi. El buen estudioso de la mitología debe atender a esas imágenes esenciales que se combinan en los textos y relatos de la Antigüedad, que encuentran muchas veces su paralelo en culturas lejanas y distantes. Esas imágenes, esos

## 5. La interpretación de los mitos en el siglo XX

elementos narrativos que una y otra vez aparecen en la composición mítica, son lo que él llama «mitologemas» con un valor simbólico fundamental:

> La actitud correcta con relación a la mitología viene dictada por su aspecto inteligible, por así decir, imaginativo y musical: hay que dejar hablar a los mitologemas y sencillamente prestarles oído[195].

Esos mitologemas tienen un fundamento profundo como expresión de la *psique* colectiva del pueblo que crea su mitología. De algún modo corresponden a los «arquetipos» o imágenes arquetípicas del alma colectiva, de que habla Jung, y pueden aflorar en los sueños de hombres modernos, porque ese trasfondo mítico pervive en las profundidades del alma humana. Por otro lado, Kerényi advierte bien cómo la mitología informa la vida social del hombre antiguo, y es un trazo básico de la civilización arcaica.

Como la cabeza cortada de Orfeo, la mitología continúa cantando, incluso después de su muerte, incluso a través de la distancia. Durante su vida, en el pueblo donde tenía su hogar, no sólo se cantaba en su acompañamiento, como al son de una especie de música: ella era vivida. Aunque material, fue para el pueblo, que era su portador, su modo de expresión, de pensamiento y de vida. Se ha hablado, con razón, de la vida «hecha de citas» del hombre de las edades mitológicas, y es muy justamente eso lo que ha sido concretizado por unas imágenes que nada mejor pueden reemplazar. Se ha dicho del hombre de la Antigüedad que, antes de hacer lo que fuera, habría reculado un paso, como el torero que se apresta a dar la estocada mortal. Habría buscado en el pasado un modelo en el que refugiarse, como en una escafandra, para precipitarse así, protegido y deformado simultáneamente, en el problema del presente. Su vida encontraba de este modo su propia manera de expresión y su propio sentido. Para él la mitología de su pueblo no sólo era convincente, es decir, llena de sentido, sino además explicativa, es decir, racional[196].

En el estudio del simbolismo mitológico cabe bien la comparación entre las presentaciones de una misma imagen mítica, un mitologema en distintos corpus míticos. Así, en el citado libro de Jung-Kerényi se estudia el tema del «niño divino» y de la «muchacha divina», básicamente sobre un mito griego, pero con múltiples comparaciones. Otros estudiosos compondrán en la misma línea brillantes estudios, como el de O. Rank sobre *El nacimiento del héroe*[197], o el de J. Campbell sobre *El héroe de las mil caras*[198], donde se traza un esquema de la carrera arquetípica del héroe, con paralelos de muchos textos mitológicos.

Un estudio que da un paso adelante en esta corriente hermenéutica, de análisis simbólico, es el libro de G. Durand *Les structures anthropologiques de l'imaginaire. Introduction à l'archétypologie générale* (París, 1969; trad. esp., 1982), donde se alía la influencia de G. Bachelard a esta hermenéutica de símbolos. Aunque el estudio versa sobre una temática más amplia que la de la mitología antigua, y se nos presenta con otra retórica –más moderna y con referencias al estructuralismo y la crítica literaria más reciente–, es de algún modo la culminación de este proceso interpretativo originado en las teorías de Jung y en la perspectiva del simbolismo, aplicado a la mitología en las obras de Kerényi, Zimmer, Campbell, etc.[199].

Frente a las teorías que ven en el mito una forma de pensar y explicar el mundo a través de un simbolismo irreductible a la concepción lógica y científica del hombre moderno, el funcionalismo no trata de buscar la significación espiritual o intelectual de los relatos tradicionales que configuran el corpus mitológico de tal o cual pueblo, sino que insiste en la función social que esa mitología desempeña en la vida comunitaria. Ése es el sentido del mito: fundamentar los usos tradicionales y las normas de convivencia, presentándoles una justificación narrativa, avalada por la tradición y aceptada por todos. Es B. Malinowski (1884-1942) quien, como gran antropólogo de campo, tras su larga estancia entre los nativos de las islas Trobriand, expuso con claridad y buen estilo esta sencilla teoría.

Malinowski reclama para el antropólogo una prioridad en el momento de formular una explicación de los mitos, porque quien, como el propio Malinowski, ha vivido junto a gentes primitivas, cuyo comportamiento estaba de algún modo ligado a esa forma de considerar el mundo a través de sus mitos, puede captar mejor la significación del mito[200]:

> El antropólogo no está atado a los escasos restos de una cultura, como tablillas rotas, deslucidos textos o fragmentarias inscripciones. No precisa llenar inmensas lagunas con comentarios voluminosos, pero basados en conjeturas. El antropólogo tiene a mano al propio hacedor del mito.

Y esta proximidad al primitivo fundamenta su observación:

El mito, tal como existe en una comunidad salvaje, o sea, en su vívida forma primitiva, no es únicamente una narración que se cuenta, sino una realidad que se vive. No es de la naturaleza de la ficción, del modo como podemos leer hoy una novela, sino que es una realidad viva que se cree aconteció una vez en los tiempos más remotos y que desde entonces ha venido influyendo en el mundo y los destinos humanos. Así el mito es para el salvaje lo que para un cristiano de fe ciega es el relato bíblico de la Creación, la Caída o la Redención de Cristo en la Cruz. Del mismo modo que nuestra historia sagrada está viva en el ritual y en nuestra moral, gobierna nuestra fe y controla nuestra conducta, del mismo modo funciona, para el salvaje, su mito.

Estudiado en vida, el mito, como veremos, no es simbólico, sino que es expresión directa de lo que constituye su asunto; no es una explicación que venga a satisfacer un interés científico, sino una resurrección, en el relato, de lo que fue una realidad primordial que se narra para satisfacer profundas necesidades religiosas, anhelos morales, sumisiones sociales, reivindicaciones e incluso requerimientos prácticos. El mito cumple, en la cultura primitiva, una indispensable función: expresa, da bríos y codifica el credo, salvaguarda y refuerza la moralidad, responde de la eficacia del ritual y contiene reglas prácticas para la guía del hombre. De esta suerte el mito es un ingrediente vital de la civilización humana, no un cuento ocioso, sino una laboriosa y activa fuerza, no una explicación intelectual ni una imaginería del arte, sino una pragmática carta de validez de la fe primitiva y de la sabiduría moral[201].

## 5. La interpretación de los mitos en el siglo XX

Los libros de Malinowski, escritos con estusiasmo y brillante estilo, tuvieron una considerable difusión e influencia, no sólo entre los antropólogos sino ante un público mucho más amplio. Fueron sobre todo antropólogos ingleses los que continuaron la indagación funcionalista en diversos pueblos salvajes, y las huellas de los consejos y teorías de Malinowski se encuentran en muchos de los cultivadores de la llamada «antropología social» (Radcliffe-Brown, Evans-Pritchard, etc.). Sus libros más importantes aparecen en la década de los veinte: *Argonauts of the Western Pacific* (Londres, 1922), *Crime and Custom in the Savage Society* (Londres, 1926), *Myth in primitive Psychology* (Nueva York, 1926), etc.[202].

No nos interesa ahora subrayar los méritos y las simplificaciones de la teoría funcionalista; pero sí quisiéramos destacar que venía a poner su énfasis en un punto preferido por los simbolistas: en el trasfondo social y ese marco colectivo y vital en el que se insertan los mitos vivos. Es probable que, a pesar de las críticas de Malinowski contra los que «limitaban el estudio de los mitos al mero examen de unos textos antiguos», pudiéramos encontrar entre algunos estudiosos de la mitología griega partidarios de ese estudio que relaciona mitos y vida colectiva, ritos y creencias y costumbres como un todo organizado y coherente, basado en una fe tradicional. Desde los enfoques de los miembros más notorios de la llamada Escuela de Cambridge hasta los trabajos del propio Wilamowitz (su ya citado *Der Glaube der Hellenen*) o de M. Nilsson (sobre las fiestas antiguas)[203], podríamos encontrar una atención renovada hacia el aspecto cultural y la repercusión del mito en la vida de los antiguos. También el filólogo podía aprender del antropólogo y, en una buena medida, estaba dispuesto a hacerlo.

La llamada «teoría del mito y ritual» recoge la enseñanza de Malinowski, aunque la expone con matizaciones y precisiones nuevas (cf. C. Kluckhohn, «Myths and Rituals. A general Theory», en *Harvard Theologigal Review*, 1942, y J. Fontenrose, *The Ritual Theory of Myth*, Berkeley, 1966). En esta dirección podríamos situar algunos libros de tema clásico, como el de T. Gaster sobre los orígenes del drama (*Thespis*, Nueva York, 1951), el de Fontenrose sobre los orígenes de la mántica délfica (*Python*, Berkeley, 1959) y el amplio estudio de W. Burkert sobre ritos y sacrificios (*Homo Necans*, Berlín, 1972). También en el libro más reciente de W. Burkert, *Structure and History in Greek Mythology and Ritual*, Berkeley, 1979, puede advertirse esa atención constante hacia las implicaciones sociales del mito y su conexión con el ritual, con un enfoque ecléctico.

Realmente simbolismo y funcionalismo no se excluyen de un modo tan tajante como pensaba Malinowski. Es posible una combinación de ambos, y en gran parte esto es lo que ha hecho M. Eliade en numerosos ensayos. Son dos enfoques que destacan aspectos diversos de un mismo fenómeno, y en su énfasis sobre uno u otro aspecto dejan algo en la sombra. Citaré unas líneas de Vernant que dejan muy clara esta reserva crítica:

> Funcionalismo y simbolismo aparecen, en su oposición, como el envés y el derecho de un mismo cuadro; cada uno oculta e ignora lo que el otro reconoce y describe. Los simbolistas se interesan por el mito en su forma peculiar de re-

## 5. La interpretación de los mitos en el siglo XX

lato, pero sin aclararlo por su contexto cultural; trabajando sobre el objeto mismo, sobre el texto en tanto que tal, no buscan, sin embargo, el sistema, sino los elementos aislados del vocabulario. Los funcionalistas están desde luego en busca del sistema que confiere al mito su inteligibilidad, pero en lugar de buscarlo en el texto, en su organización aparente u oculta, es decir, en el objeto, lo sitúan más allá, en los contextos socioculturales en que aparecen los relatos, es decir, en las modalidades de inserción del mito en el seno de la vida social. El mito pierde así en ellos su especificidad y sus valores de significación: no dice otra cosa sino la vida social misma, y no tendría por consecuencia nada que decir sino que, como todos los otros elementos del sistema social, permite a la vida del grupo que funcione[204].

Esta crítica advierte bien la falla de ambos tipos de hermenéutica, fallas que intentará remediar el estructuralismo, o mejor aún la combinación de estructuralismo y funcionalismo que encontramos en estudiosos modernos (Leach, Kirk, Vernant, etc.). Pero antes de pasar a considerar la aportación del estructuralismo, detengámonos brevemente en la consideración de la obra de un gran estudioso de la mitología indoeuropea y un gran filólogo: Georges Dumézil.

Decenas de libros y de artículos forman la copiosa bibliografía de G. Dumézil[205], una obra imponente redactada a lo largo de más de cincuenta años, producto de una singular erudición en el campo de la filología, la lingüística y la historia de los pueblos indoeuropeos. Partiendo de la mitología comparada (aunque una mitología comparada muy distinta a aquella que desacreditó el excesivo celo generalizador de Max Müller y otros autores del XIX[206]), para escrutar las estructuras de la sociedad y el pensamiento y la ideología de distintos pueblos indoeuropeos, partiendo del análisis de textos varios de la literatura antigua, de epopeyas hindúes, germánicas o célticas, de textos de historiadores romanos, de leyendas griegas, eslavas, etc., G. Dumézil ha tratado de rastrear las formas de representación y la ideología de la mentalidad antigua indoeuropea, que los relatos míticos habrían preservado. No ha cesado, en su minuciosa labor, de confrontar esos textos, de señalar la pervivencia de una estructura ideológica peculiar en la mitología indoeuropea, una concepción de la sociedad jerarquizada en tres grupos, cada uno de los cuales tiene asignada una función propia: la soberanía mágica y jurídica, la fuerza física y guerrera, y la fecundidad y laboriosidad encaminada a la producción de lo necesario para la subsistencia colectiva. En este esquema trifuncional se refleja la estructura esencial de la ideología del primitivo pueblo indoeuropeo, dispersado en multitud de lugares, razas e idiomas. Ritos, mitos, teologías y epopeyas evocan ese esquema a través de los textos que Dumézil, filólogo de una vasta y fina erudición, sabe explorar con singular maestría. La tripartición funcional de la primitiva sociedad está reflejada con variaciones múltiples en la herencia mítica de los distintos pueblos, con matices y temas propios a cada uno, porque la historia de los distintos pueblos suele modificar esas representaciones. Pero desde la India hasta Irlanda hay temas y motivos míticos que coinciden en expresar esa herencia común en sus reflejos mitológicos.

## 5. La interpretación de los mitos en el siglo XX

Hay en la concepción de G. Dumézil de que los dioses forman un sistema y que esta estructura refleja la concepción que de sí misma se hace una sociedad determinada una influencia de la escuela sociológica francesa, la de Durkheim y M. Mauss. Esa noción de estructura es una noción básica, ya que las figuras de los dioses no se ven como piezas sueltas e independientes, sino que en su interrelación se definen en un sistema (que refleja la estructura de la primitiva sociedad indoeuropea, tal como ella misma se vio en un esquema tripartito y funcional). La mitología recoge y resume la ideología. A diferencia de los comparatistas anteriores, Dumézil no compara elementos sueltos, ni extrae datos de las etimologías aisladas; sino que se aplica al estudio de textos precisos y confronta mitos muy definidos. En su representación del sistema mítico,

> la comparación sistemática de los rituales y mitos, de las concordancias y discordancias de diversas realidades indoeuropeas en relación con una estructura trifuncional, delimita un campo específico, en el que cada pueblo se define en su historia propia. Así, lo que la diacronía hace aparecer son las variaciones de la estructura primordial según el genio de cada pueblo a lo largo de su historia. La amplitud de estas variaciones, diferente según el nivel étnico y cultural, determina la importancia, mayor o menor, a lo largo de la evolución, que toma una de las funciones en detrimento de las otras. Este desplazamiento relativo de las fronteras entre las funciones primordiales circunscribe el dominio ideológico, en el que se manifiesta la originalidad de cada rama indoeuropea. La herencia cultural común ha fructificado, en

efecto, diferentemente: una evolución hacia un sentido cósmico más profundizado en los hindúes; una cierta indiferencia biológica y una imaginación a veces irracional entre los celtas y los germanos; un modo de historicización muy avanzado entre los latinos[207].

Así, en su análisis, Dumézil advierte la impronta de la historia sobre el mito.

La introducción del método de análisis estructural en la mitología es la aportación decisiva hecha por Claude Lévi-Strauss, cuya obra marca un hito intelectual en la concepción científica de la antropología del siglo XX, y cuya influencia en otros terrenos de la cultura tampoco es desdeñable. No vamos aquí a analizar ni a reseñar siquiera las aportaciones y principales trabajos de Lévi-Strauss, sobre los que hay una larga bibliografía[208]. Recordemos sólo que su primer ejemplo del método estructural, originario de los estudios lingüísticos, aplicado a un mito griego, es de 1955. Lévi-Strauss tomó entonces como ejemplo el famoso mito de Edipo para destacar en un análisis sus secuencias mínimas fundamentales (los «mitemas») y destacar cómo, por debajo de la narración aparente, el mito revelaba otra significación en su estructura profunda. Ese ensayo se publicó de nuevo en 1958, en su *Antropología estructural*. El mismo año publicó otro ejemplo más complejo de su método en «La gesta de Asdiwal». Pronto siguieron los cuatro volúmenes de sus *Mitológicas* (*Lo crudo y lo cocido,* 1964; *De la miel a las cenizas,* 1966; *El origen de las materias de mesa,* 1968; *El hombre desnudo,* 1971)[209], donde analiza un repertorio inmenso de mitos americanos.

## 5. La interpretación de los mitos en el siglo XX

Considerando que el mito es un sistema semiológico, en el que los elementos se definen –como señaló F. de Saussure– por oposiciones y relaciones mutuas, ve en el mito una estructura narrativa que puede estudiarse sintagmática y paradigmáticamente, descomponiendo el relato en secuencias mínimas –los mitemas–, cuya combinación revela no sólo un sentido explícito, lo que se dice manifiestamente, sino también un sentido a un nivel más profundo, que se deduce del análisis de esos mitemas del código mítico. El mito es, pues, un lenguaje, de segundo orden, un tanto ambiguo, que presenta un modelo lógico, que plantea los problemas y los dilemas fundamentales de una sociedad.

En sus libros sobre *El totemismo hoy* y *El pensamiento salvaje* (ambos de 1962), Lévi-Strauss expone sus conceptos sobre el mundo y la mentalidad primitiva. Está bien claro que su concepción se opone, de un lado, al pragmatismo positivista de B. Malinowski, y de otro, a las tesis sobre el pensamiento primitivo y mítico, como propio de una mentalidad infantil, ingenua, mágica o fundamentalmente emocional. Para Lévi-Strauss los mitos son expresión de una manera lógica de concebir el mundo, sólo que es ésta una lógica *sui generis,* distinta a la de nuestra lógica científica.

En sus análisis, Lévi-Strauss estudia el texto del mito descomponiéndolo en secuencias y elementos significativos mínimos, como hace el lingüista con los fonemas y los morfemas, y trata de encontrar luego la significación de éstos por oposición y referencia a todo el corpus narrativo de la mitología en cuestión. Hay una sintaxis y una semántica míticas. Y hay también una especie de *ars combinatoria* o de «gramática generativa» de estos relatos míticos que se componen y descomponen en mitemas, que pueden enfrentarse y complementarse, en ese diálogo consigo mismo que es un repertorio mítico. El juego de combinaciones y de transformaciones puede explicar la multiplicidad de los mitos y su riqueza fabuladora. Por otro lado, Lévi-Strauss no olvida las enseñanzas de Mauss, y de la sociología francesa, y, a pesar de su formalismo a veces extremado, advierte cómo el significado de los mitos y mitemas está definido en su referencia a la cultura de una sociedad determinada, y cómo ese sentido remite a un contexto social siempre.

Destacando en primer término ese valor comunicativo de los mitos, que se precisa en la observación sincrónica de sus temas y motivos, y de su interpenetración semántica, la influencia de Lévi-Strauss ha hecho que la atención de los estudiosos se centre en el análisis de los relatos míticos, en la sintaxis y semántica de los mismos, dejando de lado las especulaciones sobre la turbia psicología mitopoética de los primitivos y el acopio de símbolos eternos de una fantasía colectiva.

Contra la pretensión de Lévi-Strauss de encontrar en una lectura estructural de los mitos una única función y de poder analizar tales relatos mediante un método analítico unido a una combinatoria de mitemas encuadrada por el repertorio de los mismos, se han levantado algunas críticas importantes. Desde el punto de vista de algunos estudiosos atentos a los contextos culturales concretos de los mitos antiguos, se le ha censurado a Lévi-Strauss que generaliza en exceso sus conclusiones sacadas de un repertorio mítico donde solamente es posible el análisis sincrónico –en esos pueblos americanos «sin historia» y sin escritura el mito tiene características propias diversas de las que el mito podría asumir en Mesopotamia, Grecia o el mundo hebreo–. P. Ricoeur[210], G. S Kirk[211], J. P. Vernant[212], han precisado esas reservas respecto a la generalizada tesis de Lévi-Strauss de que todos los mitos poseen la función de presentar una mediación intelectual de los problemas fundamentales de una concepción social y de que todos los mitos son variantes de una estructura profunda harto universal.

No voy a tratar de estas críticas en detalle. Sólo tengo espacio para mencionar los estudios más interesantes, a mi ver, que desde la perspectiva de los estudios clásicos se han hecho aprovechando la aportación de Lévi-Strauss.

El libro de G. S. Kirk *El mito. Su significado y función en las culturas antiguas* (1970; trad. esp., 1973) supone un intento importante de recoger la enseñanza del estructuralismo y combinarlo con un enfoque atento al valor funcional, la configuración literaria y el contexto histórico de la mitología helénica. Es un estudio muy valiente, sugeridor y crítico[213], aunque hay que destacar que luego el profesor Kirk no ha avanzado en su empeño y se ha quedado detenido en sus críticas, como se ve por su libro posterior *The Nature of Greek Myths* (Londres, 1974).

Entre los filólogos franceses, quienes mejor han aprovechado las enseñanzas de Lévi-Strauss son J. P. Vernant, en sus minuciosos trabajos sobre textos bien definidos (*Mythe et pensée chez les Grecs,* París, 1965, y *Mythe et sociétè en Grèce ancienne,* París, 1972), y M. Detienne, cuyo libro *Les jardins d'Adonis. La mythologie des aromates en Grèce* (1972) constituye el mejor ejemplo de la aplicación del método estructuralista a un mito griego. Mediante el estudio de todos los elementos narrativos del relato de la muerte de Adonis y sus referencias en el contexto ritual, Detienne logra un magnífico comentario de un mito que Frazer había tratado de un modo general (como un caso ejemplar del dios que muere), sin recurrir para nada a esas extrapolaciones y fantasías de otros intérpretes. En diversos libros y estudios Vernant y Detienne han continuado con esa exégesis y esa hermenéutica que están apoyadas en un método estructuralista, no menos que en una profunda y bien administrada pericia filológica y saber histórico.

Hay otros libros que no se enmarcan en esta corriente hermenéutica, pero que son muy importantes en los estudios de mitología helénica. Así, por ejemplo, el libro de A. Brelich, *Gli eroi greci* (Roma, 1958), es un espléndido trabajo donde, mediante la comparación sistemática de un vasto corpus, se intenta señalar lo que define la silueta del héroe en los mitos griegos, es decir, se buscan los rasgos pertinentes en la construcción de esta figura mitológica. También el libro de B. Vickers, *Towards Greek Tragedy* (Londres, 1973), contiene una crítica que es muy acertada, a mi modo de ver, contra los excesos teóricos del estructuralismo, junto con algunos agudos análisis y propuestas de análisis. En un terreno cercano al de la mitología helénica, el de la mitología en el contexto bíblico, habría que reseñar el estudio de E. Leach *Genesis as Myth and other essays* (Londres, 1969).

## 5. La interpretación de los mitos en el siglo XX

La investigación actual sobre mitología parece caracterizada por un cierto eclecticismo y una atención a los textos, hecho que puede resultar estimulante para quienes aprecian la labor filológica. La huella de Lévi-Strauss es indiscutible, así como también está claro que no hay estructuralistas ortodoxos y que el método analítico ha de ser completado con referencias al marco exterior, sociocultural concreto, del que hablan los mitos. El positivismo funcionalista ha de ser recuperado y combinado con una atención a la manera simbólica de significar de ese tipo de relatos a los que llamamos «míticos». Ahora bien, el problema es definir cuál es el sentido de estos relatos y cuál es la marca que define a un mito. Repitamos la crítica de Kirk:

> En una cuestión yerra claramente Lévi-Strauss. Al dar por sentado que todos los mitos en todas las culturas tienen una función similar, para «conciliar» contradicciones, se alinea innecesariamente con una serie de movimientos interpretativos como los de mito-de-la naturaleza o mito-y-ritual, que han reducido sus posibilidades de ser justamente estimados a causa de la excesiva generalidad de sus pretensiones. No hay ninguna definición del mito, ninguna forma platónica de un mito que se ajuste a todos los casos reales. Los mitos [...] difieren enormemente en su morfología y en su función social. Hay síntomas de que tan obvia verdad está siendo cada vez más ampliamente aceptada y uno de los propósitos de la presente obra *[El mito]* es el de examinar la naturaleza de los mitos en sus diferentes aspectos y sobre el fondo de más de un tipo de cultura[214].

Frente al aserto de Lévi-Strauss de que «sea cual sea nuestra ignorancia de la lengua y la cultura de la población que lo ha recogido, un mito es percibido como mito por todo lector en el mundo entero» *(Anthropologie structurale,* 1958, p. 232), queda la constatación positiva de que los mitos no se distinguen formalmente de otros relatos, sino que aparecen en el repertorio tradicional de una cultura con una extraña y ambigua libertad formal. Lo que de alguna manera constituye al mito como tal es su ejemplaridad, el pertenecer al campo de la memoria, de ser algo que se cuenta y que se acepta colectivamente, y va y viene poco discutido en el rumor y las tradiciones de un pueblo. Por lo demás, cuando los griegos precisan el uso del término *mŷthos* y luego el de *mythología,* es la alteridad, la extrañeza, la distancia frente al *lógos,* lo que parece ser la marca de tales relatos[215]. El «mitismo», por utilizar otro término introducido por Lévi-Strauss, es ese trazo de «memorable y socialmente interesante» que una sociedad confiere a ciertos relatos del pasado, un tanto misterioso[216]. Los problemas que la introducción de la escritura crea en el repertorio mítico, y las transformaciones que la literatura supone, han sido señaladas claramente por J. Goody, E. Havelock y M. Detienne, cuyo atractivo libro *L'invention de la mythologie* (París, 1981; trad. esp., 1985) nos incita a volver a reflexionar sobre estos temas.

Para no alargarnos más, podríamos concluir esta resumida y esquemática ojeada a los estudios de mitología en los últimos decenios con una nueva cita, bastante amplia, de J. P. Vernant, que refleja en su concisa alusión la paradójica situación actual:

## 5. La interpretación de los mitos en el siglo XX

El tiempo de la reflexión, para el mitólogo de hoy, ¿qué quiere decir? En el espacio de un medio siglo, el análisis de los mitos ha hecho progresos tan rápidos que una nueva disciplina parece haber emergido a la luz. Vastos conjuntos legendarios, en los dominios indoeuropeo, amerindio, helénico, próximo-oriental, africano, asiático, han sido interpretados de modo nuevo, preciso, sistemático. Pero no está ahí, sin duda, lo esencial. El hecho decisivo es que, a despecho de ciertas divergencias, de personas o de escuelas, se ha establecido un consenso tras los trabajos ejemplares de G. Dumézil y de C. Lévi-Strauss, sobre la orientación general de los procedimientos de desciframiento y sobre las reglas a las que debe satisfacer, para ser pertinente, una lectura de los mitos. [...]

Así que hoy, quienes en el surco de los grandes fundadores, han tomado el relevo en la labor de comprender los mitos no cuestionan fundamentalmente los métodos variados de interpretación de sus precursores, ni siquiera los soportes teóricos de tal empeño. Su interrogación no apunta directamente a la nueva disciplina tal como se ha constituido en sus tramos esenciales. Se dirige hacia su objeto. Él es quien ahora se ha vuelto problemático. A través de los progresos mismos de las técnicas de investigación, aquellos a los que se podría llamar los artesanos de la tarea de desciframiento se ven llevados a plantearse la pregunta: el mito, ¿qué es? ¿Hay una realidad humana, bien delimitada, que responda a esa noción? En resumen, se preguntan por cómo definir el objeto de su trabajo, dónde situarlo, qué estatuto científico asignarle. Ante estos problemas, algunos se sienten tentados de responder: un mito, eso no existe. El mito es un concepto que los antropólogos han tomado en préstamo, como si fuera algo válido de por sí, a la tradición intelectual de Occidente; su referencia no es universal; no tiene una significación unívoca; no corresponde a ninguna realidad específica. En un sentido estricto, la palabra mito no designa nada.

Parece, en efecto, que, como apunta Vernant con sutil metáfora, «el mito, como Eurídice, se ha esfumado cuando la mitología lo reconducía a la luz». Pero esa desaparición es un truco más de su pervivencia camaleónica, sólo un artilugio más de su proteico presentarse en varias formas, y en distintos ámbitos, desde el marco de la religión al de la literatura.

La pluralidad de enfoques en el estudio de los mitos que caracteriza la investigación actual en mitología griega puede advertirse bien en volúmenes colectivos como los editados por J. Bremmer (*Interpretations of Greek Mythology*, Londres-Sydney, 1987) y L. Edmunds (*Approaches to Greek Myth*, Baltimore, 1990).

# 6. Estudios recientes sobre mitología clásica (1984-2004)

Refiriéndose a la actual situación académica de los estudios sobre mitología, una reciente introducción general al tema de «Mito y Literatura» (F. Monneyron y J. Thomas, 2002, p. 4) comienza con la siguiente observación:

> Bien sea en los cursos de letras clásicas (en griego o en latín) o de letras modernas (literatura francesa o literatura comparada), sea en los de otras lenguas y literaturas, este tipo de estudios ha cobrado de modo incontestable un lugar cada vez más importante desde hace una veintena de años... Pero a pesar de este éxito y esta inflación, este campo de estudios sigue relativamente mal definido, tanto epistemológica como metodológicamente.

En esa misma línea de observaciones sobre la situación actual de estos estudios es oportuno citar el último párrafo de la *Introducción a la Mitología Clásica* de una ilustre helenista, Suzanne Saïd, que concluye:

> A diferencia del texto que impone al lector unos límites, el mito, que no es más que un «bricolaje de motivos variados», sigue siendo un conjunto abierto, que siempre puede seguirse enriqueciendo. Esta plasticidad del mito, que le permitió antaño sobrevivir adaptándose y que permite todavía a la crítica explayarse, explica sin duda hoy la oleada y la fluidez de los estudios mitológicos (S. Saïd, 1998).

He empezado con estas dos citas para subrayar algo bastante evidente en el panorama actual de los estudios de mitología. De un lado, éstos han proliferado en los programas académicos, a la vez que recobraban un cierto prestigio intelectual y tienen una creciente difusión en el ámbito cultural; pero, por el otro lado, siguen coexistiendo en este campo estudios de muy variados enfoques y se ofrecen con una muy curiosa diversidad en sus perspectivas y sus métodos, comenzando por una notable ambigüedad en la misma concepción y definición del término «mito» y de lo que se entiende por «mitología». (Una disciplina, además, y de modo inevitable, que tiene unas fronteras mal definidas frente a los estudios de religión y de literatura.)

## Hacia una definición del mito.
## La invención de la mitología

Aquí vamos a ocuparnos de los últimos estudios de mitología clásica, es decir, mitología griega, y esto restrin-

## 6. Estudios recientes sobre mitología clásica (1984-2004)

ge un tanto la variedad de criterios y hermenéuticas, al plantear la cuestión de qué es «mito» y «mitología» al verlos no en el ámbito universal, sino en una determinada cultura, justamente aquella que ha dado origen a ambos vocablos, la griega antigua. De todos modos, me gustaría recordar una vez más, las líneas bien conocidas de J. P. Vernant, que resumen una larga reflexión sobre lo que hoy entendemos como «mito», o, más bien, como «lo mítico» en la cultura helénica. De un lado constata cómo la misma noción de «mito» ha sido cuestionada a fondo: «En un sentido estricto, la palabra «mito» no designa nada». De otro, cómo debemos extender la atención más allá de los relatos coleccionados por los mitógrafos hacia el trasfondo de lo imaginario, lo simbólico, lo poético en la tradición mítica.

No existe el mito, si se entiende por eso una categoría precisa de relatos sagrados que se encontraría por doquier. Pero, a falta de quedar por entero encerrado en un género narrativo, el mito, o más bien, lo mítico reaparece en el trabajo de los antropólogos, no ya como un aspecto particular de la cultura, sino como lo que permite establecer, entre los diferentes elementos de una cultura, cuando la transmisión y el aprendizaje del saber se realizan por transmisión oral, un juego de correspondencias simbólicas que aseguran la coherencia, la estabilidad, la permanencia relativas del conjunto. Lo que lo mítico ha perdido, en relación con el mito, en aparente precisión, lo gana en importancia y en extensión: en todo lo que constituye, en el seno de las civilizaciones tradicionales, el tejido intelectual, el aspecto mental de la vida colectiva, actúa para estructurar, clasificar, sistematizar, hacer asimilable, edificar un pensamiento común, un saber participado.

Ampliado, transformado, el horizonte del mitólogo se abre sobre una serie de problemas nuevos [...] El mito, como Eurídice, parece desvanecerse cuando la mitología se ha presentado a la plena luz del día. Pero su fantasma, dispersado y expandido, no ha acabado de frecuentar el territorio de los antropólogos.

Estos párrafos de Vernant, publicados en 1980, y más tarde recogidos en el libro *Entre mythe et politique* (1996, pp. 352-358), apuntan muy bien ciertas tendencias actuales de los estudios de mitología. El escepticismo acerca de una noción esencial de «mito» y de «mitología» está muy bien representado por el libro de Marcel Detienne *La invención de la mitología* (1981) y se acentúa en varios ensayos de Claude Calame (véanse, por ejemplo, los capítulos iniciales de su *Poétique des mythes dans la Grèce antique* (2000)[217]. El mitólogo no debe buscar, según estos estudiosos, una idea universal ni una esencia del mito, ni siquiera de la mitología griega, ni tampoco rastrear un pensamiento mítico –aquel famoso *mŷthos* agonizante frente al *lógos,* tan grato a algunos historiadores de la filosofía–, un *mŷthos* que expresa o configure una categoría expresiva propia del simbolismo primitivo, sino que el estudioso, helenista profesional, debe limitarse a interpretar los relatos míticos en el contexto cultural, poético y literario que los produce, recompone y difunde. Rechazando la concepción del mito como «modo del pensamiento», que considera una invención de los antropólogos modernos, Calame insiste, siempre

## 6. Estudios recientes sobre mitología clásica (1984-2004)

en la línea marcada por Detienne, en el aspecto poético y literario de las ficciones míticas:

Como producto del proceso simbólico, como producto del *poíein* creador de mundos ficcionales, todo relato a nuestros ojos mítico es también un relato *poiético* y poético. En la antigua Grecia, como en otras culturas, el mito no existe más que en las formas narrativas y poéticas que constituyen el modo de realización necesaria de intrigas sin estatuto de orden ontológico distinto del textual (op. cit., p. 46 ).

Esta actitud crítica, tan deconstructiva, pone su énfasis en el carácter literario que tienen –e indiscutiblemente lo tienen *para nosotros*– los mitos griegos, que se nos presentan siempre en una precisa forma literaria, escritos y enmarcados en uno de los diversos géneros poéticos, bien contextualizados históricamente. Pero siempre resultan ficciones o relatos ficticios que se cuentan literariamente, y que cobran matices y perfiles según sus autores y épocas de modo muy significativo. De ahí que nos parezca conveniente insistir en ese aspecto narrativo del mito. En este punto me parecen muy claros los argumentos de Luc Brisson, quien, en *Platón, las palabras y los mitos,* reivindica el uso del mito como narración y analiza muy bien los empleos del término en Platón.

Como hemos señalado a lo largo de varios capítulos, el acabar por reducir los mitos a perdurables ficciones literarias sin más nos parece demasiado simple, y desconsiderado, ya que supone olvidar que la tradición poética de los mitos que la literatura (y también las artes plásticas y los ritos) expresa y difunde, en sus diversas formas y géneros y momentos históricos, refleja siempre una latente tradición oral y unos relatos que permanecen en la memoria colectiva, mediante una tradición inmemorial que subsiste también más allá de todas las versiones literarias, y enriquecida a la vez por todas ellas. (Y, en gran medida, sufre luego las influencias de éstas. Pensemos en el mito de Edipo, por ejemplo.) En la recepción y transmisión mítica se continúa el trabajo del mito, como muestra Blumenberg. Aunque nosotros los conozcamos sólo gracias a unas cuantas versiones literarias, debemos admitir que los mitos son *in nuce* anteriores a ellas, preexisten al menos como sus esquemas narrativos (como dice Calame) y, añadamos, mantienen en ellas una innegable constancia icónica. Admiten variantes y, a diferencia de los dogmas, no exigen una creencia unánime. Pueden ser usados en tanto que *mýthoi paradedómenoi*, esos 'mitos heredados' que, según dice Aristóteles en su *Poética*, los autores trágicos deben saber manejar y usar bien al reconstruir con nuevo impulso creador el *mýthos* en sus dramas. (Y lo que escribe sobre los dramaturgos lo podría haber dicho Aristóteles de un poeta lírico tan fervoroso narrador de mitos como Píndaro, por ejemplo.)

## Una definición funcional de los mitos griegos

Tal como andan las cosas, no es de extrañar que en todas las introducciones a la mitología haya una propuesta de definición del mito. («Hay tantas definiciones del mito como libros sobre mitos», escribe F. Graf (1997,

p. 477).) Conviene, desde luego, tener muy en cuenta las numerosas observaciones críticas sobre la dificultad de definir un mito griego, bien subrayadas ya por G. S. Kirk (1970). Por ejemplo, con la intención de presentar una definición que tal vez podríamos llamar funcional, R. Buxton escribe:

> Un mito griego es una narración de las gestas de dioses y héroes y de sus interrelaciones con mortales comunes, transmitida como una tradición dentro del mundo griego antiguo y de importancia colectiva para un grupo o grupos sociales específicos (R. Buxton, 1994, trad. esp. 2000, p. 28).

Ya hemos tratado de esto en nuestras primeras páginas y seguimos ateniéndonos a la definición funcional que propusimos: un mito es un relato tradicional que refiere la actuación memorable y ejemplar de unos personajes extraordinarios –dioses y héroes en el mundo griego– en un pasado prestigioso y lejano.

Podría desde luego discutirse si esa definición puede aplicarse a los relatos que llamamos «míticos» de todas las mitologías. Pero no vamos a detenernos ahora en esa discusión. (Véanse unas cuantas definiciones más del mito griego en K. Dowden, 1992, pp. 169-171.) En cualquier caso, hay una notable coincidencia en definir el mito como un «relato tradicional» y «de interés colectivo». Esos rasgos resultan muy pertinentes para caracterizar lo que los griegos, desde la época clásica en adelante, entendían como un mito, destacando en ese tipo de relato dos rasgos básicos que lo definen suficientemente frente a otras ficciones poéticas, tomando en cuenta las reflexiones y críticas de Burkert y Vernant, como hizo ya muy bien J. Bremmer en «What is a Greek myth?» (1987, pp. 1-9).

También parece pertinente, de cara a una definición más completa, recuperar, como suele hacerse, el sentido de «mitología» como conjunto de los mitos o *corpus* mítico en el que se albergan e inscriben esos relatos tradicionales. Contra la opinión de G. S. Kirk, que prefería prescindir de este término como un vocablo demasiado retórico, debemos tener en cuenta que los mitos configuran un repertorio que viene a ser como una red peculiar de narraciones tradicionales, trenzada en una mutua interconexión. Este primer sentido del término «mitología» queda bien definido, en mi opinión, por Ken Dowden cuando escribe (1992, p. 8):

> De hecho, la Mitología Griega es un fondo compartido (*a shared fund*) de motivos e ideas ordenado en un repertorio compartido de relatos (*a shared repertoire of stories*). Esos relatos limitan, se complementan y contrastan con, y son entendidos a la luz de, otros relatos en el sistema. La Mitología Griega es un «intertexto» porque está constituida por todas las representaciones de mitos reconocidos por su audiencia y porque cada nueva representación obtiene su significado de cómo está situada en relación a esa totalidad de representaciones previas. Usaré el término de «Mitología Griega», con letras mayúsculas, para denotar este sistema total en continuo desarrollo (*envolving total system*).

En ese sentido, la mitología, vista como un sistema formado por los mitos, aparece enraizada en una cultura y se desarrolla en una tradición cultural con su contexto social y su simbolismo propio. Forma una parte esencial de lo que podemos denominar «el imaginario colectivo» y nos remite a lo que Vernant llamaba «lo mítico», que es algo más amplio que los relatos sueltos de esa misma lengua y esa tradición. (El carácter de «memorable» es el rasgo que para C. Lévi-Strauss caracteriza mejor un relato mítico.) En ese mismo sentido, la mitología remite a un contexto cultural determinado, y es dentro de esas referencias a su contexto como alcanzan los mitos su sentido y plena significación. La mitología es, así, legado y herencia de toda una nación, un legado que, ya al desarrollarse en sus variantes en una época histórica, como sucede en Grecia, se enriquece en sus presentaciones literarias. «Los mitos viven en el país de la memoria», escribió M. Détienne hace mucho. Es, ciertamente, la memoria colectiva la que actúa como sustento esencial de la mitología. En esta línea de pensamiento podemos citar dos excelentes introducciones al tema: las de Ken Dowden, *The Uses of Greek Mythology* (1992), y Richard Buxton, *El imaginario griego. Los contextos de la mitología* (1994, trad. esp. 2000)[218].

En un segundo sentido, la palabra «mitología» se utiliza para designar la interpretación y el estudio de los mitos. Es una tarea hermenéutica que ya fue practicada por los filósofos griegos y que cuenta con una larga tradición [219]. Es decir, en esta acepción, la mitología trata de descubrir y explicitar todos los significados que revelan los mitos una vez sometidos al examen de la razón, mitos analizados, glosados y traducidos al lenguaje más racional del *lógos*. El repertorio mítico resulta, en esta perspectiva, una especie de universo simbólico, arcaico, dramático y extraño, que debe ser metódicamente descodificado para revelar su significación más profunda. Las interpretaciones de la mitología han sido muy varias y bastante divergentes, como han destacado tanto G. S. Kirk, en su claro libro de 1970, como J. P. Vernant en el ensayo que cierra su *Mito y sociedad en la Grecia antigua*, en 1974. Quizás resulte un tanto exagerado aplicar a esos estudios el título de «ciencia del mito», en el sentido más estricto, cuando las varias escuelas de mitólogos ensayan unas hermenéuticas tan polifónicas y discordes, pero, en todo caso, esas exégesis mitológicas han tenido admirables proyecciones teóricas y muy sugerentes perspectivas y ecos literarios. Y nos han enseñado mucho sobre el mundo simbólico y el imaginario de los griegos. E incluso sobre el nuestro.

## La interpretación de los mitos. Métodos eclécticos

He tratado ya, resumiendo otros estudios, en el capítulo anterior[220], sobre las corrientes más importantes de esas interpretaciones de los mitos en el siglo XX, que van desde la mitología comparada (en la que podríamos recordar figuras tan distintas como James Frazer y Georges Dumézil), el simbolismo (con su deriva psicoanalítica, con figuras como Jung, Kerényi, O. Rank, etc., hasta su más moderna elaboración teórica en la obra de «mitocrítica» de Gilbert Durand), la escuela del «mito y ritual» (Escuela de Cambridge, con Jane Harrison, Gilbert Murray, F. M. Cornford, y luego Fontenrose, y otros), el fun-

## 6. Estudios recientes sobre mitología clásica (1984-2004)

cionalismo (Malinowski, Radcliffe-Brown, etc.) y el estructuralismo (Claude Lévi-Strauss). En el terreno de los mitos griegos, la teoría estructuralista ha influido en la que suele llamarse «Escuela de París», acaudillada por Jean-Pierre Vernant, mientras que la teoría del mito y ritual se continúa, también como en el caso anterior, con notable distancia crítica, en la obra de Walter Burkert y sus discípulos. Las obras más significativas de estas tendencias y de todos estos estudiosos son anteriores al período que ahora aquí reseñamos, pero deben ser recordados como el trasfondo teórico al que responde el eclecticismo y acaso el escepticismo más reciente.

Por lo demás, debemos subrayar que la interpretación de los mitos de la Escuela de París (J. P. Vernant, P. Vidal-Naquet, M. Detienne, N. Loraux, etc.) suele trabajar sobre un análisis muy preciso y una aguzada lectura filológica de los textos clásicos, unidos a una perspectiva estructural que no prescinde de considerar a la vez todo el contexto social e histórico[221]. Y el método de Burkert, atento tanto a los textos como a los rituales y los datos arqueológicos, así como a los paralelos en otras culturas antiguas, apunta muchas veces a repetidos esquemas de comportamiento o a estructuras de carácter general. En uno y otro caso, pues, se deja notar cierto eclecticismo, bastante crítico y matizado, que mantiene distancias y acentos muy propios.

Tras una época de brillantes teorías y de excelentes ensayos programáticos, lo que desde los años ochenta parece caracterizar lo más interesante de la actual interpretación de los mitos griegos es un cierto desdén por las posiciones teóricas previas y un empeño por reconstruir los mensajes míticos a partir de una lectura minuciosa de los textos, sin perder de vista sus contextos, como momentos de la tradición mítica, en esa transmisión que es, a la vez, poética. Podríamos hablar tal vez de una atención especial a sus variantes en la «historia de los mitos». Se busca subrayar así la estructura de los relatos a la vez que a su presentación y variación según los moldes literarios en que, en la cultura helénica, se ofrece el relato.

Además de esta tendencia a acudir al examen minucioso de los textos, en la línea bien ejemplificada en los trabajos de Vernant, por ejemplo, pueden destacarse algunos avances característicos, como son el interés por la iconografía como fuente de información mítica y, por otra parte, la insistencia en la temática ligada a las mujeres y la representación de lo femenino en la mitología antigua.

## La iconografía como fuente de relatos míticos

Como señalaba R. Buxton (1994, p. 17):

> Ha habido (en estos últimos veinte años) un avance en la sofisticación con que se interpretan las representaciones iconográficas. Durante largo tiempo contempladas como simples ilustraciones de textos escritos, cada vez se estiman más como representaciones simbólicas por derecho propio, cuya importancia, en la medida de lo posible, tiene que deducirse de su situación dentro de su serie iconográfica (de nuevo estructuralismo y diferencias) y de sus contextos funcionales.

## 6. Estudios recientes sobre mitología clásica (1984-2004)

Contamos ahora con un magnífico repertorio de todas esas imágenes gracias a los 16 tomos (o los 8 volúmenes dobles) del *Lexicon Iconographicum Mythologiae Classicae (LIMC),* que se han publicado entre 1981 y 1997 (y los dos índices de 1999). Este magnífico instrumento de trabajo constituye un hito en la investigación sobre el campo de las representaciones pictóricas de temas míticos. Contábamos ya, desde luego, con bien conocidos e importantes trabajos sobre las imágenes de un mito y su tradición iconográfica –los de F. Brommer y K. Schefold, por ejemplo–, pero la edición de este vasto repertorio colectivo supone un gran paso y una aportación de materiales de indiscutible valor. La utilización del *LIMC* resulta hoy imprescindible para cualquier estudio detallado sobre un personaje mítico, no sólo por sus reproducciones completas del *corpus* que conservamos, sino también por los comentarios en el tomo paralelo en cada caso, a cargo de excelentes especialistas.

Del gran interés que para los estudios de mitología tienen las aportaciones de las ilustraciones artísticas valga como ejemplo el libro de T. H. Carpenter, *Art and Myth in Ancient Greece,* de 1991. Al respecto de la relación del modo peculiar de referir el mito que caracteriza al arte del pintor o el ceramista frente al relato verbal del poeta o el mitógrafo, podemos remitir a los libros de J. March (1987) y H. A. Shapiro (1994).

Teniendo en cuenta la serie de las imágenes plásticas, siempre bien fechadas, a la vez que los textos de la tradición literaria, puede rastrearse de manera mucho más precisa la larga trayectoria de un mito y sus variantes. El excelente y extenso manual de T. Gantz, de 1993, *Early*

*Greek Myth: A guide to Literary and Artistic Sources,* me parece un admirable ejemplo de esa feliz combinación de datos, expuesta con un estilo muy claro y una extraordinaria precisión. En él puede verse cuándo aparece tal o cual detalle de un relato, cuándo se testimonia una nueva variante, y constatar los ecos de la literatura y las artes plásticas a lo largo de los varios testimonios de la época arcaica y la clásica. Este repertorio debe reseñarse igualmente como un avance memorable en los estudios de mitología griega.

Desde hace tiempo sabemos que también los artistas, en la pintura y la escultura, cuentan mitos; a su modo y manera, ya que los medios de la pintura son distintos de los de la palabra poética. Recordemos que Filóstrato en sus *Imágenes o descripciones de cuadros* iba comentando cómo las pinturas de una galería helenística narraban escenas de famosos mitos. Puesto que la gran pintura antigua se nos ha perdido, es sobre todo la cerámica la que contribuye a enriquecer nuestro conocimiento de la tradición mítica, al reflejar en sus imágenes escenas conocidas y otras no narradas en los textos conservados; a veces nos ofrece incluso detalles nuevos o escenas de piezas de teatro perdidas. (Recordemos que el ya clásico libro de L. Séchan, *Études sur la tragédie grecque dans ses rapports avec la céramique,* es de 1927.) No se trata, por tanto, de que se hayan presentado ahora grandes innovaciones en este campo, sino de que hemos conseguido mejores y más completos instrumentos para la investigación, se han perfilado mejor en su conjunto las contribuciones de la plástica al conocimiento de los mitos, y se presta una mayor atención a sus informaciones y a su interpretación. En el análisis y comentario de esas imágenes se ha avanzado no sólo tomándolas como fragmentos de relatos míticos, sino ahondando en la reflexión sobre el sentido de los aspectos icónicos. Por ejemplo, para la significación de algunas figuras o la descripción de ciertos temas. Dos ejemplos claros: el análisis del rostro frontal de la gorgona Medusa realizado por J. P. Vernant en *La muerte en los ojos* (1985) y el de las imágenes sobre el viaje al Hades de F. Díaz de Velasco en *Los caminos de la muerte. Religión, rito e imágenes del paso al más allá en la Grecia antigua* (1995).

También resultan de gran interés los datos iconográficos para rastrear la configuración de una tradición o una leyenda mítica, al complementar los de las fuentes literarias. Por ejemplo, permiten observar cómo la figura de un héroe como Teseo ha ido cobrando un carácter de soberano ejemplar ateniense a partir de la época de Pisístrato. Hemos perdido, desde época muy antigua, la *Teseida* (siglo VI a. C.) y algunas tragedias sobre el héroe, pero las escenas representadas en la cerámica atestiguan muy bien cuándo aparecen representadas algunas hazañas del héroe y cómo se evitan otras en los vasos del Ática. (Cf. F. Brommer, 1982; C. García Gual, 1990.)

## El mundo de las mujeres y la representación de lo femenino

En el interesante volumen programado, editado y prologado por Lowell Edmunds en 1990 con el título de *Approaches to Greek Mythology,* se distinguen, como muestras de las nuevas tendencias y orientaciones en la investigación actual de los mitos, cuatro secciones y ocho ensayos. Como creo que el abanico de los mismos es muy representativo de esa variedad de perspectivas del momento y los autores de los artículos muy representativos, recordaré el índice y los títulos. En la parte 1, «Mito, Ritual e Historia», se recogen los de H. S. Versnel: «Myth and Ritual, Old and New» y de C. Brillante: «History and the Historical Interpretation of Myth». En la 2, «Enfoques comparatistas», los de R. Mondi: «Greek Mythic Thought in the Light of the Near East»; J. F. Nagy «Hierarchy, Heroes and Heads: Indoeuropean Structures in Greek Myth» y –bajo la rúbrica de «Greek Mythology and Folklore»– el de W. F. Hamsen «Odysseus and the Oar: A Folkloric Approach». En la 3 tenemos: «Acercamientos basados en la teoría», con sendos artículos acerca de «Estructuralismo y Semiótica» y «Psicoanálisis»: el de C. Calame, «Narrating the Foundation of a City: The Symbolic Birth of Cyrene» y el de R. Caldwell, «The Psychoanalitic Interpretation of Greek Myth». La sección 4 «Iconografía» nos presenta un único ensayo, el de C. Sourvinou-Inwood: «Myths and Images: Theseus and Medea as a Case Study».

Ciertamente, este volumen colectivo ofrece una idea bastante clara de los enfoques dominantes en los estudios mitológicos hace ya casi quince años. Pero ya entonces podría haberse agregado otra línea destacada de ensayos: la derivada de la perspectiva feminista. O, mejor dicho, los estudios sobre la imagen de la mujer y de lo femenino en la mitología griega. (Tómese pues el adjetivo «feminista» en su sentido más lato.) Como apunta R.

## 6. Estudios recientes sobre mitología clásica (1984-2004)

Buxton (1994, p. 17) gracias a quienes trabajan en esta «órbita feminista»,

se ha avanzado en el intento de dotar de voz a esa mitad de la población que ha permanecido casi muda; el hecho de que sea tremendamente difícil responder a tantos interrogantes relativos a las concepciones que tenían las mujeres a través y respecto de los propios mitos antiguos no es razón para que dichos interrogantes resulten menos acuciantes.

En nota oportuna Buxton cita varios libros: los de Pomeroy 1975; Loraux 1981, 1989 y 1985; Cameron y Kuhrt 1983; y Halperin, Winkler y Zeitlin 1990. Hoy es muy fácil ampliar esa lista, con nombres como Lefkowitz, Monsacré, Katz, Iriarte, Wulff, etc.

Debemos destacar un claro contraste que, aunque un tanto sorprendente, es fácil de explicar y está muy bien reconocido. La mitología resulta muchísimo más generosa en el abanico de sus representaciones y sus múltiples imágenes femeninas que la narración histórica. El imaginario griego es mucho más acogedor para las mujeres que la realidad histórica, que las condena al silencio y a una permanente reclusión doméstica (cf. S. Pomeroy, M. Madrid, etc., por más que hablar de la «misoginia» griega en general me parece un tanto exagerado). Los hombres detentan el poder y la palabra en la *pólis,* y ahí poco cuentan las mujeres, encerradas en el dominio familiar del *oîkos*.

En la fantasía mítica, en cambio, las mujeres ocupan casi tanto espacio como los hombres, y ahí actúan con cierta libertad y toman la palabra a menudo con una singular arrogancia. Frente a los papeles muy limitados de la mujer en la sociedad griega antigua, la mitología ofrece un muestrario muy variado de figuras femeninas, desde la épica homérica a la comedia. (Por otra parte, el mundo de la realeza mítica y el panteón griego ofrecen más espacio a la libertad de las mujeres que el marco cívico y la democracia ática.)

Aunque es cierto que esa fantasía mítica se refleja en una literatura escrita por hombres casi siempre, el repertorio de figuras femeninas en los mitos griegos es enormemente amplio. En compensación, la casi totalidad de estudios recientes sobre las pautas y acentos de lo femenino en el imaginario griego están escritas por mujeres, con fina sensibilidad para los matices[222]. Un excelente ejemplo de hasta dónde pueden alcanzar esos análisis, no ya acerca del papel social de las mujeres en el mundo histórico, sino de rasgos de lo femenino en el imaginario mítico, lo constituye el aguzado libro de N. Loraux, recién traducido al castellano, *Las experiencias de Tiresias*, elaborado con un estilo muy personal, pero con muy sólidos apoyos filológicos.

## La tradición mítica. Los variados reflejos de los mitos

Como es de todos bien sabido, la mitología griega que nosotros conocemos se nos presenta a través de una larga literatura de más de diez siglos, desde Homero a Nono pasando por Ovidio, y de numerosos reflejos en las artes plásticas de varias épocas, y por lo tanto se caracteriza, frente a otras mitologías de las que tenemos noticias puntuales o fijadas en textos canónicos de un cierto momento, por mostrar las huellas de un peculiar desarrollo en épocas históricas. Si los mitos vienen desde muy atrás, de una tradición desde luego oral y prehistórica, sin embargo presentan variantes que atestiguan su capacidad de nuevas versiones y relecturas. Es característica esencial de los mitos griegos esa versatilidad. Podría decirse que cada mito ofrece un esquema básico, con algunos mitemas o mitologemas que sirven de invariantes en su estructura profunda, pero que luego en muchos aspectos es reinterpretado y recontado con significativas variantes a lo largo de su transmisión literaria. Como escribió Franz Brommer, «cada mito tiene su historia». Y esa historia puede verse muy bien en el desarrollo de sus motivos ya en la larga tradición helénica antigua. Citemos como claro ejemplo el documentado libro de A. Moreau, *Le mythe de Jason et Médée. Le va-nu-pied et la sorcière,* de 1994.

Pero esa tradición mítica helénica repercute y se prolonga de algún modo, en especiales casos y con un notable distanciamiento y con cierta dosis de ironía, en la tradición literaria europea, en una época en que los mitos griegos han perdido su relación con sus raíces en la religión y la creencia popular, y ya han devenido motivos de una cultura libresca. También el estudio de esa tradición mitológica forma parte, desde hace mucho, de los actuales estudios sobre los mitos clásicos, y resultan muy estimulantes los trabajos que tratan de analizar la variabilidad y permanencia de un mito en una larga diacronía bien atestiguada por los testimonios literarios. Sobre todo cuando van más allá de la recogida erudita de testimonios y añaden una perspectiva crítica sobre la función del mito en cada autor y época. Citaré sólo, para no prolongar demasiado estas líneas, algunos de los trabajos que me parecen más ejemplares por sus resonancias y enfoques. Conviene resaltar que este tipo de estudios continúan una línea ya añeja. Por ejemplo, sobre el mito de Prometeo y sus versiones en el mundo helénico y en la literatura europea sigue siendo fundamentales el amplio estudio de Trousson (de 1964) y el de J. Duchemin (1974), pero hay que agregar otros, como las muchas páginas que le dedica H. Blumenberg (en su *Arbeit am Mythos*, 1979), mi *Prometeo: mito y tragedia* (1980, 2a ed. 1995) y el más reciente *Prometeos* de G. Luri (2001). Sobre la caja de Pandora podemos recordar el ya clásico trabajo de Dora y Erwin Panofsky (trad. esp. 1972), pero hay muchos otros más recientes (cf. bibliografía de Luri).

Esa permanencia de los mitos griegos en la cultura occidental ha motivado excelentes ensayos de amplia repercusión, como el bien conocido de G. Steiner, *Antígonas* (1984) y el menos difundido, pero igualmente espléndido, de G. Paduano, *Lunga storia di Edipo Re. Freud, Sofocle e il teatro occidentale* (1994). Para la cultura europea moderna los mitos helénicos se han convertido en temas y motivos literarios, encuadrados en los dominios más o menos académicos de la literatura comparada, y ahí conviven con otros mitos literarios de acuñación más reciente y *pedigree* cultural más dudoso. Así, por ejemplo, Edipo y Dioniso pueden alternar con figuras como Don Juan o Fausto en un extenso repertorio mitológico como el *Dictionnaire des Mythes Littéraires* dirigido por P. Brunel (1988). Y, en un formato menor, y con clarísimo predominio de mitos griegos, en mi *Diccionario de Mitos* (2000).

En otros diccionarios mitológicos se combina el estudio del mito y de su tradición literaria con la de sus representaciones en la plástica desde la Antigüedad hasta nuestros días. Como ejemplo citaré los dos libros de H. K. y S. Lücke, *Antike Mythologie* y *Helden und Gottheiten der Antike* (1999 y 2002, respectivamente. No se trata de diccionarios completos, sino que tanto uno como otro sólo comprenden unas decenas de figuras.). En esa línea, aunque mucho más breve, con un carácter más escolar, señalando los ecos más famosos en la pintura y la escultura moderna, están los textos de I. Aghion, C. Barbillon y F. Lissarrague, *Héroes y dioses de la Antigüedad*, y de E. M. Moormann y W. Uitterhoeve, *De Acteón a Zeus*, traducidos ambos al castellano en 1997.

Muy atractivos y esmeradamente cuidados son los volúmenes recientes de la serie «Mythologica» dirigida por el profesor Maurizio Bettini, que tratan de todas las imágenes y relatos de una figura mítica desde la antigua Grecia hasta hoy. Los dos primeros versan sobre Helena (M. Bettini y C. Brillante, 2002) y Narciso (M. Bettini y E. Pellizer, 2003).

## Algunos libros destacados de los últimos años

En estos últimos años no han aparecido, según mi impresión, nuevas perspectivas teóricas generales sobre mitología clásica. Un resumen crítico como el proporcionado por J. P Vernant en 1974, complementado por el libro de W. Burkert, *Structure and History in Greek Mythology and Ritual* en 1979, puede servirnos muy bien para tener una idea de conjunto sobre métodos y enfoques de estos estudios. Por otra parte, la impronta de estos dos investigadores ha seguido marcando magistralmente muchos de los ensayos realizados en este período. Tanto Burkert como Vernant han publicado artículos y libros de interés –puestas al día sobre los cultos mistéricos y el orfismo y las influencias orientales en el caso de Burkert, y sobre figuras míticas e imágenes en el caso de Vernant–, pero de limitado alcance frente a sus obras anteriores. En conjunto, como ya he apuntado antes, se ha llegado a un cierto eclecticismo, que combina cierto estructuralismo y un funcionalismo mitigado y atiende tanto a textos como a contextos históricos, con rigurosos análisis filológicos y abierta orientación antropológica. (Y deberíamos citar a representantes bien conocidos de esta escuela, como P. Vidal-Naquet, M. Detienne, N. Loraux y también a Calame.)

Resulta, en todo caso, muy interesante el conjunto de ensayos y entrevistas que forman el libro titulado *Entre mythe et politique* (que se ha traducido recientemente al castellano, algo abreviado) donde J. P. Vernant, con su habitual claridad intelectual, pasa revista a su larga trayectoria personal como investigador en la mitología. El gran maestro de la «Escuela de París» ha marcado, pienso, un estilo de muchos ecos en su hermenéutica del imaginario mítico y su significado social, combinando de modo ejemplar su admirable precisión filológica con un enfoque antropológico. Quizás no esté de más recordar cómo, por otra parte, Vernant nos ha dejado en su, por ahora, último libro *El universo, los dioses, los hombres* (2000) un espléndido ejemplo de cómo se puede recontar la trama de la *Teogonía* hesiódica en un lenguaje actual, recobrando el frescor del relato mítico en toda su intensidad expresiva.

En esa línea de volver a contar los relatos míticos, construidos con una precisión narrativa y una acendrada y minuciosa erudición, me parece admirable el texto de Pierre Chuvin, *La myhtologie grecque. Du premier homme à l'apothéose d'Héraclès,* que bien puede competir con los manuales mitológicos de R. Graves y K. Kerényi sobre los héroes griegos. O con el de T. Gantz, antes citado. Chuvin, autor de una importante investigación sobre la mitología barroca del tardío Nono de Panópolis, recuenta los antiguos relatos míticos de modo muy puntual, preciso y sistemático.

Pero, para ir concluyendo, quisiera señalar tres o cuatro libros que me parecen destacar entre la amplia producción de estudios de estos últimos años. Como el de María Daraki, *Dioniso y la diosa Tierra* (París, 1985, trad. esp. 2005), que me parece combinar muy bien el enfoque filológico de interpretación de los textos con las imágenes, lo literario con los datos arqueológicos del ritual, con un notable rigor y una excelente inteligencia hermenéutica. Sobre Dioniso hay una extensísima bibliografía, en la que destacan libros importantes anteriores, como son los de W. Otto, H. Jeanmaire, K. Kerényi, y después del libro de Daraki hay otros, como los de Zeitlin, Detienne, Walker, etc., pero éste me parece sintetizar bien y exponer con admirable precisión y muy claro estilo todos los aspectos de su compleja representación mítica.

Como contraste, en el sentido de que no se trata de darnos una imagen clara y completa de un dios, sino que más bien la deconstruye, subrayando los aspectos oscuros del mismo, quiero citar el libro de Marcel Detienne, *Apolo con el cuchillo en la mano,* traducido hace poco, que, en sus diversos capítulos, evoca y analiza los rasgos más sanguinolentos y primitivos del gran dios que para W. Otto y otros clasicistas, desde Winckelmann, representaba la esencia de la claridad y la piedad helénicas. Detienne, que ya había escrito con mucha agudeza sobre las variadas facetas del feraz Dioniso, destaca aquí el lado sombrío del luminoso Apolo, dios de la profecía y de las purificaciones, pero feroz, rencoroso y manchado de sangre también. (Insiste en esos aspectos en su ensayo más reciente *Comment être autocthone,* 2003.)

Claude Calame es, sin duda, uno de los investigadores más activos en los estudios de mitología, siempre muy *à la page,* y ha publicado algunos libros muy interesantes estos años. Pero de su extensa producción aquí quiero sólo destacar su denso libro sobre Teseo. *Thésée et l'imaginaire athénien* me parece una buena muestra de esa mirada crítica sobre los variados aspectos de la representación de un mito, su formación y su expresión, desde lo textual a lo ritual y arqueológico, a la vez que una reflexión sobre los presupuestos de nuestra reconstrucción de su sentido. Como se trata de un héroe de perfil muy complejo, en cuya idealización ha influido mucho la propaganda política ateniense, es muy meritorio el dibujar con precisión su silueta con finos matices.

Algo posterior al de Calame es el libro de H. J. Walker, *Theseus and Athens* (1995), que lo complementa bien, y destaca el contexto histórico en que se forja y reconstruye su imagen idealizada.

## Sobre la significación de los mitos y sus reflejos en la literatura

De entre las perspectivas teóricas modernas acerca de la interpretación de los mitos y sus reflejos literarios, es la simbolista, refundida con el psicoanálisis jungiano, la que parece mantener una mayor vigencia en los estudios literarios, aunque ha quedado un tanto al margen de los enfoques profesionales de la filología clásica. Le dedicaremos aquí un breve espacio.

K. Kerényi, al que podemos considerar como el más notable representante de esta línea en sus estudios sobre mitos griegos, murió en 1974. Si bien algunos de sus atractivos libros –como el que escribió sobre Dioniso o sobre Eleusis, con una buena atención a los datos arqueológicos– se han traducido hace poco en España, su influencia parece escasa entre los estudiosos del mundo antiguo. No se ha traducido, en cambio, su excelente manual de Mitología Griega (en 2 vols., Zúrich, 1951, y numerosas reediciones). Algo parecido, respecto a la pérdida de influencia en los actuales estudios, sucede con los sugerentes ensayos de Mircea Eliade, que tuvo muchos lectores tiempo atrás, y que aún se reeditan con frecuencia.

Sin embargo, la hermenéutica de cuño simbolista promovida por G. Jung, M. Eliade, K. Kerényi y el grupo

«Eranos», combinada con la practicada por Gaston Bachelard, ha sido reconfigurada en la mitocrítica y el mitoanálisis de Gilbert Durand. El autor de *Las estructuras antropológicas de lo imaginario* (1969) ha reacuñado una metodología simbolista, con una fuerte dosis de claro estructuralismo, para detectar y resaltar en el análisis textual los latentes o resurgentes elementos míticos, motivos recurrentes de una fantasía universal que construye el mundo de lo imaginario o ecos de otros grandes textos, y ha logrado con sus brillantes ensayos un amplio éxito en los estudios literarios. Su concepción de lo mítico y lo imaginario parte, desde luego, de una concepción muy amplia de la cultura, como puede verse, por ejemplo, en su *Introduction à la mythodologie,* París, A. Michel, 1996. Sus propuestas de análisis de textos son muy sugerentes y ofrecen a menudo perspectivas interesantes. (Por razones de espacio no podemos extendernos aquí, pero sobre la influencia de Durand, véase un excelente resumen de sus ideas y sus ecos en Monneyron-Thomas 2002. Sobre la «mitocrítica» y su interés para la literatura comparada puede verse también el libro de P. Brunel, *Mythocritique. Théorie et parcours,* París, PUF, 1996, y el interesante volumen dirigido por J. Boulogne, *Les systèmes mythologiques,* 1997.)

## «La filosofía del mito»: últimas reflexiones de largo alcance

Las reflexiones filosóficas actuales acerca del sentido del mito[223] han cobrado nuevo vigor en estos últimos lustros. Ahora no se formulan teorías sobre su oscuro origen, sino más bien sobre su valor como forma simbólica y su función social. Descartada desde hace mucho la teoría de una mentalidad primitiva prelógica (Lévy Bruhl), la idea de un progreso desde el *mŷthos* al *lógos* (Nestle) ha quedado también en entredicho en la mayoría de estos enfoques recientes, guiados por una cierta «rehabilitación del mito».

No pretendo dar aquí un resumen de estos nuevos enfoques hermenéuticos y filosóficos. Con más espacio y tiempo, podría hacerlo el lector recurriendo a la *Introducción a la filosofía del mito en la época moderna y contemporánea* de Christoph Jamme, y, sobre todo, con los últimos capítulos del libro de Lluís Duch, *Mito, interpretación y cultura* (1998). En él Duch refleja con excelente precisión crítica las importantes aportaciones teóricas –posteriores a las influyentes obras de E. Cassirer y Cl. Lévi-Strauss– de algunos filósofos o teólogos germanos, como H. Blumenberg, O. Marquard y K. Hübner.

No voy a detenerme en repetir toscamente abreviadas esas finas reflexiones, pero sí quisiera, como colofón a esta apresurada panorámica, subrayar el interés que tiene, incluso para los estudios de la mitología clásica, el magnífico libro de Hans Blumenberg *Arbeit am Mythos*. Aunque por la fecha de su publicación (1979) es anterior al marco de los últimos veinte años, valga como excusa el señalar que ha sido leído –como casi toda la ardua obra filosófica de Blumenberg– con notable tardanza. En 2003, con el título de *Trabajo sobre el mito,* se ha traducido, por fin, al castellano. (Sobre la vasta obra de

Blumenberg, 1920-1997, es excelente el libro de F. J. Wetz, traducido ya en 1996.)

Blumenberg considera el mito como el intento primordial del ser humano para defenderse del terror primitivo ante un mundo natural amenazador y vacío de sentido. Ante «el absolutismo de la naturaleza», el mito inventa una «red simbólica» que proporciona a ese cosmos incomprensible y terrorífico una significación humana mediante sus historias de dioses y héroes. Al dar significatividad al mundo, ya en el *mýthos* civilizador opera una forma de *lógos*. Así que:

> Ni el mito es irracional, ni la razón es la superación del mito. Pues el propio pensamiento mítico se halla al servicio de la ilustración, por cuanto domeña la violencia de la naturaleza anónima y le saca un sentido a su impenetrabilidad amorfa. Por ello mismo, «la antítesis entre mito y razón es una invención tardía y desafortunada» (F. J. Wetz, p. 87).

El mito combate el terror con la poesía. (Lucrecio habría estado de acuerdo.) La imaginación mítica procura una confianza para vivir y modelos para actuar en el mundo. Blumenberg insiste luego en destacar la flexibilidad de los mitos, reinterpretados a lo largo de la historia, frente a la rigidez de los dogmas religiosos. Los mitos varían en el decurso de la historia significativamente, siempre a partir de cierta «constancia icónica». A lo largo de más de cien páginas Blumenberg comenta como ejemplo la fecunda tradición europea del mito de Prometeo y sus reinterpretaciones para mostrar cómo un mito se ha configurado con nuevos sentidos a lo largo de sus variantes en diversos contextos históricos. (Algo parecido a lo que hace G. Steiner en su *Antígonas,* ya citado, pero con énfasis en sus destellos filosóficos.)

Años antes –en su polémica *Dialéctica de la Ilustración*– T. W. Adorno había escrito: «Ya el mito de por sí es Ilustración, y la Ilustración revierte en mitología».

Me parece una buena frase para meditar y reconsiderar sus posibles matices, después de leer las reflexiones de Blumenberg. Es también una buena frase para concluir ya, casi con puntos suspensivos. Pero me gusta pensar que concluyo estos apuntes sin un cierre formal, sino como un informe y un ensayo que deja abiertas ventanas con variadas vistas y una invitación a reflexionar desde una perspectiva actual sobre la impronta y la persistencia de la mitología, la fantasía mítica y los mitos, sobre el rico y fascinante legado griego, y, en fin, sobre sus peligros y sus encantos.

# Apéndice:
# Algunos textos para una reflexión

## El primer crítico de la mitología griega: Jenófanes de Colofón

Desde antiguo, pues, todos han aprendido esto según Homero.

Homero y Hesíodo han atribuido a los dioses todo cuanto es objeto de vergüenza e injuria entre los humanos.

Y contaron muy a menudo acciones vituperables de los dioses: que robaban, cometían adulterios y se engañaban unos a otros.

Es que los mortales creen que los dioses han nacido y que incluso tienen, vestidos, voz y figura como ellos.

Pero si los bueyes, caballos y leones tuvieran manos y pudieran dibujar con ellas y plasmar imágenes como los hombres, dibujarían las figuras de sus dioses y crearían sus cuerpos, los caballos con formas de caballos, los bueyes de bueyes, tal como fuera la figura que cada uno poseyera.

Los etíopes afirman que sus dioses son de nariz chata y negros, y los tracios, que tienen ojos azules y son pelirrojos.

Jenófanes de Colofón (580-475 a. C.),
Frags. 10, 11, 12, 14, 15 y 16

## De cómo un poeta recompone un mito, para moralizarlo

¡Cuán numerosos son los prodigios! Sin embargo, incluso
a la tradición que refieren los humanos, más allá
 del verídico relato,
la engañan los mitos engalanados con repintados embustes.
La seducción, que hace amables todas las cosas
 a los mortales,
al acrecentar su prestigio llega hasta hacer creíble
lo que de por sí es increíble muchas veces.
Pero los días por venir
son los más sabios testigos de la verdad.
Y le es conveniente a un hombre hablar
bien de los dioses. Así será menor su culpa.
Hijo de Tántalo, hablaré de ti de modo distinto a mis
 precursores.
Cuando tu padre invitó a los dioses a un muy espléndido
 festejo en su amada mansión de Sípilo,

ofreciéndoles un banquete en agasajo recíproco,
allí te raptó el dios del famoso tridente,
dominado en su interior por la pasión, y con áureos corceles
te llevó consigo a la excelsa morada del muy glorioso Zeus.
Allí, en otro tiempo, fue también Ganimedes,
en un manejo parecido del mismo Zeus.
Mas como desapareciste, Pélope, y no pudieron las gentes,
por mucho que escudriñaron, llevarte de nuevo ante
tu madre,
pronto alguno de los malpensados vecinos dijo murmurando
que en el momento en que el agua hervía sobre el fuego
trocearon tu cuerpo con un cuchillo de cocina
(y lo cocieron),
y sobre las mesas en el festín se repartieron
y se comieron tus carnes.
Mas a mí me resulta imposible llamar «loco voraz» a uno
cualquiera de los dioses felices. Me niego a eso.
Los blasfemos no tardan en recibir sus castigos.

Píndaro de Tebas (522-448 a. C.), *Olímpica I*

## Las ventajas del antropólogo

El antropólogo –y sólo él entre los muchos participantes en el torneo mitológico– tiene la ventaja única de consultar al salvaje siempre que siente que sus doctrinas se tornan confusas y que el flujo de su elocuencia argumentativa va seco. El antropólogo no está atado a los escasos restos de una cultura, como tablillas rotas, deslucidos textos o fragmentarias inscripciones. No precisa llenar inmensas lagunas con comentarios voluminosos, pero basados en conjeturas. El antropólogo tiene a mano al propio hacedor del mito. No sólo puede tomar como completo un texto en el estado en que existe, con todas sus variaciones, y revisarlo una y otra vez; también cuenta con una hueste de auténticos comentadores de los que puede informarse; y, lo que es más, con la totalidad de la misma vida de la que ha nacido el mito. Y como veremos, hay tanto que aprender en relación al mito en tal contexto vital como en su propia narración.

El mito, tal como existe en una comunidad salvaje, o sea, en su vívida forma primitiva, no es únicamente una narración que se cuente, sino una realidad que se vive. No es de la naturaleza de la ficción, del modo como podemos leer hoy una novela, sino que dice una realidad viva que se cree aconteció una vez en los tiempos más remotos y que desde entonces ha venido influyendo en el mundo y los destinos humanos. Así el mito es para el salvaje lo que para un cristiano de fe ciega el relato bíblico de la Creación, la Caída o la Redención de Cristo en la Cruz. Del mismo modo que nuestra historia sagrada está viva en el ritual y en nuestra moral, gobierna nuestra fe y controla nuestra conducta, del mismo modo funciona, para el salvaje, su mito.

Limitar el estudio de éste a un mero examen de los textos ha sido fatal para la comprensión de su naturaleza.

Bronislaw Malinowski

Apéndice: Algunos textos para una reflexión

# Los mitos explican el origen del mundo

El hombre antiguo, al comparecer ante la divinidad, se halla frente al aspecto mitológico del mundo. Este aspecto es real para él: la religión antigua no se basa en la creencia de que sean verdaderas las narraciones de la mitología con sus variantes tan contradictorias (ni siquiera se plantea la cuestión de la verdad), sino, ante todo, en la certeza de que el cosmos está ahí sirviendo de fondo y trasfondo coherente –permanente y sin discontinuidades– de cuanto aparece en la mitología.

La palabra «cosmos» hay que entenderla aquí en el sentido que tiene en griego: como la realidad del mundo en un estado determinado, que contiene en sí la validez de un determinado orden espiritual. Este orden es una posibilidad del contenido del mundo, que puede expresarse tanto mitológicamente, por medio de figuras de dioses, como de cualquier modo artístico o científico, por medio de ideas científicas o artísticas. Aquí hay que tomar el concepto «idea» en un sentido tan amplio que incluya también las figuras de los dioses en calidad de ideas mitológicas. El nuevo orden espiritual que se mostraba a los griegos en la naturaleza como orden del mundo puede llamarse de este modo al aspecto ideal del mundo, dejando el apelativo de divino para calificar la más alta revelación festiva de este aspecto.

Karl Kerényi

Apéndice: Algunos textos para una reflexión

# El mito como paradigma para la acción

El mito garantiza al hombre que lo que él se prepara a hacer ha sido ya hecho; le ayuda a rechazar las dudas que podría concebir respecto del resultado de su empresa. ¿Por qué vacilar ante una expedición marítima, cuando el Héroe mítico ya la ha efectuado en un Tiempo fabuloso? No hay más que seguir su ejemplo. De igual modo, ¿por qué tener temor a instalarse en un territorio desconocido y salvaje, cuando uno sabe lo que debe hacerse? Basta, sencillamente, con repetir el ritual cosmogónico, y el territorio desconocido (= el «Caos») se transforma en «Cosmos», se hace una *imago mundi,* una «habitación» legitimada ritualmente. La existencia de un modelo ejemplar no entorpece en absoluto el impulso creador. El modelo mítico es susceptible de ampliaciones ilimitadas.

El hombre de las sociedades donde el mito es algo vivo vive en un mundo «abierto», si bien «cifrado» y misterioso. El Mundo «habla» al hombre y, para comprender este lenguaje, basta con conocer los mitos y descifrar los símbolos... El Mundo no es una masa opaca de objetos arbitrariamente arrojados juntos, sino un cosmos viviente, articulado y significativo. En último análisis, el Mundo se revela como lenguaje.

Mircea Eliade

## La veracidad de los mitos. Revivir los mitos ritualmente

De Platón y Fontenelle a Schelling y Bultmann, los filósofos y los teólogos han propuesto numerosas definiciones del mito. Pero todas ellas tienen en común el fundarse sobre la mitología griega. Ahora bien, para un historiador de las religiones esta elección no es de lo más afortunada. Es verdad que en Grecia el mito ha inspirado tanto la poesía como el teatro y las artes plásticas; pero también lo es que en la cultura griega el mito se ha visto sometido a un largo y penetrante análisis, del que ha salido radicalmente «desmitificado». Si, en todas las lenguas europeas, el vocablo «mito» denota una «ficción», es porque los griegos lo proclamaban ya hace veinticinco siglos.

Tarea aún más grave desde la perspectiva del historiador de las religiones: la mitología de la que nos hablan Homero, Hesíodo y los poetas trágicos es ya el resultado de una selección y representa la interpretación de una materia arcaica que resultaba a veces ininteligible. Ahora bien, nuestra mejor oportunidad para comprender la estructura del pensamiento mítico es estudiar las culturas donde el mito es «cosa viva», donde constituye el soporte básico de la vida religiosa; en breve, allí donde, lejos de designar una ficción, designa la verdad por excelencia, puesto que no habla sino de realidades.

Vivir los mitos implica, pues, una experiencia verdaderamente «religiosa», ya que se distingue de la experiencia ordinaria, de la vida cotidiana. La «religiosidad» de esa experiencia se debe al hecho de que se reactualizan los sucesos fabulosos, exaltantes, significativos, que se asiste a las obras creadoras de los Seres Sobrenaturales [...] En suma, los mitos revelan que el mundo, el hombre y la vida tienen un origen y una historia sobrenaturales, y que esa historia es significativa, preciosa y ejemplar.

Mircea Eliade

## La escritura modifica el carácter de los mitos

En y por la literatura escrita se instaura este tipo de discurso donde el *lógos* no es ya solamente la palabra, donde él ha tomado valor de racionalidad demostrativa y se opone en ese plano, tanto por las formas como por el fondo, a la palabra del *mŷthos*. Se opone en cuanto a la forma por la distancia entre la demostración argumentada y la textura narrativa del relato mítico; se opone en cuanto al fondo por la distancia entre las entidades abstractas del filósofo y los poderes divinos de los que el mito recuenta las aventuras dramáticas.

Las diferencias no son menos grandes si, invirtiendo los puntos de vista, uno se coloca no ya en la perspectiva del que redacta el escrito, sino del público que toma conocimiento de éste. Por las posibilidades que ofrece de un retorno al texto con objeto de su análisis crítico, la lectura supone otra actitud de espíritu, más distanciada y a la par más exigente, que la escucha de discursos pronunciados. Los griegos mismos eran plenamente conscientes de ello: a la seducción que debe provocar la palabra para mantener al auditorio bajo su hechizo, ellos han opuesto, a menudo para darle la preferencia, la seriedad un poco austera, pero rigurosa, de la escritura. De un lado han situado el placer inherente a la palabra como incluido en el mensaje oral, este placer que nace y muere con el discurso que lo ha suscitado; del otro, del lado de lo escrito, han situado lo útil, objetivo de un texto que se puede conservar bajo la mirada y que retiene en sí una enseñanza cuyo valor es duradero. Esta divergencia funcional entre palabra y escrito atañe directamente al estado y condición del mito.

Jean-Pierre Vernant

# Universalidad de los mitos

El país que no tenga leyendas, dice el poeta, está condenado a morir de frío. Es muy posible. Pero el pueblo que no tenga mitos está ya muerto. La función de la clase peculiar de leyendas que son los mitos es, en efecto, expresar dramáticamente la ideología de que vive la sociedad, mantener ante su conciencia no solamente los valores que reconoce y los ideales que persigue de generación en generación, sino ante todo su ser y estructura mismos, los elementos, los vínculos, las tensiones que la constituyen; justificar, en fin, las reglas y las prácticas tradicionales sin las cuales todo lo suyo se dispersaría.

Georges Dumézil

Apéndice: Algunos textos para una reflexión

# Los mitos viven en la memoria colectiva

Hasta el fin del siglo V, la cultura griega ha sido esencialmente de tipo oral. Ha confiado a su memoria el conjunto de las informaciones y los saberes tradicionales, como lo hacen todas las sociedades que ignoran los archivos escritos. Y es aquí, sin duda, donde es preciso revisar la noción de «mitología», con la que los griegos nos han lastrado tras sus conflictos con el *lógos*. Pues la unidad *mŷthos*, que no es, al parecer, en ningún lugar un género literario definido, debe esfumarse en provecho de un conjunto de operaciones intelectuales fundamentales en la memorización de los relatos cuyo conjunto constituye la tradición.

Claude Lévi-Strauss ha sugerido llamar «mitismo» al proceso según el cual una historia, en su comienzo individual y librada a la tradición oral, se encuentra adoptada en el modo colectivo que va a hacer la selección entre las partes cristalinas del relato –es decir, entre los niveles estructurados y estables porque reposan sobre fundamentos comunes– y las partes probabilistas –detalles o episodios amplificados o negligidos en cada recuento, antes de hundirse en el olvido y perderse fuera de la memoria–. Toda sociedad tradicional pone en acción, con mayor o menor éxito, una memoria creadora, ampliamente repartida, y que no es ni la memoria de los especialistas ni la de los técnicos. Los relatos que hemos convenido en denominar míticos son los productos de una actividad intelectual que fabrica lo memorable.

Marcel Detienne

Apéndice: Algunos textos para una reflexión

# El mito existe antes de fijarse en relatos poéticos

Debes guardarte de confundir el mito con las redacciones poéticas que de él se han hecho o se están haciendo; precede a la expresión que se le da, no es esa expresión; en su caso se puede hablar perfectamente de un contenido distinto de la forma (aunque de una forma, por sumaria que sea, jamás se puede prescindir); y esto lo prueba el hecho de que el verdadero mito no cambia de valor, ya se exprese con palabras, con signos o con mímica. El mito es en suma una norma, el esquema de un hecho ocurrido de una vez por todas, y extrae su valor de esa unicidad que lo alza por encima del tiempo y lo consagra como una revelación. Por eso siempre se produce en los orígenes, como en la infancia: está fuera del tiempo.

Un mito es siempre simbólico; por eso no tiene nunca un significado unívoco, alegórico, sino que vive con una vida encapsulada que, según el terreno y el humor que lo envuelva, puede explotar en las más diversas y múltiples floraciones. Es un acontecimiento único, absoluto; un concentrado de potencia vital de otras esferas que la nuestra cotidiana, y como tal derrama un aura de milagro en todo lo que lo presupone y se le asemeja.

**Cesare Pavese**
*Del mito, del símbolo y de otras cosas*

Apéndice: Algunos textos para una reflexión

# Nostalgia de los antiguos dioses

Mas desde hace mucho tiempo ya no hablan
para consuelo de los necesitados los proféticos bosques
   de Dodona;
mudo está el dios délfico, y solitarios y abandonados
   se hallan
desde hace mucho tiempo los senderos donde antes,
dulcemente conducido por las esperanzas, subía el hombre
preguntando hacia la ciudad del veraz profeta.
Mas desde lo alto la luz habla todavía hoy a los hombres,
llena de hermosos significados, y la voz del gran tronante
clama: ¿pensáis en mí? Y las olas entristecidas del dios
   del mar
resuenan: ¿nunca os acordáis ya de mí, como antaño?

Hölderlin
*El archipiélago*. Fragmento
(trad. L. Díaz del Corral)

# Dios, los mitos y los símbolos

Jung hace una distinción entre *símbolo* y *signo*. Es una distinción arbitraria que él usa. Un símbolo es un motivo mítico que tiene un pie aquí y otro en el infinito. Se apunta a la trascendencia. Un signo apunta a algo de aquí. Interpretado normalmente, Dios es un signo, no un símbolo. La palabra *Dios* se refiere a lo que se supone que es un hecho. Hay un dicho que me gusta citar, que data del período gnóstico: «El problema de Yahvé es que piensa que es Dios». Es decir, él dice: «¡Yo soy! No soy un símbolo». Y entonces, por supuesto, cuando él es el único que es, entonces el dios de cualquier otro no es dios en absoluto.

En lenguaje propio, concretizar la imagen, concretizar el símbolo, es lo que llamamos idolatría, de modo que toda nuestra religión desde este punto de vista es un sistema idolátrico. Quizá es en razón de esta idolatría inconsistente nuestra que vemos idolatría en todos los demás y destruimos sus ídolos. He aquí un pensamiento para meditar.

Joseph Campbell
*Los mitos en el tiempo*

## Mejores eran los vencidos dioses griegos

Y hace mucho que se extinguió
la inextinguible risa de los dioses.
¡Jamás os he amado, dioses!
Pues detesto a los griegos
y aun los romanos me son odiosos.
Mas una sagrada piedad y una estremecedora compasión
invaden mi alma cuando os veo allá arriba,
dioses abandonados,
muertos, sombras de la noche,
evanescentes como la niebla que dispersa el viento...
Y cuando pienso en lo cobardes y en lo fatuos
que son los dioses que os vencieron,
los nuevos y tristes dioses de ahora,
que se regodean en la desgracia ajena,
bajo la piel de cordero de la humillación...

¡Ay! Me invade una oscura rabia
y quisiera derrocar los nuevos templos
y luchar por vosotros, viejos dioses,
por vosotros y por vuestro buen derecho a la ambrosía,
y ante vuestros altares,
reconstruidos y humeantes por los nuevos sacrificios,
quisiera arrodillarme y rezar y alzar los brazos suplicante...
Pues, con todo, viejos dioses,
también antaño, en las batallas de los hombres,
os mantuvisteis en el bando de los vencedores,
mas como la arrogancia de los hombres os supera,
yo decido ahora, en las batallas de los dioses,
apoyar el bando de los dioses vencidos.

Heinrich Heine
*Los dioses griegos* (Fragmento)
(trad. I. García Adánez)

## La mitología, fuente primordial del saber poético, según los románticos alemanes

El mito, interpretado con frecuencia de una manera exclusivamente poética, constituye pues el centro capital del saber romántico, tal como lo expresa, por ejemplo, Fr. Schlegel en su *Discurso sobre la mitología:* «El fundamento sobre el que se basa todo el arte y toda la poesía es la mitología... El mal más profundo y el defecto más grande de nuestra poesía consiste en el hecho de que no contiene mitología. Lo esencial de la mitología no se encuentra en las formas aisladas, las imágenes, las ilustraciones, sino en la aprehensión viva de la naturaleza, que es el principio común del conjunto de todos estos signos. Es la ciencia la que nos conduce a esta intuición viva de la naturaleza, desde el momento en que ha alcanzado la justa profundidad espiritual y la fuente de la revelación interior». La mitología, como el mismo arte, es la expresión óptima de la totalidad, de la *complexio oppositorum* que, en principio, es inexpresable, intangible, inefable, pero que no obstante debemos balbucear, intuir y, finalmente, expresar.

Lluís Duch
*Mito, interpretación y cultura*

# El trasfondo trágico de los alegres dioses griegos

Los dioses griegos, con la perfección con que se nos aparecen ya en Homero, no pueden ser concebidos, ciertamente, como frutos de la indigencia y la necesidad. Tales seres no los ideó ciertamente el ánimo estremecido por la angustia: no para apartarse de la vida proyectó una fantasía genial sus imágenes en el azul. En éstas había una religión de la vida, no del deber, o de la ascética, o de la espiritualidad. Todas estas figuras respiran el triunfo de la existencia, un exuberante sentimiento de vida acompaña su culto. No hacen exigencias: en ellas está divinizado lo existente, lo mismo si es bueno que si es malo. Comparada con la seriedad, santidad y rigor de otras religiones, corre la griega peligro de ser infravalorada como si se tratara de un jugueteo fantasmagórico, si no traemos a la memoria un rasgo, a menudo olvidado, de profundísima sabiduría, mediante el cual aquellos dioses epicúreos aparecen de súbito como creación del incomparable pueblo de artistas y casi como creación suma. La filosofía del pueblo es la que el encadenado dios de los bosques desvela a los mortales: «Lo mejor de todo es no existir; lo mejor, en segundo lugar, morir pronto». Esta misma filosofía es la que forma el trasfondo de aquel mundo de dioses. El griego conoció los horrores y espantos de la existencia, mas, para poder vivir, los encubrió: una cruz oculta bajo rosas, según el símbolo de Goethe. Aquel Olimpo luminoso logró imponerse únicamente porque el imperio tenebroso de la Moira, la cual dispone una temprana muerte para Aquiles y un matrimonio atroz para Edipo, debía quedar ocultado por las resplandecientes figuras de Zeus, de Apolo, de Hermes, etc. El mismo instinto que da vida al arte, como un complemento y una consumación de la existencia destinados a inducir a seguir viviendo, fue el que hizo surgir también el mundo de belleza, de sosiego, de goce.

Friedrich Nietzsche

# Persistencia y vitalidad del fervor mítico en Grecia

El tránsito del *mŷthos* al *lógos* no fue una evolución más o menos pasiva, sino que en cada una de sus etapas puede descubrirse el impulso genético procedente del mito. Todo es objetivo y antimágico en las epopeyas homéricas; las grandes categorías del pensamiento están prefijadas en sus libros: ser, no ser, formas eternas de la realidad, la noción de ley inmutable, el sentido paradigmático de los arquetipos. Sentido este que luego se precisa en su aspecto ético en los poemas pindáricos, así como más tarde se profundiza existencialmente en la tragedia ática de Esquilo y de Sófocles, que aciertan a ver en los viejos mitos el drama de la vida espiritual contemporánea, individualizando en ellos las formas eternas de las grandes experiencias humanas sobre el saber y la conducta [...] Cuando el mito pierda su estricto sentido religioso, persistirá secularizado de manera más o menos notoria en el campo del arte, de la literatura y el pensamiento, y siempre, por mínima y artificiosa que sea su presencia, conserva virtualmente la posibilidad de un rápido fortalecimiento interno [...] Todo suceso, idea o realidad es susceptible de cierta mitificación, sin que falte un último ingrediente de religiosidad. Al final de la Antigüedad, cuando cobre nuevo vigor la vida religiosa, por muy distintas que sean sus direcciones respecto de las propias de la religión clásica, vuelven a revigorizarse las formas de pensamiento míticas, con características y un grado de intensidad sólo concebibles en una cultura y un pueblo que merecen específicamente el calificativo de míticos [...] En consecuencia, bien cabe decir que el desarrollo racional del pensamiento griego, del *lógos,* está comprendido en un doble paréntesis definido por el *mŷthos* en uno u otro sentido [...] Y de esta suerte le ha sido posible siempre al hombre occidental ver al mundo griego envuelto en una aureola mítica, no por razones subjetivas de perspectiva, sino por las objetivas de la estructura interna de este mundo.

Luis Díez del Corral
*La función del mito clásico*
*en la literatura contemporánea*

## Prejuicios del Romanticismo frente a la Ilustración

La inversión del presupuesto de la Ilustración tiene como consecuencia una tendencia paradójica a la restauración, esto es, a reponer lo antiguo porque es lo antiguo, a volver conscientemente a lo inconsciente, etc., lo cual culmina en el reconocimiento de una sabiduría superior en los tiempos originarios del mito. Y esta inversión romántica del patrón valorizador de la Ilustración logra justamente perpetuar el presupuesto de la Ilustración, la oposición abstracta de mito y razón. Toda crítica a la Ilustración seguirá ahora el camino de esta reconversión romántica. La creencia en la perfectibilidad de la razón se convierte en la creencia en la perfección de la conciencia «mítica», y se refleja en el estado paradisíaco originario anterior a la caída el hombre en el pecado de pensar.

En realidad el presupuesto de la misteriosa oscuridad en la que vive una conciencia colectiva mítica anterior a todo pensar es tan abstracto y tan dogmático como el de un estado perfecto de ilustración total o de saber absoluto. La «sabiduría originaria» no es más que la otra cara de la «estupidez originaria». Toda conciencia mítica es también siempre un saber, y en cuanto que sabe de poderes divinos está ya más allá del simple estremecerse ante el poder (si es que puede suponerse tal cosa en un estadio imaginario), pero también más allá de una vida colectiva atenazada en rituales mágicos (como se encuentra por ejemplo en el antiguo Oriente). La conciencia mítica sabe de sí misma, y en este saber ya no está enteramente fuera de sí misma.

Hans-Georg Gadamer
*Verdad y método*

Apéndice: Algunos textos para una reflexión

## La constancia icónica de los mitos

La constancia icónica constituye, en la descripción de los mitos, el factor más peculiar. La constancia de su contenido nuclear hace que en contextos tradicionales heterogéneos el mito aparezca como una inclusión errática. Este predicado descriptivo no es más que otra forma de expresar aquello que, en el mito, impresionaba a los griegos como su arcaica antigüedad. El alto grado de mantenimiento de ese elemento nuclear asegura su difusión en el tiempo y en el espacio, su independencia de condicionamientos locales o de época. El *mython mytheisthai* de los griegos quiere decir que se narra una historia sin fecha de datación y no datable y, por tanto, no localizable en ninguna crónica, pero que, en compensación por esta deficiencia, es una historia que encierra ya en sí misma su significación.

Hans Blumenberg
*Trabajo sobre el mito*

## La escritura favorece la conservación y las variantes de los mitos

Indudablemente, la escritura favorece la constancia; pero ella no ha producido lo que hace que se mantenga. Un rasgo característico de una cultura escrita es, más bien, la corruptibilidad de las fuentes, surgida de la incomprensión de los copistas en relación a aquello que han de transmitir.

La forma escrita hace que la variante sea capaz de establecer relaciones. Lo respectivamente nuevo no sustituye a algo que habría quedado superado ni lo hace desaparecer, sino que se superpone a ello, creando así la historia de la literatura, y, juntamente con ella, el incentivo de hacer perceptible el atrevimiento de la variante. Sólo en la configuración continuada se deja a su aire el proceso de transfiguración.

Se puede y se debe partir del hecho de que el tiempo previo a la puesta por escrito de la antigua epopeya, cuando habían surgido sus contenidos y sus formas, fue mucho más largo que el segmento en que se fue constituyendo la tradición escrita que vino después. Pero mucho más importante es la circunstancia de que aquella prehistoria no escrita tiene que haber impulsado a someter todos los contenidos a una prueba de eficacia, en sus efectos sobre el público, más densa e intensa que la que pudo aportar posteriormente toda la historia de la «literatura», especialmente en cuanto canon de lectura escolar.

Hans Blumenberg
*Trabajo sobre el mito*

## La tarea de la mitocrítica

El término «mitocrítica» fue forjado hacia 1970, siguiendo el modelo de «psicocrítica» (1949) utilizado veinte años antes por Charles Mauron, para significar el uso de un método de crítica literaria o artística, que centra el proceso comprensivo en el relato mítico inherente, como Wesenschau, a la significación de todo relato.

La mitocrítica persigue, pues, el ser mismo de la obra (literaria) mediante la confrontación del universo mítico que forma el «gusto» o la comprensión del lector con el universo mítico que emerge de la lectura de una obra determinada.

En el corazón del mito, como en el de la «mitocrítica» se sitúa el «mitema» ( es decir, la unidad más pequeña míticamente significativa del discurso); este «átomo» mítico tiene una naturaleza estructural. (Sea «arquetípica» en el sentido junguiano; o «esquemática» según Durand.)

Gilbert Durand
*De la mitocrítica al mitoanálisis*

# Crítica a usos metafóricos del término «mito» en la crítica literaria

Muy discutible es el análisis realizado por Frye de los distintos mitos como arquetipos de los diferentes géneros, y lo mismo cabe decir de su recurso a los esquemas rituales de Frazer y Van Gennep en la interpretación junguiana del arquetipo.

La tendencia mitológico-ritual y la crítica literaria mitologizante se caracterizan en conjunto por un fuerte esquematismo («el mito en general») y un elevado grado de abstracción en el estudio de los mitos y ritos concretos. Si el primer ritualismo, mucho más concreto, corría el peligro de un formalismo excesivo, claramente empobrecedor, en su versión abstracta y psicologista adquiere inevitablemente un carácter convencional y metafórico (se trata de una metáfora científica, no poética). Sean cuales sean los resultados más positivos obtenidos por Bodkin, Frye y sus defensores, el enfoque mitológico-ritual es inaceptable como «escuela», como solución general de los problemas teorético-literarios. Esta tendencia conduce inevitablemente a una actitud ciega ante la obra literaria misma, en la cual no se quiere ver otra cosa que «máscaras» del mito [...] Muy interesante resulta, sin embargo, el planteamiento con el que Frye se ha acercado al problema de la mitología implícita en las obras literarias que se han apartado claramente de los modelos tradicionales. Elementos paramitológicos están, de hecho, presentes también en la literatura de inspiración realista.

Eleazar M. Meletinski
*El mito. Literatura y folclore*

# Notas

1. J. de Vries, *Forschungsgeschichte der Mythologie*, Friburgo-Múnich, 1961, p. IX.
2. *El mito. Su significado y funciones en la Antigüedad y otras culturas* (1970) se publicó, traducido al castellano, en 1973 (Barcelona, Barral). En 1985 se publicó una nueva traducción (Barcelona, Paidós). Puede complementarse con el otro libro general de G. S. Kirk, *La naturaleza de los mitos griegos* (1974; trad. esp. Barcelona, Argos-Vergara, 1984), interesante, pero menos crítico y amplio que el anterior.
3. Cf. Detienne, *La invención de la mitología* (ed. esp.), Barcelona, Península, 1985; L. Brisson, *Platón, las palabras y los mitos*, tr. esp. Madrid, 2005; C. Calame, «"Mythe" et "rite" en Grèce: des categories indigènes?», en *Kernos*, 4, 1991, pp. 205-217.
4. Véase su *Olímpica 1*, vv. 27 y ss.
5. Cf. L. Edmunds, «Introduction: The Practice of Greek Mythology», en *Approaches to Greek Myth*, Baltimore, 1990, pp. 1-20.
6. Aristóteles define el *mŷthos* como la *sýstasis tôn pragmáton*, 'configuración de los hechos' (1450b), pero habla también de que en esa configuración el dramaturgo debe conservar bien los *mythous pareilemménous o paradedoménous* (1453b), los relatos heredados o recogidos, que son la base de su drama. El *mŷthos* es, según Aristóteles, «el principio y como el alma de la tragedia» (1450a).

7. Sobre el desarrollo del concepto de mito y su evolución en la historia del pensamiento occidental, véase el libro de J. de Vries citado en nota 1.
8. Para estas líneas me ha sido muy útil el artículo de F. Graf, «El mito griego: el modelo de las mitologías, la mitología de los modelos» (Conferencia en Málaga, noviembre, 1991). Cf. J. de Vries, o. c., pp. 142-178.
9. Véase, a este propósito, el artículo de J. Bremmer, «What is a Greek Myth?», en J. Bremmer (ed.), *Interpretations of Greek Mythology,* Londres, 1987, pp. 1-9.
10. Cf. J. C. Bermejo, *El mito griego y sus interpretaciones,* en *Historia Akal del Mundo Antiguo,* 16, Madrid, 1988.
11. Los mitos no se preocupan de la verosimilitud de lo narrado, pretenden ser verdaderos y relatan grandes hechos y sucesos que están más allá de la realidad cotidiana y actual y sus leyes.
12. Como señala P. Brunel en la introducción a su *Dictionnaire des mythes littéraires* (París, 1988), el mito *relata, explica y revela* el mundo; cuenta lo que Eliade llama su «historia sagrada»; revela los fundamentos de lo creado y explica las causas de las cosas, descubriendo los orígenes secretos de la creación y los sucesos tremendos que dejaron su huella en este escenario que ahora encontramos mudo y apagado, falto del fulgor divino originario. El mito no es, desde luego, ningún género literario ni tiene una forma fija; puede entrar en distintos géneros y admite varias formas narrativas, desde la forma abierta de la épica a la representación dramática o la alusión lírica.
13. Sobre los temas característicos de la mitología griega, cf. G. S. Kirk, o. c., pp. 195 y ss. y 204 y ss.
14. Cf. F. Marco Simón, *Illud Tempus. Mito y cosmogonía en el mundo antiguo,* Zaragoza, 1988.
15. Cf. J. Bermejo, *Introducción a la sociología del mito griego,* Madrid, 1979, pp. 156 y ss.
16. M. Eliade ha tratado de este tema repetidamente, desde su libro sobre *El mito del eterno retorno* (1949; ed. esp. Madrid, Alianza, 1972) a los ensayos recogidos en *La nostalgie des origines* (1969; ed. franc. París, 1971). Los mitos pertenecen a un pasado esencial y memorable que fundamenta y explica un presente decaído y trivial.
17. No voy a tratar aquí del tema de la relación entre mitos y ritos. Para una visión de uno y otro como dos caras del proceso simbólico, remito al capítulo inicial del libro de C. Calame, *Thésée et l'imaginaire athénien,* Lausana, 1990.

18. Sobre la cultura oral en Grecia, véase F. J. González García, *A través de Homero. La cultura oral de la Grecia antigua*, Santiago de Compostela, 1991. Acerca de la impronta de la escritura en distintos ámbitos de la cultura griega, cf. los estudios reunidos en el volumen editado por M. Detienne, *Les savoirs de l'écriture en Grèce ancienne* (1983; nueva ed., Laval, 1992) y W. V. Harris, *Ancient Literacy* (Cambridge Mass., 1990).
Para los aspectos más generales señalo la traducción española del libro de J. Goody, *La lógica de la escritura y la organización de la sociedad* (Madrid, 1990), que no trata del mundo griego, pero que, por contraste, ofrece muchas sugerencias útiles para la reflexión de lo que la escritura aporta en la organización mental y administrativa de una comunidad.
19. Véanse los comentarios de M. Detienne, en su ya citado *La invención de la mitología*, y, desde otro enfoque, el capítulo final de su *La escritura de Orfeo* (trad. esp. Barcelona, 1990), titulado «La doble escritura de la mitología. (Entre el *Timeo* y el *Critias*)». También el bien documentado estudio de L. Brisson, *Platón, las palabras y los mitos*, ya citado.
20. He tratado más detenidamente este ejemplo en mi libro *Mitos, viajes, héroes*, Madrid, 1981, cap. I, pp. 23-75.
21. Esta característica de la tradición helénica está apuntada en numerosos estudios y tratada en varios enfoques. Por citar tan sólo dos, recordaré el ya añejo libro de M. Untersteiner *Fisiología del mito* (2.ª ed., aumentada, Florencia, 1972) y el más reciente y ágil de P. Veyne, *Les Grecs, ont-ils cru à leurs mythes?* (París, 1983; trad. esp. Barcelona, 1987). En esta perspectiva podemos también recordar el clásico estudio de E. R. Dodds, *Los griegos y lo irracional* (trad. esp. Madrid, Alianza, 1980).
22. Cf. mi libro *Prometeo: mito y tragedia* (Madrid, 1979; nueva ed., Madrid, 1994) y el de S. Saïd, *Sophiste et tyran ou le problème du Prométhée enchaîné* (París, 1985).
23. Quizás deberíamos decir mejor «artística», ya que también las representaciones plásticas –cerámica, pintura, escultura– difunden y recuerdan mitos. Cf. E. Grassi, *Arte y mito*, Buenos Aires, 1968.
24. Para comentario del pasaje, cf. A. B. Lloyd, *Herodotus, Book II*, 2 vol., Leiden, 1975-1976, pp. 247-248.
25. La palabra *mythología*, en el sentido moderno, aparece mucho después, en Platón, como ha señalado bien M. Detienne, en *La invención de la mitología*, cit.
26. La trasformación de los hábitos mentales introducida por la aparición de la escritura ha sido estudiada por antropólogos e

historiadores, como J. Goody, W. Ong y E. A. Havelock. J. P. Vernant y M. Detienne han dedicado agudos comentarios a su influencia en el ámbito del pensamiento griego. Sobre el tema citaré sólo los libros de E. A. Havelock, *The Muses learn to write* (Yale University Press, 1987; trad. esp. Barcelona, Paidós, 1986), y M. Detienne, *Les savoirs de l'écriture...*, cit.
27. Cf. J. P. Vernant, *Religions, histoires, raisons,* París, 1979, pp. 19 y ss.
28. J. Chadwick, *El mundo micénico* (trad. esp. Madrid, Alianza Editorial, 1978), pp. 115-135, y R. Muth, *Einführung in die griechische und römische Religion,* Darmstadt, 1988, pp. 33-53 (con notas y bibliografía).
29. Ya E. Rohde, hace algo más de cien años, explicó por esos motivos el silencio y desdén que Homero guardaba hacia ciertos aspectos sombríos de la religión, como los relacionados con los poderes ctónicos y ciertas supersticiones populares. De su *Psyche,* escrito en 1891-1894, hay traducción española: *Psique. El culto de las almas y la creencia en la inmortalidad entre los griegos,* 2 vols., Barcelona, 1973 (más recientemente, Madrid, 1994, y Málaga, 1996). Muchos estudiosos han tratado este tema de cómo tanto Homero como Hesíodo nos ofrecen una versión propia de las creencias arcaicas, con una selección y elaboración del repertorio mítico. Si Homero pasa por alto las divinidades de escaso interés épico, Hesíodo, al reelaborar un material muy antiguo, con notorios influjos orientales, lo reestructura con sus esquemas genealógicos al servicio de su propia especulación. Cf. J. Lasso de la Vega, «Religión homérica», en L. Gil (ed.), *Introducción a Homero,* Madrid, 1963, pp. 255-287. Sobre la aportación de Hesíodo pueden verse los artículos recogidos en *Hésiode et son influence,* Fond. Hardt, Vandoeuvres-Ginebra, 1967. Otros trabajos sobre Homero: E. T. Vermeule, *Götterkult,* Gotinga, 1974; O. Tsagarakis, *Nature and Background of Major Concepts of Divine Power in Homer,* Amsterdam, 1977; H. Erbse, *Untersuchungen zur Funktion der Gütter im homerischen Epos,* Berlín-Nueva York, 1986; R. Muth, *Einführung...,* cit., pp. 53-72.
30. Cf. R. Muth, *Einführung,* cit., pp. 57-58.
31. Mientras que la *Teogonía* concluye su exposición evocando el triunfo de Zeus y el establecimiento del orden celeste, con el dominio perdurable de los Olímpicos, los poemas homéricos nos ofrecen un cuadro vivaz de cómo esos dioses viven y actúan interviniendo a menudo en el mundo humano. La presentación

homérica resulta mucho más frívola y dramática. Véase, por ejemplo, las imágenes que sobre esa familia divina ofrecen G. Sissa y M. Detienne en *La vie quotidienne des dieux grecs,* París, 1989 (trad. esp. Madrid, 1990).
32. Véanse las observaciones concretas de M. Detienne, en *La invención de la mitología,* cit., pp. 35 y ss.
33. Esas críticas constituyen una etapa en el progreso hacia una visión más racional, en lo que W. Nestle denominó la marcha «del mito al logos». Véase W. Nestle, *Historia del espíritu griego* (trad. esp. Barcelona, 1961), pp. 58 y ss., y ver también la opinión de H. Blumenberg en *Trabajo sobre el mito*, Barcelona, 2003.
34. Cf. F. Graf, *Griechische Mythologie,* Múnich-Zúrich, 1987, caps. III-VI.
35. El hecho de que los poetas líricos se permitan introducir tales cambios en las leyendas indican que son conscientes de su capacidad como artistas y creadores, *poietaí,* en una tradición ya *escrita,* donde el poeta no sólo transmite una única versión, sino que con su autoridad poética reelabora esa misma tradición.
36. Cf. F. Graf, o. c., cap. VIII.
37. El ser relatos tradicionales y significativos para la comunidad son los rasgos definitorios del mito. J. Bremmer (en «What is a Greek Myth?», cit.) acepta la definición de W. Burkert: «Myth is a traditional tale with secondary, partial reference to something of collective importance», abreviándola en «traditional tales relevant to society». Una definición algo más detallada del mito: «Relato tradicional que refiere la actuación memorable y ejemplar de unos personajes extraordinarios en un tiempo prestigioso y lejano» tiene la ventaja de aludir a la expresión dramática de los mitos como cierto tipo de relatos. El escepticismo acerca de la posible definición del término «mito» me parece un tanto exagerado. En todo caso, lo que se acepta con un consenso general sería su «tradicionalidad», o mejor dicho, su «memorabilidad», y su interés para la colectividad. El hecho de que los poetas lo transmitan y reelaboren es lo típico griego.
38. Cf. F. Graf, o. c., cap. V: «Mythos, Heiligtum und Fest». Los mitos fundamentan algunos rituales, pero mito y rito, como Graff apunta, tienen sus propias normas y estructuras; por otro lado, no son tanto los grandes mitos como los mitos menores y locales los que están ligados a ceremonias y fiestas concretas, en la mayoría de los casos. Sobre la relación con el ritual, véanse los libros de J. Fontenrose, *The Ritual Theory of Myth,* Berkeley,

Los Ángeles, 1966; W. Burkert, *Homo Necans,* Berlín, 1972, y del mismo autor, *Structure and History in Greek Mythology and Ritual,* Berkeley-Londres, 1979. La cautela crítica de G. S. Kirk en *El mito,* cit., me parece muy justificada. Pero conviene tomar en cuenta también algunas críticas al respecto, como las de B. Vickers, *Towards Greek Tragedy,* Londres, 1973.
39. Quiero aludir con este título al libro de G. S. Kirk, *La naturaleza de los mitos griegos,* ya citado.
40. Kirk (en *El mito,* cit., pp. 222 y ss.) ha hecho un intento muy interesante de analizar los temas y motivos más generales y más específicos del repertorio mítico griego. (Cf. también el citado libro de B. Vickers con sus críticas al texto de Kirk.)
41. Una ojeada crítica a los métodos de interpretación puede verse en el libro de J. C. Bermejo, *Introducción a la sociología del mito griego.*
42. La misma interpretación de los mitos se ha convertido en una prolongación de la influencia de la mitología clásica en nuestro tiempo. Prolongación de una reinterpretación mitológica de larga duración, la comprensión de los mitos griegos nos resulta a la par ardua y seductora, y tiene una historia de enorme trascendencia cultural. Cf. J. de Vries, *Forschungsgeschichte der Mythologie,* cit., y, más recientemente, J. C. Bermejo, *El mito griego y sus interpretaciones.*
43. Véase, de todos modos, el atractivo libro de P. Veyne, *Les Grecs, ont-ils cru à ses mythes?*
44. Como una muestra de esa capacidad de metamorfosis, véase el libro de J. Seznec, *Los dioses de la Antigüedad en la Edad Media y en el Renacimiento,* trad. esp., Madrid, 1983.
45. Dejo aparte la conexión entre mitos y religiosidad, así como la cuestión general de la significación religiosa de los mitos, que requeriría más espacio del que dispongo. Conviene, con todo, subrayar, como ya hizo Kirk, que no todos los mitos tienen un aspecto religioso ni están vinculados al culto, por un lado; pero, a la par, insistir en que los mitos mayores configuran la narrativa esencial a la religión, en cuanto información sobre lo divino.
46. Cf. la introducción de J. Arce a *Apolodoro: Biblioteca,* Madrid, BCG, 1985, y M. Van der Valk, «On Apollodori Bibliotheca», en *REG 71,* 1958, pp. 100-168.
47. Sobre estos ejemplos, que sería fácil glosar por extenso, doy sólo algunos títulos de estudios que incluyen en su bibliografía muchos otros: Ch. Segal, *Pindar's Mythmaking, The Fourth Pythian Ode* (Princeton, 1986); V. Di Benedetto, *Euripide: teatro e societá,*

Turín, 1971; C. García Gual, *Prometeo: mito y tragedia,* cit.; y S. Saïd, *Sophiste et tyran ou le problème du Prométhée enchaîné,* cit.
48. Cf. W. B. Stanford, *The Ulysses Theme,* 2.ª ed., Oxford, 1968. Algo parecido podría decirse de la reinterpretación de Heracles a lo largo de múltiples versiones, desde la épica y la tragedia a la filosofía. Cf. G. K. Galinsky, *The Herakles Theme,* Oxford, 1972.
49. Estudiando las variaciones en la poesía, y tomando en cuenta algunas ilustraciones de la cerámica, es muy instructivo el estudio de J. R. March, *The creative Poet. Studies on the Treatment of Myths in Greek Poetry,* Londres, 1987.
50. Cf. el ya citado libro de C. Calame, *Thésée et l'imaginaire athénien,* especialmente en su última parte.
51. Se nos presenta aquí de refilón el problema de la aparición de un mito en diferentes versiones y en diferentes contextos culturales. Hasta qué punto el esquema o el esqueleto de la narración sigue siendo el mismo y hasta qué punto la alteración de esa estructura narrativa comporta alteraciones significativas esenciales puede ser objeto de largas discusiones, que no podemos tocar ahora. Como ejemplo para tales consideraciones, me parece que un buen material sobre un mito importante lo ofrece, admirablemente reunido y ordenado, L. Edmunds, en *Oedipus. The Ancient Legend and Its Later Analogues,* Johns Hopkins University Press, 1985. El análisis del mito por segmentos y la bibliografía al respecto, así como el número de variantes recogidas en todo el mundo del *folktale* y la literatura, hacen de este libro un buen texto para esa reflexión.
52. J. P. Vernant, *Mythe et société en Grèce ancienne,* París, 1974, p. 106 (hay trad. esp., *Mito y sociedad en la Grecia antigua,* Madrid, 1994³); W. Burkert, *Greek Religion Archaic and Classical,* trad. ingl. Londres, 1985, p. 217.
53. O. c., p. 218.
54. Por ejemplo, en W. K. C. Guthrie, *The Greeks and their Gods,* Londres, 1950 (y reeds.); C. Ramnoux, *Mythologie ou la famille olympienne,* París, 1962; W. F. Otto, *Los dioses de Grecia,* trad. esp., Buenos Aires, 1973, por citar unos cuantos tratados de diversa perspectiva.
55. Para el desarrollo de este ejemplo, cf. M. Detienne y J. P. Vernant, *Las artimañas de la inteligencia,* trad. esp., Madrid, 1988, cap. IV: «Los saberes divinos: Atenea, Hefesto», pp. 159 y ss.
56. Así Hipólito es castigado por desdeñar a Afrodita, Oineo por menospreciar a Ártemis, Pelias por olvidar a Hera.
57. Cf. A. Brelich, *Gli eroi greci,* Roma, 1958.

58. Compárese, por ejemplo, un personaje heroico como Teseo, de Atenas, con Anio, de Delos, a quien se celebraba en un culto local. Cf. F. Graf., o. c., pp. 104 y ss.
59. El parentesco de los héroes con los dioses presenta también una notable variedad. Mientras algunos son hijos de dioses o diosas, como Heracles o Aquiles o Eneas, otros, como Ulises o Edipo, no presentan tal filiación. Es curioso el caso de Ulises, que es protegido de una diosa, Atenea, pero no por razones de parentesco, tal como, por ejemplo, Afrodita protege a Eneas, ni por pagarle un favor, como la misma diosa hace con París, sino por una cierta afinidad espiritual.
60. De otro lado algún héroe pertenece más al *folktale* maravilloso que a las leyendas épicas. Así es el caso de Perseo, bien diferente de Ulises o Aquiles. La tipología de los héroes griegos es notablemente variada, como subraya el citado estudio de Brelich.
61. W. Burkert, o. c., p. 120.
62. Cf. W. Burkert, *Structure and History in Greek Mythology and Ritual*, Berkeley, 1979, e íd., «Oriental and Greek Mythology: The Meeting of Parallels», en el ya citado J. Bremmer (ed.), *Interpretations of Greek Mythology*, pp. 10-40, con sus notas bibliográficas.
63. Burkert, o. c., p. 120.
64. Más adelante trataremos de estos dioses. Sobre sus orígenes, cf. J. García López, *La religión griega,* Madrid, 1975, pp. 116 y ss., e I. Chirassi Colombo, *La religione in Grecia,* Roma-Bari, 1983 (trad. española, Madrid, Alianza Editorial, 2005), y R. Muth, o. c., pp. 38 y ss.
65. J. P. Vernant, *Mythe et société en Grèce ancienne,* cit., 1974, p. 104.
66. Sobre este concepto tan vago y general de la mezcla de influencias, lo importante y lo realmente efectivo es señalar cómo se ha ido formando el sistema de la época arcaica y la clásica, como en líneas claras hacen Burkert, en su citado libro, y L. Gernet y A. Boulanger en *Le génie Grec dans la religion* (1932), París, 1970, dejando un tanto al margen la cuestión misma de los orígenes y la especulación sobre ellos. Cuando se habla de la mitología indoeuropea conviene recordar cómo G. Dumézil no encontraba muchos temas griegos en los que los paralelos con los dioses indios, germanos o latinos fueran notables, dejando a un lado dioses como Zeus, y algunos pocos más. (Sobre la obra de Dumézil, cf. C. Scott Littleton, *The New Comparative Mythology,* 2.ª ed. rev. Berkeley, 1973.)

67. Esa superposición de dioses masculinos indoeuropeos sobre una anterior religión dominada por grandes figuras femeninas, mediterráneas, ha tenido un cierto impacto en la obra de algunos escritores, movidos más por la imaginación poética que por la arqueología, como es el caso de R. Graves y sus «diosas blancas».
68. Cf. J. P. Vernant, o. c., pp. 106-110.
69. Cf. F. Altheim, *El dios invicto,* trad. esp., Buenos Aires, 1966, para la última época de esplendor de ese Sol invicto y universal.
70. Cf. W. Burkert, o. c., pp. 120-121.
71. Si el estructuralismo ha insistido en esa mutua definición de las competencias de los dioses, hay que señalar que este aspecto estaba muy bien advertido ya en estudios tradicionales, como, por ejemplo, el de W. K. C. Guthrie, *The Greeks and their Gods,* o el de C. Ramnoux, *Mythologie ou la famille olympienne,* ya citados. La interdependencia de los dioses se plantea como un tema central en cualquier politeísmo.

    Conviene advertir, aunque se trata de algo tan obvio que la advertencia resulta tal vez superflua, que al tratar de los dioses pasamos muchas veces de lo mitológico al terreno más amplio de lo religioso, incluyendo referencias a los ritos y a los cultos locales, así como a la religiosidad, e incluso a la repercusión histórica de esos cultos. La mitología es la sección «narrativa» del conglomerado religioso, mientras que los ritos y ceremonias representan otra cara de ese mismo fenómeno, y luego queda la relación institucional y la posición personal –la religiosidad– ante lo religioso, o lo «sagrado». Trazar los límites entre lo mitológico y lo propiamente religioso es algo que hemos apuntado en páginas anteriores; pero la distinción teórica es luego difícil de guardar en la exposición de los hechos. En todo caso, nos ha parecido inevitable introducir datos no estrictamente mitológicos en esa presentación de los dioses griegos, una representación que, por motivos de espacio, será esquemática y probablemente incompleta, pero en la que hemos pretendido recoger lo más importante y característico. Hemos resumido y abreviado mucho (y también lo hacemos en las notas de bibliografía).
72. Cf. W. F. Otto, *Los dioses de Grecia,* cit., pp. 31 y ss.; M. Detienne y J. P. Vernant, *Las artimañas de la inteligencia,* cit., pp. 159 y ss.; y N. Loraux, *Les enfants d'Athéna,* París, 1981. Cito estos tres enfoques sobre Atenea –y sobre otros dioses– porque me parecen hechos desde tres ángulos distintos, y son claros, inteligentes y, en cierto modo, complementarios.

73. Cf. J. Lasso de la Vega, «Religión homérica», en *Introducción a Homero*, Madrid, 1963 (hay reed.), pp. 253-287; y, desde otra perspectiva, G. Sissa y M. Detienne, *La vie quotidienne des dieux Grecs*, cit.
74. Las narraciones míticas componen un entresijo de episodios en los que se prodigan los dioses y los héroes, a veces en aventuras singulares, otras en episodios un tanto tópicos: amoríos diversos, luchas, engaños, etc. No podemos sino aludir a los temas y motivos más conocidos y significativos, en una pobre selección. Los libros de K. Kerényi, *Die Mythologie der Griechen*, 2 vols., Zúrich, 1958; de R. Graves, *Los mitos griegos* (trad. esp., Madrid, Alianza Editorial, 1983); de A. Ruiz de Elvira, *Mitología griega*, Madrid, 1975; o de P. Grimal, *Mitología griega y romana*, trad. esp., Madrid, 1970, dan una idea bastante cabal de ese repertorio. Los grandes repertorios de L. Preller-C. Robert, *Griechische Mythologie*, 1, 5.ª ed., Berlín-Zúrich, 1964 (1.ª ed., Leipzig, 1854), y W. H. Roscher (ed.), *Ausführliches Lexikon der griechischen und römischen Mythologie*, 6 vols., Leipzig, 1884-1937 (reed., Hildesheim, 1965), son desde luego más completos, aunque anticuados en algunos aspectos (sobre todo por el gran avance de la iconografía y la documentación arqueológica añadida desde la época de su confección).

Un manual clásico como el de H. J. Rose, *Mitología griega*, trad. esp., Barcelona, 1970, tiene la ventaja de su buena ordenación y orientación, aunque no sea un catálogo tan completo de mitos y figuras míticas. Los artículos sobre personajes divinos y mitos griegos en el *Dictionnaire des Mythologies*, dirigido por Y. Bonnefoy (París, 1981; está ya muy avanzada la trad. esp. en 6 vols.), redactados por J. P. Vernant, M. Detienne, L. Brisson, C. Calame, etc., son una excelente selección de un gran interés, tanto por su enfoque como por su bibliografía. Otros estudios relevantes publicados en los últimos años y que poseen indudable interés son: J. P. Vernant, *Mito y religión en la Grecia antigua*, trad. esp., Barcelona, 1991; K. Dowden, *The Uses of the Greek Mythology*, Londres-Nueva York, 1992; T. Gantz, *Early Greek Myth. A Guide to Literary and Artistic Sources*, Baltimore-Londres, 1993; M. Giebel, *Das Geheimnis der Mysterien*, Múnich, 1993; F. Díez de Velasco, *Introducción a la Historia de las Religiones*, Madrid, 1995; ídem, *Los caminos de la muerte. Religión, mito e imágenes del paso al más allá en la Grecia antigua*, Madrid, 1995; ídem, *Lenguajes de la Religión. Mitos, símbolos e imágenes de la Grecia antigua*, Madrid, 1998;

J. C. Bermejo, *Los orígenes de la mitología griega,* Madrid, 1996; I. Aghion, C. Barbillon y F. Lissarrague, *Héroes y dioses de la Antigüedad. Guía iconográfica,* trad. esp., Madrid, Alianza, 1997; E. M. Moorman y W. Uitterhoeve, *De Acteón a Zeus,* trad. esp., Madrid, 1997; M. Detienne, *Apollon le couteau à la main,* París, 1998; Ll. Duch, *Mito, interpretación y cultura,* Barcelona, 1998; C. García Gual, *Diccionario de mitos,* Barcelona, 1998, y M. Richir, *La Naissance des dieux* París, 1998.
75. Cf. M. L. West, *Hesiod: Theogony,* Oxford, 1966; Gr. Arrighetti (ed.), *Esiodo. Letture critiche,* Milán, 1975; A. Pérez Jiménez y A. Martínez Díez (introd., trad. y notas), *Hesíodo: Obras y fragmentos,* Madrid, 1978.
76. Cf. M. Detienne, *Los maestros de verdad en la Grecia antigua,* trad. esp., Madrid, 1981; H. Lloyd-Jones, *The Justice of Zeus,* Berkeley-Londres, 1971; E. A. Havelock, *The Greek Concept of Justice from Its Shadow in Homer to Its Substance in Plato,* Cambridge-Mass., 1978.
77. C. Ramnoux, *La Nuit et les Enfants de la Nuit dans la tradition grecque,* París, 1959. Cf. también B. Snell, *Las fuentes del pensamiento europeo,* trad. esp., Madrid, 1965 (cap. III: «El mundo de los dioses en Hesíodo», pp. 69-83).
78. Sobre estas luchas de Zeus por conquistar la soberanía, véase M. Detienne y J. P. Vernant, «Los combates de Zeus», en *Las artimañas de la inteligencia,* ya citado, pp. 55-98.
79. Sobre la victoria de los dioses sobre los violentos gigantes, cf. el libro de F. Vian, *La Guerre des Géants,* París, 1952.
80. K. von Fritz, «Das Hesiodische in den Werken Hesiods», en *Hésiode et son influence,* Ginebra-Vandoeuvres, 1962, pp. 3-60. Sobre las influencias orientales, véanse P. Walcot, *Hesiod and the Near West,* Cardiff, 1966, y W. Burkert, «Oriental and Greek My-thology. The Meeting of Parallels», cit.
81. A los estudios ya citados puede añadirse el de W. Burkert, *Die orientalisierende Epoche in der griechischen Religion und Literatur,* Heidelberg, 1984, de perspectiva más amplia.
82. Hay muchos trabajos sobre el mito y su sentido, con perspectivas diversas. Recordemos los de K. Kerényi, *Prometheus,* Zúrich, 1946; L. Séchan, *Le mythe de Prométhée,* París, 1951 (hay trad. esp.); J. Duchemin, *Prométhée. Le mythe et ses origines,* París, 1974; C. García Gual, *Prometeo: mito y tragedia,* cit. J. P. Vernant, «Le mythe prométhéen chez Hésiode», en *Mythe et société en Grèce ancienne,* París, 1974, pp. 177-194. Sobre la visión

e interpretación de Esquilo, véase S. Saïd, *Sophiste et tyran ou le problème du Prométhée enchaîné,* cit.
Sobre la pervivencia del mito y sus motivos en la literatura europea, además del ya citado libro de J. Duchemin, véase el amplio estudio de R. Trousson, *Le thème de Prométhée dans la littérature européenne,* Ginebra, 1964, 2 vols.

83. Sobre la tradición del motivo, cf. Dora y Erwin Panofsky, *La caja de Pandora. Aspectos cambiantes de un símbolo mítico,* trad. esp., Barcelona, 1975.

84. W. Jaeger, en *Paideia,* trad. esp., México, 1957, p. 244.
Sobre la institución del sacrificio, véase el artículo correspondiente en el *Dictionnaire des mythologies* de Y. Bonnefoy, cit., redactado por J. P. Vernant y J. L. Durand.

85. En «Le mythe hésiodique des races. Essai d'analyse structurale», en *Mythe et pensée chez les Grecs, 1,* París, 1965, pp. 13-79.

86. Todos estos relatos míticos se engloban en los mitos de cosmogonía que son, en muchas mitologías, fundamentales y etiológicos. Véase con una buena perspectiva y bibliografía el libro de F. Marco Simón, *Illud Tempus. Mito y cosmogonía en el mundo antiguo,* Zaragoza, 1988. Sobre lo característico de la concepción griega, es interesante el breve estudio de W. K. C. Guthrie, *In the Beginning,* Nueva York, 1955.

87. Sobre Hesíodo y su contexto social, reenvío a los estudios ya citados en la nota 29.

88. Cf. W. K. C. Guthrie, *The Greeks and their Gods,* cit., pp. 110-112. Ch. R. Long, *The Twelve Gods of Greece and Rome,* Leiden, 1987; M. Detienne, *La vie quotidienne des dieux grecs,* cit., pp. 178 y ss. (Sobre sus figuras, véase E. Simon, *Die Gotter der Griechen,* Múnich, 1969.)

89. Es también un número cómodo para exponer en ronda las figuras divinas más significativas del panteón, dentro de una convención que podría matizarse mucho según tiempos y lugares. Para el resumen acerca de los datos más notables de cada una de esas figuras, me han sido muy útiles los libros de W. Burkert, *Greek Religion Archaic and Classical,* trad. cit., pp. 119 y ss.; y de R. Muth, *Einführung in die griechische und römische Religion,* cit., pp. 72 y ss., con sus notas y bibliografía.

90. El ya clásico trabajo de A. B. Cook, *Zeus, A Study in Ancient Religion,* 3 vols., Cambridge, 1914, 1925, 1940, es impresionante por la abundancia de datos reunidos, pero de difícil manejo. Una buena puesta al día y con excelente ordenación es el artículo de H. Schwabl en *RE* 10 A (1972), con sus suplementos

posteriores *RE XV* (1978), cols. 1441-1481, y *RE XV* 993-1411, con el complemento para la iconografía de E. Simon, ibíd., cols. 1411-1441. Más breve, pero bien ordenado y claro, es el resumen de D. Wachsmuth, en *Der Kleine Pauly* (1975), pp. 1516-1524. Sobre Zeus en los textos micénicos, cf. J. Schindler y St. Hiller en *RE XV,* c. 999-1009.

91. Cf. H. Lloyd-Jones, *The Justice of Zeus,* op. cit., en especial en sus primeros capítulos.
92. Cf. W. Burkert, o. c., pp. 125-131.
93. Cf. W. Jaeger, *The Theology of the Early Greek Philosophers,* Oxford, 1947, en especial cap. VII (sobre Heráclito). (Hay trad. esp. Madrid, FCE, 1977.)
94. Cf. W. Potscher, *Hera. Eine Strukturanalyse im Vergleich mit Athena,* Darmstadt, 1987.
95. Véase J. C. Bermejo, «Zeus, Hera y el matrimonio sagrado», en *Quaderni di storia,* 30, jul.-dic. 1989, pp. 133-156, excelente y sugestivo análisis de los trazos más característicos de la diosa, en su papel de esposa y señora de la casa. (Cf. también M. Detienne, *L'ecriture d'Orphée,* París, 1989, pp. 29 y ss. Hay trad. esp. Barcelona, Península, 1990.)
96. Cf. F. Schachermeyr, *Poseidon und die Entstehung der griechischen Götterglaubens,* Salzburgo, 1950, y el art. de E. Wust, «Poseidon», en *RE* 22 (1953), cols. 446-558.
97. W. Burkert, o. c., pp. 72 y ss., R. Muth, o. c., pp. 82 y ss. (con notas).
98. Cf. M. Detienne y J. P. Vernant, en *Las artimañas de la inteligencia,* cit., cap. 7, y N. Robertson, «Poseidon's Festival at the Winter Solstice», en *Cl. Quart.,* N. S. 34 (1984), pp. 1-16.
99. C. F. Herington, *Athena Parthenos and Athena Polias,* Londres, 1975, y W. Potscher, «Athena», en *Gymnasium 70* (1963), pp. 394-418 y 527-544.
100. Sobre este motivo mítico, en la literatura y en el arte, conviene añadir a la bibliografía habitual el volumen colectivo *Coloquio sobre el puteal de la Moncloa,* editado por R. Olmos (Madrid, 1986), que recoge una serie de trabajos de mitología e iconografía notablemente precisos.
101. Cf. N. Loraux, *Les Enfants d'Athéna,* París, 1981.
102. Sobre la significación de Atenea son muy atractivas las páginas que le dedica W. Otto en *Los dioses de Grecia,* cit., pp. 33-48.
103. K. Kerényi, *Apollon,* Zúrich, 1953 (2.ª ed.); F. Bomer, «Gedanken uber die Gestalt des Apollon und die Geschichte der griechis-

chen Frömmigkeit», en *Athenaem* 41 (1965), pp. 275-303, y W. Burkert «Apellai und Apollon», *RhM.* 118 (1975), pp. 1-21.
104. J. Fontenrose, *Python: a Study of Delphic Myth and its Origins,* Berkeley, 1959.
105. W. Otto, o. c., p. 63. Cierto es que, frente a este Apolo de claridad y pureza, hay también otro aspecto menos notorio de un Apolo vengativo y sanguinario, como nos ha recordado M. Detienne. La contraposición entre Apolo y Dioniso es más compleja de lo que a primera vista parece. Cf. M. Detienne, *L'écriture d'Orphée,* cit., pp. 116 y ss.
106. K. Koenn, *Artemis: Gestaltwandel einer Göttin,* Zúrich, 1946. I. Chirassi, *Miti e culti arcaici di Artemis nel Peloponneso e nella Grecia Centrale,* Roma, 1964.
107. Sobre estos ritos véase K. Dowden, *Death and the Maiden. Girls' Initiation in Greek Mythology,* Londres-Nueva York, 1989.
108. Cf. P. Friedrich, *The Meaning of Aphrodite,* Chicago, 1975; J. Rudhardt, *Le rôle d'Eros et d'Aphrodite dans les cosmogonies grecques,* París, 1986.
109. Cf. E. Simon, *Die Geburt der Aphrodite,* Múnich, 1957.
110. Para la distinción entre los efectos de Afrodita y de Eros, véase mi introducción a la traducción del *Banquete* de Platón, por F. García Romero (Madrid, Alianza Editorial, 1989), y la bibliografía allí apuntada.
111. G. Dumézil, en *Mito y epopeya,* I, trad. esp., Barcelona, 1977, pp. 554 y ss. El motivo de la elección de Paris está muy representado en el arte griego desde pronto: J. Raab, *Zu den Darstellungen des Parisurteils in der griechischen Kunst,* 1972.
112. E. Heitsch, *Aphroditehymnos, Aeneas und Homer,* 1965; D. D. Boedeker, *Aphrodite's Entry into Greek Epic,* 1974.
113. Cf. M. Detienne, *Los jardines de Adonis,* trad. esp., Madrid, 1983.
114. Cf. W. Schadewaldt, *Safo. Mundo, poesía, existencia en el amor,* trad. esp., Buenos Aires, 1973.
115. K. Kerényi, *Hermes der Seelenführer,* Zúrich, 1944; N. O. Brown, *Hermes the Thief,* Nueva York, 1947; P. Zanker, *Wandel der Hermesgestalt in der attischen Vasenmalerei,* Bonn, 1965; L. Kahn, *Hermès passe ou les ambiguïtès de la communication,* París, 1978.
116. Cf. W. Fauth, en *Der Kleine Pauly* (1964)1, pp. 526-529; W. Potscher, «Ares», *Gymnasium,* 66 (1959), pp. 5-14.
117. N. Loraux, «Le corps vulnérable d'Ares», en la revista *Le temps de la réflexion,* VII (1986), pp. 335-354.

## Notas

118. M. Delcourt, *Héphaistos ou la légende du magicien,* París, 1957; M. Detienne y J. P. Vernant, «Los pies de Hefesto», en *Las artimañas de la inteligencia,* ya cit., pp. 231 y ss.
119. N. J. Richardson, *The Homeric Hymn to Demeter,* Oxford, 1974; G. Sfameni Gasparro, *Misteri e culti mistici di Demetra,* Roma, 1986.
120. K. Kerényi, *Eleusis: Archetypal Image of Mother and Daughter,* Londres, 1967; G. Zuntz, *Persephone,* Oxford, 1971.
121. G. E. Mylonas, *Eleusis and the Eleusinian Mysteries,* Princeton, 1961; F. Graf, *Eleusis und die orphische Dichtung Athens,* Berlín, 1974.
122. Cf. el comentario y la introducción de N. J. Richardson, citado en nota 119.
123. W. Otto, *Dionysos: Mythos und Kultus,* Frankfurt, 1933; H. Jean-Maire, *Dionysos. Histoire du culte de Bacchus,* París, 1950; K. Kerényi, *Dionysos, Archetypal Image of Indestructible Life,* Londres; M. Massenzio, *Cultura e crisi permanente: la xenia dionisiaca,* Roma, 1970; M. Detienne, *La muerte de Dioniso,* Madrid, 1982, y *Dionysos à ciel ouvert,* París, 1986 (trad. esp., Barcelona, 1986).
124. Cf. Ch. Segal, *Dionysiac Poetics and Euripides' Bacchae,* Princeton, 1982; J. P. Vernant, en *Mito y tragedia,* II, trad. esp., Madrid, 1990, y E. Coche de la Ferté, «Penthée et Dionysos», en R. Bloch (ed.), *Recherches sur les religions de l'Antiquité classique,* Ginebra, 1980, pp. 105-257. (Por citar sólo tres trabajos recientes y valiosos; para los anteriores, cf. mi ensayo «Penteo, el cazador cazado o las ambigüedades de Dioniso», en *Mitos, viajes, héroes,* Madrid, 1981, pp. 151-176.)
125. Cf. M. Detienne, *La vie quotidienne des dieux grecs,* pp. 253 y ss., acerca de los impulsos eróticos y el falo dionisíaco.
126. W. K. C. Guthrie, *The Greeks and their Gods,* cit.
127. A. Brelich, *Gli eroi greci,* cit.
128. Cf. Graf, o. c., pp. 109 y ss.
129. *Política,* 1332b.
130. Cf. *Apología,* 28b y ss.
131. O. Rank, *Der Geburt des Helden,* 1909. Hay trad. esp. *El mito del nacimiento del héroe,* Barcelona, Paidós, 1992².
132. Cf. *Poética,* 1453a 20.
133. W. Nestle, *Vom Mythos zum Logos,* 1940.
134. P. Veyne, *Les Grecs, ont-ils cru à leurs mythes?,* cit.
135. *Moralia* 360A.
136. K. K. Ruthven, *Myth,* Londres, 1976, p. 6.

137. Cicerón, *Sobre la naturaleza de los dioses*, libro II, 24-25.
138. Ibíd., II, 26.
139. Cf. Ibíd., II, 26-27, y también Cicerón, *Sobre la adivinación*, II, 37.
140. Cf. Y. Verniere, «L'Empereur Julien el l'exégèse des mythes», en *Problèmes du mythe et de son interpretation*, París, 1978.
141. *Etimologías*, VIII, 11, 1-5.
142. Ibíd., VIII, 11, 30-33.
143. Ibíd., VIII, 11, 37-41.
144. J. Seznec, *Los dioses de la Antigüedad...*, cit.
145. F. Jesi, *Mito*, trad. esp., Barcelona, Labor, 1976.
146. J. Burckhardt, *La civilización del Renacimiento en Italia*, parte III, cap. 10. Cito por la traducción de Edit. Losada (Buenos Aires, 1944). Existen varias traducciones posteriores más accesibles.
147. Cf. *De partu Virginis* de Sannazaro y la *Hypnerotomachia Poliphili*.
148. E. Wind, *Los misterios paganos del Renacimiento*, trad. esp., Madrid, Alianza Edit., 1998, p. 37.
149. A. Heller, *El hombre del Renacimiento*, trad. esp., Barcelona, 1980, p. 63.
150. Wind, o. c., pp. 31-32.
151. Íd., ibíd., p. 32.
152. Íd., ibíd., p. 34.
153. Seznec, *Los dioses de la Antigüedad...*, cit., p. 87.
154. Íd., ibíd., p. 88.
155. Cf. íd., ibíd., p. 100 y ss.
156. Cf. íd., ibíd., pp. 219-221.
157. Íd., ibíd., pp. 179-181.
158. Íd., ibíd., p. 262.
159. Lo comenta muy bien Ll. Duch, o. c., p. 344: «Durante el siglo XVIII, los prejuicios racionalistas pretendieron vaciar el mito de cualquier contenido humano y, en consecuencia, lo situaron en la proximidad de la irracionalidad y, con frecuencia también, del delirio. Con la llegada del Romanticismo, del Romanticismo alemán principalmente, comenzó una profundización decisiva de las investigaciones sobre la mitología. Debemos tener en cuenta que en Alemania, al contrario de lo que sucedió en Francia por ejemplo, entre clasicismo y romanticismo siempre hubo armonía y compenetración, de tal manera que todos los grandes representantes de la *deustche Klassik* manifestaron una pasión sincera y no tan sólo literaria por el mito griego». El Ro-

manticismo fue, en este terreno de la revisión del valor y sentido de la mitología, un fenómeno alemán, como ya subrayó muy claramente Jan de Vries, o. c., p. 122 y ss.

160. Hay muchos estudios sobre estas influencias, pero mencionaré sólo tres, a modo de ejemplos, bastante distintos: el de H. Trevelyan, *Goethe and the Greeks*, Cambridge, 1941 (reed. 1981); L. Díez del Corral, *La función del mito clásico en la literatura contemporánea*, Madrid, 1974, y S. Mas, *Hölderlin y los griegos*, Madrid, 1999.

161. Cf. Duch, o. c., p. 351; con la cita de Jan de Vries : «Herder fue uno de los fundadores de la ciencia mitológica tardía, quizás el más grande, sin duda el más influyente. Descubrió que en el mito y en el arte se muestran activos algunos elementos religiosos, y son precisamente ellos los que le otorgan su dignidad y su significación». Y pp. 354-355: «Según Herder, los mitos de Egipto, de Fenicia, del Irán, son la expresión de una visión del mundo eminentemente poética, religiosa y popular, que se encuentra en el origen de toda religión. Los mitos constituyen, en especial, el lenguaje de los poetas que permite la lectura de lo divino y el descubrimiento de Dios en el seno de la naturaleza. La poesía (entroncada con el sueño), el arte y el mito son las tres vías religiosas de la actividad humana que permiten un acceso a lo que es absolutamente real y que, en consecuencia, es superior a la verdad obtenida por medio de la investigación histórica».

162. Görres se inscribe en esa misma línea de los Schlegel y Creuzer. (Incluso Hegel se adherirá a la tesis del origen egipcio u oriental de la mitología griega.) Lo sintetiza muy bien Jamme (o. c., p. 96): «En Joseph von Görres, que forma parte del círculo romántico de Heidelberg, hay afinidad en cuanto a la interpretación simbólica del mito defendida por Creuzer. Después de que presentara un esbozo de sus conceptos en *Glauben und Wissen* (1805), procuró dibujar un panorama global del desarrollo de la religión en su obra *Mythengeschichte der asiatischen Welt* (1810). Al igual que Kannne y Creuzer, también Görres halla en el "sagrado" legado hindú "el poema divino" de los albores preservado por los nómadas. Desde la India, los pueblos migratorios habrían entonces divulgado por doquier el mito divino. Todo nuestro saber se fundamentaría en este legado sagrado; el mismo futuro estaría ya comprendido en el mito, todas las verdades de la filosofía y la religión se hallarían expresadas ahí (concretamente el panteísmo: una deidad presente en todo el cosmos)».

163. «Creuzer –señala Jamme– ve cómo "los productos de una religión y una filosofía se desintegran en dos grandes masas, en la *simbólica* y en la *mítica*". Como "símbolo" entiende la expresión de la verdad en determinado momento y en determinada imagen (*intuición momentánea*). Si la alegoría significa "sólo un concepto general, o una idea, que es diferente de ella misma", entonces "el símbolo es la idea misma, sensual y materializada como tal [...] Momentánea y totalmente una idea se disuelve en el símbolo, abrazando todas las fuerzas de nuestra ánima". En el mito, "la totalidad momentánea" del símbolo se disuelve en una "serie épica de momentos", la "intuición más sensual" se transmite a "la palabra viva": los "mitos más antiguos originalmente no son otra cosa sino símbolos expresados verbalmente". Al final, en vez de la imagen domina lo "histórico de la poesía": "El mito, en su expresión más alada, podría compararse a la mariposa que juega con los colores de los reflejos de sus alas etéreas bajo la luz del sol; el símbolo sería entonces la crisálida que esconde en su caparazón la vulnerable criatura de alas aún plegadas". Por otra parte, según Creuzer, "la raíz histórica del lenguaje simbólico mágico o mítico se halla en el Oriente, en Asia y en Egipto"» (o. c., pp. 92-93).

164. De nuevo citaremos unas líneas de Jamme, que resume muy bien esa posición de Hegel, y que servirán para contrastarla con la adoptada luego por Schelling: «Hegel se halla aún claramente bajo la influencia del Romanticismo temprano, aunque a la vez es un racionalista neoclásico, cuando escribe que los dioses griegos "tienen la ironía como algo inherente", lo que quiere decir que en el fondo dan una forma inadecuada a la generalidad del espíritu, lo cual no es otra cosa sino una inadecuación inherente a la esencia del arte mismo».

La convicción de que la religión helénica había perdido su poder aglutinante la corrobora Hegel en su obra *Phaenomenologie des Geistes:* «Las estatuas se han convertido en cadáveres carentes de alma, al igual que un himno carente de fe que sólo es palabras; las mesas de los dioses sin manjar ni bebida espirituales, y de sus juegos y festejos la conciencia no vuelve con el sentir de la unidad alegre del ser. El lugar del pueblo griego que generaba sus propias obras de arte vivas lo ocupa ahora el ser humano autoconsciente, sólo capaz de contemplarlas como piezas de museo. Desde la perspectiva filosófica del arte, los dioses se convierten en ideales, hoy en día ideales de la formación intelectual *(Bildungsideale):* la perspectiva estética reconoce cómo estos dioses forman parte del "panteón" de nuestra conciencia propia, es decir, constituyen una forma de representación de los poderes que de hecho dominan nuestras vidas. Los conflictos del hombre con los dioses se relegan a la estructura de conflictos de la misma conciencia propia».

165. Tomo esta cita de Ll. Duch, quien subraya con gran claridad la posición y las tesis de Schelling, y en sus notas y citas refleja muy bien los estudios más importantes sobre este difícil filósofo, y su entronque en el pensamiento romántico de su tiempo. «Para comprender mejor la intención auténtica de la interpretación schellingiana del mito, se debe contraponer a la de Hegel. Éste comprendía el arte, la religión y la mitología como lo absoluto en forma de unas representaciones que todavía no han alcanzado la altura del saber completo. El mito, pues, expresaba la impotencia de un pensamiento que no había logrado su configuración definitiva y perfecta. En este sentido, el mito pertenecía al proceso pedagógico del género humano que, finalmente, alcanzará la plenitud en el *concepto*. Ello implicaba que, llegados a cierto punto, se debía abandonar el mito que, entonces, se había transformado en pedagogo incompetente. Schelling mantiene una posición radicalmente diferente. El arte, la religión y la mitología nunca son superados por el concepto, sino que, en realidad, expresan su necesario e ineliminable complemento. El mito y el concepto "se hallan en la cima suprema y son, por razón de su absolutez común, modelo y contramodelo"» (o. c., pp. 384-385).

166. «En su *Filosofía de la mitología y de la revelación*, Schelling intenta que los hombres comprendan el significado de la mitología y del lenguaje escondido en lo más recóndito de sus corazones, porque la misión propia de la filosofía es la de desvelar y activar el ser de la verdadera poesía que se esconde tras las narraciones míticas. No obstante, a la mitología tan sólo se le puede aplicar una hermenéutica tautegórica, porque no posee ningún sentido al margen de lo que ella misma anuncia: las figuras míticas son comprendidas como expresiones adornadas y autónomas del espíritu, superando entonces la interpretación alegórica y la interpretación histórica de los mitos.» En relación con esta afirmación escribe: «La mitología no es alegórica: es tautegórica. Para ella, los dioses son unos seres que existen realmente, que no son, que no significan otra cosa que lo que realmente son y significan» (Duch, o. c., pp. 386-387).

167. «Para K. O. Müller los mitos no son alegorías susceptibles de interpretación y simplificación; interpretarlos como alegorías y

simplificarlos arbitrariamente, precisando "lo que querían decir", significa desnaturalizarlos y bastardearlos. Los resultados de semejante exégesis son erróneos. Un mito cosmogónico, por ejemplo –dice K. O. Müller– no es una alegoría fabricada por los griegos a base de sus conocimientos y creencias sobre el origen del universo, sino que expresa directamente, espontáneamente, en el único lenguaje disponible para los primeros griegos, lo que ellos pensaban del origen del universo. Hace, sin embargo, una distinción entre mitos más ideales, más simples, como los teogónicos y los cosmogónicos, y mitos cuyo contenido sería historia acaecida, discursos mitológicos (espontáneos, inmediatos, no elaborados como artificiosas alegorías) en torno a los sucesos vividos por una familia, un grupo, una ciudad, etc. Opina que en todo caso, cada mito ha nacido en un lugar determinado, en relación con la historia y el pensamiento de los habitantes de ese lugar. Su estudio versa específicamente sobre la mitología griega: los mitos más ideales expresan el pensamiento de los primeros griegos en su totalidad, son algo así como una primigenia lengua griega; los mitos más "históricos" expresan las vicisitudes de grupos o ciudades particulares de la antigua Grecia» (F. Jesi, o. c., p. 51).

168. «La tesis de que los mitos –dice Jamme– representarían una forma de la historiografía religiosa, la intenta corroborar Bachofen en su obra *Mutterrecht*, uno de los libros famosos del siglo XIX que aún hoy sigue teniendo repercusiones, estando todavía en boga la controversia de si Bachofen debe ser considerado el ejecutor último del Romanticismo alemán o si debemos ver en él a uno de los representantes principales del evolucionismo (Engels y Bebel se refieren a él como pionero de la investigación histórico-materialista de la historia, así como Klages y Wolfskehl, que en él destacaban la afirmación de un mundo desaparecido de símbolos e imágenes). Bachofen lee ahí la tradición mítica, como recuerdo de grandes acontecimientos históricos, sobre todo como relato acerca de las formas de controversia entre formas de vida bajo derecho materno y el posterior principio paterno. Según la tradición mítica del legado cultural que contiene numerosas referencias a antiguas relaciones ginecocráticas, se opuso la imagen predominante de una Antigüedad clásica caracterizada por familias dominadas por el patriarcado. Al principio de la historia antigua, incluso de cualquier historia humana, habría habido el matriarcado, y la familia humana habría pasado por varias etapas del "principio" matriarcal» (Jamme, o. c., pp. 130-1).

169. Me gustaría dar una idea más precisa de la originalidad y el sesgo revolucionario de la obra de Bachofen, auque sea en una nota muy breve. Traduciré, para abreviar la nota, una página del manual clásico de R. Lowie (*Historia de la etnología clásica,* 1937). Tras subrayar que Bachofen parte de referencias clásicas y citas griegas y latinas, resume Lowie:

«A partir de una referencia de Heródoto sobre el carácter matrilineal en la tribu de los licios, Bachofen deduce un sistema coherente del derecho anterior y antitético al principio patriarcal de la Antigüedad. En Licia no sólo los niños tomaban el nombre de su madre, sino que las mujeres dirigían la casa a la vez que igualmente el Estado. Aplicando el principio de las reliquias sobrevivientes, interpreta las referencias a mujeres importantes como recuerdos de una época de ginecocracia. Aún más, afirma que el rigor mismo del patriarcado romano implica un principio de iniquidad que debía ser combatido y suprimido.

»Lo mismo que Fustel de Coulanges, Bachofen es un funcionalista agresivo: "La hegemonía del matriarcado en la familia no puede concebirse como un fenómeno aislado". Pues una regla para determinar el linaje no es, necesariamente, sino un eslabón en una cadena de ideas. La estirpe matrilineal, en oposición al linaje patrilineal, exalta la superioridad de la izquierda sobre la derecha, de la noche sobre el día, de la luna sobre el sol, de los hijos más jóvenes sobre los primogénitos. Incluso las nociones generales de libertad e igualdad surgen naturalmente del matriarcado. ¿Pero cómo el sexo débil ha podido adquirir tal predominio? Bachofen responde: a través de la aptitud de la mujer a la religión. En particular, la mujer, en su carne, representaba la divinidad telúrica (*tellurische Urmutter*); donde hay predominancia femenina, hay también una creencia ctónica, en relación con Deméter o una figura equivalente. Es un principio fundamental de Bachofen que la ginecocracia secular refleja simplemente un fenómeno original, a saber, el culto rendido a una diosa.

»En su cronología, Bachofen es un evolucionista típico de la vieja escuela. Una vez más una creencia en niveles progresivos aparece independientemente de la teoría biológica moderna, pues es muy improbable que este jurista suizo fuera influenciado por el darwinismo cuando escribió *Das Mutterrecht*. La ginecocracia, debemos subrayar, no fue la condición social originaria: llegó como una reforma a suplantar la promiscuidad sexual *(Hetärismus)* [...] En principio, pues, Bachofen postula unos estadios universales: la promiscuidad original fue seguida de una rebelión de la mujer que deseaba ardientemente el fin de una tal humillación. El resultado fue la soberbia de las Amazonas. Sin embargo, una vez en el poder, las mujeres se dedicaron cada vez más a proyectos pacíficos, inventando, entre otras cosas, la agricultura. A partir de ahí, los desarrollos fueron varios según las regiones. En algunas, las mujeres perdieron su supremacía en los asuntos domésticos, en otras cedieron el poder político. Así la paternidad, ese principio más elevado, triunfó, introduciendo no sólo un cambio social, sino una nueva concepción revolucionaria del mundo: la idea celeste apolínea triunfó sobre el telurismo, la derecha se impuso sobre la izquierda, el día conquistó la noche, el espíritu sometió la materia».

170. Como anota oportunamente Duch (o. c., pp. 296-297), ya otros pensadores de la época romántica, como Schelling, Creuzer y Voss habían destacado la figura inquietante y la trascendencia del dios del entusiasmo y las fiestas báquicas. Para todo este tema es excelente el profundo tratamiento de M. Frank, *Gott im Exil*, Frankfurt, 1988.

171. «Lo dionisíaco como fundamento objetivo del ser, como Uno primordial de la vida que se encuentra en la base de todas sus manifestaciones, constituye para Nietzsche uno de los polos esenciales del mito griego. El otro, el apolíneo, ha de ser explicado psicológicamente, ya que no es sino un sueño que permite la aparición de las figuras de los dioses olímpicos en el horizonte humano. Sus imágenes, claras y luminosas, son ciertamente la expresión del *principium individuationis*, pero no se debería olvidar que como tales no son sino bellas apariencias sin ninguna realidad esencial. Lo apolíneo se muestra meramente, de acuerdo con la interpretación propuesta por Nietzsche, como una mediación, como un espejo, con cuya ayuda el griego se crea la ilusión de un orden, de un cosmos, a fin de salvarse del peligro de la falta de figuras, del mutismo sin horizontes, del caos, de la desorientación que se transforma en laberinto. El mito homérico de los dioses olímpicos constituye para Nietzsche la simple sublimación de una necesidad del alma, que nunca llegará a estar eternamente satisfecha porque, verdaderamente, no tiene ninguna realidad tangible» (Duch, o. c., p. 299).

172. De nuevo citaré unas líneas de Duch:
«En *El origen de la tragedia*, Nietzsche mantiene la opinión de que la sustancia narrativa del mito adoptó unas dimensiones dramáticas. Así, la tragedia griega sólo pudo salvar durante un tiempo al mito, que se veía amenazado por la ofensiva imparable de

la razón. Desde una perspectiva politeísta, aquello que Nietzsche quiere recuperar con su interpretación de la tragedia griega es el vínculo "dionisíaco" entre vida y conocimiento, que se había perdido en el proceso racionalizador que se dio en la historia occidental» (o. c., p. 300). Cf. también Jamme, o. c., pp. 138-146.
173. Sobre las críticas al libro de Nietzsche y la valoración actual de sus ideas como filólogo, cf. C. García Gual, «Nietzsche en el camino hacia los griegos», en *Revista de Occidente*, 226, marzo 2000, pp. 86-101.
174. Jamme. o. c., p. 141.
175. Véanse sobre esta actitud los aguzados comentarios de F. Jesi, o. c., pp. 75-80.
176. Recientemente reeditada en español: F. Max Müller, *Mitología comparada*, Barcelona, 1996.
177. M. Meslin, *Pour une science des religions*, París, 1973.
178. F. Max Müller, *Origen y función de la religión*, trad. esp., Madrid, 1880.
179. M. Foucault, *Les mots et les choses*, París, Gallimard, 1960.
180. La obra fue traducida al español en la colección «La España Moderna», s. f.
181. Acerca de ella puede verse el amplio y excelente artículo de Richard M. Dorson titulado «The Eclipse of Solar Mithology», en T. A. Sebeok (ed.), *Myth: a Symposium*, Indiana, 1958, pp. 25-63.
182. La versión que resumió el propio Frazer está traducida al castellano (*La rama dorada*, Madrid, FCE, 1991[13]). Otras obras de Frazer son: *Totem and Exogamy* (4 vols., 1910), *Folk-Lore in the Old Testament* (3 vols., 1918) y *The Worship of Nature*, de 1926. Para un acercamiento a su simpática figura y a su obra excepcional, recomendamos el libro de R. A. Downie, *James Georges Frazer* (Londres, 1940) y el capítulo que le dedican A. Kardiner y E. Preble en su *Introduction à l'ethnologie* (trad. franc., París, 1961).
183. J. P. Vernant, «Raisons du mythe», en *Mythe et société en Grèce ancienne*, cit., pp. 165-250.
184. Íd., ibíd., pp. 226-227.
185. J. de Vries, *Forschungsgeschichte der Mythologie*, cit.
186. Íd., ibíd., p. 294. A pesar de sus observaciones, De Vries prefiere luego atenerse a la división por siglos en su estudio de los trabajos sobre mitología.
187. Para la mención de los siguientes títulos me ha sido útil el artículo de M. Eliade, «L'histoire des religions de 1912 à nos jours», recogido en *La nostalgie des origines*, cit., pp. 36-78.

Es un estudio muy sugerente sobre la época que recomiendo a quien se interese por ampliar estas breves notas.
188. Sobre la influencia del imponente libro de Frazer, pueden verse los estudios de R. A. Downie, *Frazer and the Golden Bough*, Londres, 1970, y J. Vickery, *The Literary Impact of «the Golden Bough»*, Princeton, 1973 (Vickery había publicado ya en el volumen colectivo *Myth and Symbol* [Lincoln, 1962], a cargo de N. Frye, el trabajo titulado «The Golden Bough: impact and archetype», pp. 175-196). El libro de Frazer había comenzado a aparecer en 1890, pero esta edición en 12 volúmenes se convirtió pronto en la más usada y la más citada. Luego apareció un resumen, cuidado por el propio autor (v. nota 165).
189. Sobre este grupo, cf. F. M. Turner, *The Greek Heritage in Victorian Britain*, Yale University Press, 1981, pp. 121-134.
190. Acerca de la influencia de los estudios antropológicos de la época sobre los helenistas de Cambridge, cf. Clyde Kluckhohn, *Anthropology and the Classics*, Providence, 1961, y el art. de M. I. Finley, «Antropología y estudios clásicos», en su libro *Uso y abuso de la historia*, trad. esp., Barcelona, 1977, pp. 156 y ss.
191. J. P. Vernant, o. c., p. 227.
192. Ed. cast. de 1972. El título del tomo II de la *Philosophie der symbolischen Formen* es *Das mythische Denken, El pensamiento mítico*. No vamos a tratar aquí de la teoría de L. Lévi-Bruhl, ya que, a pesar de la influencia que tuvieron en su momento y de la facilidad con que se leen, los libros de este pensador y su tesis sobre la mentalidad «prelógica» de los primitivos no tuvieron gran repercusión sobre la investigación mitológica. Solamente anotaré que *La mentalité primitive* es de 1922 y *L'âme primitive* de 1927. *La mythologie primitive* es de 1935.
193. *Antropología filosófica. Introducción a una filosofía de la cultura* se publicó en 1944 y fue traducida al español en 1945. (Hay reediciones posteriores, la última de 1983 [Madrid, FCE].) Cito por la ed. de 1963, pp. 127-128.
194. W. Otto, *Los dioses de Grecia*, cit., p. 138 (con algún retoque). No debe confundirse a Walter F. Otto con Rudolf Otto, cuyo brillante libro sobre «lo santo» data de 1917. *Das Heilige* (trad. esp., *Lo santo*, Madrid, Alianza Editorial, 1980), estudio fenomenológico sobre la relación del hombre con lo sagrado, «lo numinoso»; fue una obra muy influyente de esa época.
195. K. Kerényi y C. G. Jung, *Einführung in das Wesen der Mythologie*, 1941. Cito por la ed. francesa (1968), p. 15.
196. Ibíd., pp. 15-16.

197. *Der Geburt des Helden* se publicó en 1909 (hay trad. esp., *El mito del nacimiento del héroe*, Barcelona, Paidós, 1992²); bastantes años después publicó Rank su estudio *Das Trauma des Geburts* (trad. esp., *El trauma del nacimiento*, Barcelona, Paidós, 1992³), que en algunos aspectos completa al anterior.
198. El estudio de Campbell, cuya primera edición es de 1949 (trad. esp., 1959), lleva el subtítulo, muy significativo, de «Psicoanálisis del mito». Precedió a su obra *The Masks of God* (4 t., 1959; trad. esp., *Las máscaras de dios*, 4 t., Madrid, Alianza Editorial, 1991-1992), más amplia, donde se hace un estudio en la misma clave de la mitología de todo el mundo.
199. Evidentemente, no tenemos aquí espacio para detenernos en un comentario de las obras más importantes de la escuela junguiana, ni tampoco en referencias más amplias al sugerente libro de Durand. Tan sólo evocamos estos títulos y estos nombres, abreviadamente, para incitar al lector a ampliar, precisar y continuar estas referencias y a leer sus estudios.
200. Las citas proceden de «El mito en la psicología primitiva», recogido en *Magia, ciencia, religión*, trad. esp., Barcelona, 1974, pp. 122 y 123.
201. B. Malinowski, o. c., p. 124.
202. Cf. R. Lowie, *Historie de l'ethnologie classique* (1937), trad. franc., París, 1971, pp. 13 y ss. A. Kardiner y E. Preble, *Introduction à l'ethnologie* (1961), trad. franc., 1966, pp. 219-258. Y sobre la «antropología social», cf. Lucy Mair, *Introducción a la antropología social* (1965), trad. esp., Madrid, 1970.
203. M. P. Nilsson, *Griechische Feste von religiöser Bedeutung*, 1906.
204. J. P. Vernant, o. c., p. 232.
205. En el libro de C. S. Littleton, *The New Comparative Mythology. An anthropological assessment of the theories of G. Dumézil*, Berkeley, 1966, hay un buen estudio crítico sobre la obra de Dumézil, así como una larga nota que recoge sus numerosos trabajos. En la misma perspectiva puede verse también el más reciente *Myth in Indo-European Antiquity*, a cargo de J. Larson, Berkeley, 1971. Los dos estudios primeros de Dumézil son *Le festin d'immortalité: étude de mythologie comparée indoeuropéenne* y *Le crime des Lemniennes: rites et legendes du monde égéen*, ambos de 1924. *Mitra-Varuna* es de 1940, *Jupiter-Mars-Quirinus* de 1941, *Les dieux des indoeuro-péens* de 1952 (hay trad. esp., *Los dioses de los indoeuropeos*, Barcelona, 1971), *L'idéologie tripartite des indoeuropéens*, de 1958, *La religion romaine archaïcque*, de 1966, *Heur et malheur du guerrier*, de 1969, y los tres tomos

de *Mythe et épopée* (que recogen algunos trabajos anteriores) de 1968-1973 (trad. esp., *Mito y epopeya,* Barcelona, 1977). Cf. el estudio ya cit. de J. P. Vernant, pp. 252-247.
Ecos de la teoría de Dumézil pueden verse en el excelente libro de F. Vian, *Les origines de Thebes,* París, 1963. Por lo demás, ese esquema tripartito de la sociedad ha dejado escasos restos en la mitología griega (en marcado contraste con la india, la romana, la germana, etc.).
206. Cf. J. de Vries, o. c., pp. 200 y ss.
207. M. Meslin, *Pour une science des religions,* cit., pp. 156-169.
208. Cf., por ejemplo, Y. Simonis, *Claude Lévi-Strauss o La pasión del incesto* (1968), trad. esp., Barcelona, 1969; F. Remotti, *Lévi-Strauss. Estructura e historia* (1971), trad. esp., Barcelona, 1972; E. Leach, *Lévi-Strauss* (1970), trad. esp., Barcelona, 1974; M. Marc-Lipianski, *Le structuralisme de Lévi-Strauss,* París, 1973; J. Rubio Carracedo, *Lévi-Strauss. Estructuralismo y ciencias humanas,* Madrid, 1976. Muy interesante es el volumen colectivo *Claude Lévi-Strauss,* a cargo de R. Bellour y C. Clément, París, 1979.
209. Las fechas son las de las ediciones originales, aunque doy los títulos de los libros en castellano, al que están traducidos.
210. Cf. P. Ricoeur, *Le conflit des interprétations. Essais d'herméneutique,* París, 1969, pp. 37 y ss.
211. G. S. Kirk, *El mito,* cit.
212. J. P. Vernant, o. c., pp. 240 y ss.
213. Reseñé este libro en *Cuadernos de Filología Clásica,* V, Madrid, 1973, pp. 431-438. También me extiendo algo más sobre estos estudios en mi artículo «Interpretaciones actuales de la mitología antigua», en *Cuadernos Hispanoamericanos,* 313, Madrid, julio 1976, pp. 123-140.
214. Kirk, o.c., p. 21.
215. Cf. los estudios de J. P. Vernant, M. Detienne, P. Smith, J. Pouillon y A. Green en *Le temps de la réflexion,* 1980, que inciden en este punto desde diferentes perspectivas críticas.
216. En aquellas culturas donde los mitos se nos ofrecen en el marco de una literatura escrita, cabe, además del estudio sincrónico de su significado, un estudio diacrónico de los mitos. Como ejemplos de este tipo de estudios podría señalar mis libros *Prometeo: mito y tragedia* y *Mitos, viajes, héroes,* ya citados. Sobre esto ya tratamos en capítulos anteriores.
217. Esta postura crítica está bien definida en unas cuantas líneas del manual ya citado de Monneyron y Thomas: «Ce panorama profondément changeant, indissociable d'une analyse de la pensée

mythique, a conduit certains critiques, comme Claude Calame ou Marcel Détienne, à nier purement et simplement l'existence d'une pensée mythologique des origines, que l'on pourrait prendre comme référentiel, ou comme point de départ. Selon Marcel Détienne, la mythologie n'existe pas, il n'y a que des mythologies, et "la vision d'un tissu mythique homogène est étrangère à la réalité grecque de l'age archaïque" (M. Détienne, *L'invention de la mythologie,* París, Gallimard, 1981). Par la meme, la notion de mythe n'a pas de sens, puisque nous ne la connaissons qu'à travers des mythologies, toujours changeantes. Le tître meme de l'ouvrage de Marcel Détienne annonce la couleur: l'invention de la mythologie, c'est la découverte de la mythologie mais cela sousúntend indissociableme que la mythologie est inventée, c'est-à-dire, dans l'acception banalisée du mot, qu'elle n'existe pas [...] Claude Calame renchérit: "Il n'existe pas de mythe comme réalité universelle, pas de mythologie comme substance culturelle, partante, pas de mythe comme genre, et, en un mot, pas d'ontologie du mythe" (Cl. Calame, «Illusions de la mythologie», *Nouveaux actes sémiotiques,* Pulim, 12, 1990). Et comme le dit Richard Buxton: "les mythes grecs ne sont jamais crus; ils sont toujours cuits par le contexte" (R. Buxton, *La Grèce de l'imaginaire. Les contextes de la mythologie,* trad, fr., París, La Découverte, 1996) et en particulier par l'écriture littéraire, la traduction française nous gratifiant de surcroit d'une jolie ambiguïté sur le sens de "crus"» (o. c., pp. 22-23).

218. Conviene, sin embargo, distinguir entre este uso de «el imaginario» (que, por otro lado, no está en el título original de Buxton, *Imaginary Greece*) y el que da al mismo término la escuela simbolista de Gilbert Durand, a partir de su influyente libro *Les structures anthropologiques de l'immaginaire,* de 1965.

219. Cf. Jan de Vries, *Forschungsgeschichte der Mythologie,* Friburgo, 1961.

220. Cf. también F. Graf, 1987, pp. 39-57.

221. Esa atención a los textos y al contexto se deja ver en los estudiosos españoles vinculados a esta escuela, como J. C. Bermejo y A. Iriarte.

222. Alguna vez esos estudios pasan por alto testimonios muy interesantes al extremar sus tesis sobre la marginación femenina. Véase, por ejemplo, la crítica de M. Detienne a N. Loraux, respecto de la participación de la mujer –en este caso Praxítea, heroica esposa de Erecteo– en la autoctonía de Atenas, tema central de *Les enfants d'Athéna.* Cf. Detienne, 2003, pp. 36-38, y notas.

Notas

223. Es evidente que aquí, como en el apartado anterior, tomamos el término «mito» en una acepción más amplia que la que hemos usado antes, de acuerdo con la definición que dimos para los mitos griegos como relatos. Ese actual sentido amplio se emplea al aludir a los mitos de la modernidad o al mito como una forma de pensamiento o representación imaginativa. Una puesta al día excelente sobre esta cuestión puede verse en el artículo de L. Duch, «El context actual del mite» en la revista *Anàlisi*, 2000, 24, pp. 27-54. También me parece muy interesante, en el mismo número de la misma revista, el artículo de A. Chillón «La urdimbre mitopoética de la cultura mediática», íd., pp. 121-159.

# Bibliografía sobre mitología
# (1984-2004)

AGHION, L., BARBILLON, C. y LISSARRAGUE, F., 1997: *Héroes y dioses de la Antigüedad,* Madrid, Alianza.

ANGEHRN, E., 1996: *Die Überwindung des Chaos. Zur Philosophie des Mythos,* Fráncfort, Suhrkamp.

ARMSTRONG, K., 2005: (trad. esp. *Breve historia del mito* Barcelona, Salamandra).

BALLABRIGA, A., 1986: *Le Soleil et le Tartare,* París. EHESS.

BAUZÁ, H. F., 2005: *Qué es un mito. Una aproximación a la mitología clásica,* Buenos Aires, FCE.

BERMEJO, J. C., GONZÁLEZ, F. J. y REBOREDA, S., 1996: *Los orígenes de la mitología griega,* Madrid, Akal.

BERMEJO, J. C. y DÍEZ, F., 2002. *Lecturas del mito griego,* Madrid, Akal.

BERNABÉ, A., 2003: *Hierós lógos. Poesía órfica sobre los dioses, el alma y el más allá,* Madrid, Akal.

BETTINI, M. y BRILLANTE, C., 2002: *Il mito di Elena. Immagini e racconti dalla Grecia a oggi,* Turín, Einaudi.

BETTINI, M. y PELLIZER, E., 2003: *Il mito di Narciso. Immagini e racconti dalla Grecia a oggi,* Turín, Einaudi.

BLUMENBERG, H., 1979: *Arbeit am Mythos,* Fráncfort, Suhrkamp (trad. esp. Barcelona, Paidós, 2003.)

BONNEFOY, Y. (ed.), 1981: *Dictionnaire des mythologies et des religions des sociétés traditionnelles et du monde antique,* 2 vols., París, Flammarion (trad. esp. *Diccionario de las mitologías,* Barcelona, Destino, 6 vols. 1996-2002.)

BOULOGNE. J. (dir.), 1997: *Les systèmes mythologiques,* Lille. Les Presses du Septentrion.

BREMMER, J. (ed.), 1987: *Interpretations of Greek Mythology,* Londres-Sydney, Croom Helm.

— 2006: *La religión griega,* Córdoba, El Almendro.

BRISSON, L., 2005: (trad. esp. *Platón, las palabras y los mitos,* Madrid, Abada).

— 1996: *Introduction à la philosophie du mythe,* París, Vrin.

— 1996: *Einführung in die Philosophie des Mythos. Antike, Mittelalter und Renaissance,* Darmstadt, Wissenschaftliche Buchgesellschaft.

BRUNEL, P., 1989: *Dictionnaire des mythes littéraires,* París, Du Rocher.

— 1992: *Mythocritique. Théories et parcours,* París, PUF.

BURKERT, W., 1979: *Structure and History in Greek Mythology and Ritual,* Berkeley, University of California Press.

— 1987: *Ancient Mystery Cults.* Cambridge, Mass. and London, Harvard University Press.

— 1996: *Creation of the Sacred. Tracks of Biology in Early Religions,* Cambridge, Mass. and London, Harvard University Press.

— 1999: *Da Omero ai Magi,* Venecia, Marsilio (trad. esp. *De Homero a los magos,* Barcelona, El Acantilado, 2002).

BUXTON, R., 1994: *Immaginary Greece,* Cambridge, Cambridge University Press (trad. esp. *El imaginario griego. Los contextos de la mitología,* Madrid, Cambridge U. P, 2000).

— 2004: *Todos los dioses de Grecia,* Madrid, Oberon.

CALAME, C. (ed.), 1988: *Métamorphoses du mythe en Grèce antique,* Ginebra, Labor et Fides.

— 1990: *Thésée et l'imaginaire athéniene. Légende et culte en Grèce classique,* Lausana, Payot.

— 1992: *L'Eros dans la Grèce antique* (trad. esp. *Eros en la antigua Grecia,* Madrid, Akal, 2002).

— 2000: *Poétique des mythes dans la Grèce antique,* París, Hachette.

CAMERON, A. y KUHRT, A., 1983: *Images of Women in Antiquity,* Londres, Croom Helm.

CARPENTER, T. H., 1991: *Art and Myth in Ancient Greece,* Londres, Thames and Hudson.

CARPENTER, T. H. y FARAONE, C. A. (eds.), 1993: *Masks of Dionysus,* Ithaca, Cornell University Press.

CHUVIN, P., 1992: *Mythologie et Géographie dionysiaques. Recherches sur l'oeuvre de Nonnos de Panopolis,* Clermont-Ferrand, Adosa.

— 1992: *La Mythologie grecque: du premier homme à l'apothéose d'Héraclès.* París, Fayard.

DARAKI, M., 1985: *Dionysos et la déesse Terre,* París, Arthaud (trad. esp. Madrid, Abada, 2005).

DETIENNE, M., 1981: *L'invention de la mythologie,* París, Gallimard (trad. esp. Barcelona, Península, 1985).

— 1986: *Dionysos à ciel ouvert,* París, Hachette.

— 1989: *L'écriture d'Orphée,* París, Gallimard (trad. esp. Barcelona, Península, 1990).

— (ed.), 1994: *Transcrire les mythologies,* París, A. Michel.

— 2003: *Comment être autochtone. Du pur athénien au français raciné,* París, Seuil.

DÍEZ DE VELASCO, F., 1995: *Los caminos de la muerte. Religión, rito e imágenes del paso al más allá en la Grecia antigua,* Madrid, Trotta.

DOHERTY, E., 2001: *Gender and the interpretation of classical myth*, Londres, Duckworth.
DOWDEN, K., 1992: *The Uses of Greek Mythology*, Londres-Nueva York, Routledge.
DUCH, L., 1998: *Mito, interpretación y cultura*, Barcelona, Herder.
EDMUNDS, L., 1985: *Oedipus. The Ancient and Its Later Analogues*, Baltimore-Londres.
— (ed.), 1990: *Approaches to Greek Myth*, Baltimore-Londres, John Hopkins.
FOLEY, H. P. (ed.), 1981: *Reflections of Women in Antiquity*, Londres-Nueva York, G. A. Beach.
GANTZ, T., 1993: *Early Greek Myth: A Guide to Literary and Artistic Sources*, 2 vols., Baltimore-Londres, Johns Hopkins University Press.
GARCÍA GUAL, C., 1995: *Prometeo: mito y tragedia*, Madrid, Hiperión (2ª. ed.).
— 1990: «La moderation attique de Thésée», en *Mythe et politique*, pp. 139-154.
— 1992: *Introducción a la mitología griega*, Madrid, Alianza Editorial.
— 1997: *Diccionario de mitos*, Madrid, Planeta (reed. Madrid, Siglo XXI, 2003).
GRAF, F., 1987: *Griechische Mythologie*, Múnich-Zúrich, Artemis.
— 1997 : «Der Mythos», en H. G. Nesselrath (ed.), *Einleitung in die griechische Philologie*, Stuttgart, Teubner, pp. 477-483.
HALPERIN, D. M., WINKLER, J. J. y ZEITLIN, F. I. (eds.), 1990: *Before Sexuality*, Princeton, Princeton University Press.
HERNÁNDEZ DE LA FUENTE, D., 2005: *La mitología contada con sencillez*, Madrid, Maeva.
HUEBNER, K., 1985: *Die Wahrheit des Mythos*, Múnich. C. H. Beck.

IRIARTE, A., 1990: *Las redes del enigma. Voces femeninas en el pensamiento griego*, Madrid, Taurus.
— 2002: *De Amazonas a Ciudadanos*, Madrid, Akal.
JAMME, CH., 1991: *Einführung in die Philosophie des Mythos. Neuzeit und Gegenwart*, Darmstadt (trad. esp. *Introducción a la filosofía del mito en la época moderna y contemporánea*, Barcelona, Paidós, 1999).
JEANMAIRE, H., 1951: *Dionysos. Histoire du culte de Bacchus*, París, Payot.
KATZ, M. A., 1991: *Penelope's Renown*, Princeton, Princeton University Press.
KERÉNYI, K., 1994: *Dionysos*, Stuttgart, Klett-Cotta (trad. esp. Herder, 1998).
KIRK, G. S., 1970: *Myth. Its Meaning and Functions in Ancient and Other Cultures*, Cambridge-Berkeley University Press. (trad. esp. Barcelona, Paidós, 1985).
LEFKOWITZ, M., 1990: *Women in Greek Myth*, Baltimore-Londres, Johns Hopkins University Press.
— 1981-1999: *Lexicon Iconographicum Mythologiae Classicae*, Zúrich-Múnich, Artemis (8 vols. dobles y 2 de índices).
LISSARRAGUE, F., 1987: *Un flot d'images. Une esthétique du banquet grec*, París, Adam Biro.
LORAUX, N., 1981: *Les Enfants d'Athéna*, París, Maspero.
— 1985: *Façons tragiques de tuer une femme*, París, Hachette (trad. esp. Madrid, Visor, 1989).
— 1989: *Les experiences de Tirésias. Le feminin et l'homme grec*, París, Gallimard (trad. esp. Barcelona, El Acantilado, 2004).
LÜCKE, H. K. y S., 1999: *Antike Mythologie. Der Mythos und seine Ueberlieferung in Literatur und bilender Kunst*, Hamburgo, Rowohlt.
— 2002: *Helden und Gottheiten der Antike. Der Mythos und seine Ueberlieferung in Literatur und bildender Kunst*, Hamburgo, Rowohlt.

LURI MEDRANO, G., 2001: *Prometeos. Biografías de un mito,* Madrid, Trotta.

MADRID, M., 1999: *La misoginia en Grecia,* Madrid, Cátedra.

MARCH, J., 1987: *The Creative Poet. Studies in the Treatment of Myths in Greek Poetry* (BICS, Supl. 49), Londres.

MELETINSKI, E. M., 2001: *El mito. Literatura y folclore* (trad. esp. Madrid, Akal).

MONNEYRON, F. y THOMAS, J., 2002: *Mythes et Littérature,* París, PUF.

MONSACRÉ, H., 1984: *Les larmes d'Achille. L'héros, la femme et la souffrance dans la poésie d'Homère,* París.

MOORMANN, E. M. y UITTERHOEVE, W., 1997: *De Acteón a Zeus. Temas sobre la mitología clásica en la literatura, la música, las artes plásticas y el teatro,* Madrid, Akal.

MOREAU, A., 1994: *Le mythe de Jason et Médée. Le va-nupied et la sorcière,* París, Les Belles Lettres.

— 1999: *Mythes Grecs. 1. Origines,* Montpellier, Université P. Valéry.

MORET, J. M., 1984: *Oedipe, la Sphynx et les Thébains. Essai de mythologie iconographique,* Ginebra, Droz.

— 1990: *Mythe et Politique, Actes du Colloque de Liège,* París, Les Belles Lettres.

OTTO, W., 1933: *Dionysos. Mythos und Kultus,* Fráncfort, Klostermann (trad. esp. Madrid, Siruela, 1997).

PAPADOPOULOU-BELMEHDI, I., 1994: *Le Chant de Pénélope. Poétique du tissage féminin dans l'Odyssée,* París, Belin.

PELLIZER, E., 1991: *La peripezia dell'eletto. Racconti eroici della Grecia Antica,* Palermo, Sellerio.

POMEROY, S., 1975: *Goddesses, Whores, Wives and Slaves,* Nueva York, Shokes (trad. esp. Madrid, Akal, 1987).

POZZI, D. C. y WICKERSHAM, J. M. (eds.), 1991: *Myth and the Polis,* Ithaca, Cornell Un. Press.

SAÏD, S., 1993: *Approches de la mythologie grecque,* París, Nathan (trad. esp. *Introducción a la Mitología Griega,* 1999, Madrid, Acento).

SISSA, G., 1987: *Le corps virginal. La virginité féminine en Grèce ancienne,* París, Librairie Vrin.

SISSA, G. y DETIENNE, M. 1990: *La vida cotidiana de los dioses griegos,* Madrid, Temas de hoy.

SHAPIRO, H. A., 1994: *Myth into Art: Poet and Painter in Classical Greece,* Londres-Nueva York, Routledge.

SCHEFOLD, K., 1981: *Die Göttersage in der klassischen und hellenistischen Kunst,* Múnich, Hirmer.

SCHEFOLD, K. y JUNG. F., 1989: *Die Sagen von den Argonauten, von Theben und Troia in der klassischen und hellenistischen Kunst,* Múnich, Hirmer.

TYRRELL, V. M. D., 1984: *Amazons. A Study in Athenian Mythmaking,* Baltimore, Johns Hopkins University Press (trad. esp. México, FCE, 1989).

VERNANT, J.-P., 1974: *Mythe et société en Grèce ancienne,* París, Seuil (trad. esp. Madrid, Siglo XXI, 2ª ed., 2003).

— 1985: *La Mort dans les yeux. Figures de l'Autre dans la Grèce ancienne,* París, Hachette (trad. esp. Barcelona, Gedisa, 1986).

— 1996: *Entre mythe et politique,* París, Seuil (trad. esp. Madrid, FCE, 2003).

— 1999: *L'Univers, les Dieux, les Hommes. Récits grecs des origines,* París, Seuil (trad esp. Barcelona, Anagrama, 2002).

VERNANT J.-P. y GEORGOUDI, S. (eds.), 1996: *Mythes grecs au figuré de l'Antiquité au Baroque,* París, Gallimard.

VEYNE, P., 1983: *Les grecs ont-ils cru à leurs mythes?,* París, Seuil (trad. esp. Barcelona, Granica, 1987).

WALKER, H. J., 1995: *Theseus and Athens,* Nueva York, Oxford University Press.

WEST, M., 1997: *The East Face of Helikon. West Asiatic Elements in Greek Poetry and Myth,* Oxford, Oxford University Press.

WETZ, F. J., 1993: *Hans Blumenberg,* Hamburgo, Junius (trad. esp. *Hans Blumenberg. La modernidad y sus metáforas,* Valencia, Alfons el Magnànim, 1996).

WINKLER, J. J. y ZEITLIN, F. L. (eds.), 1990: *Nothing to do with Dionysos?* Princeton, Princeton University Press.

WULFF, F., 1997: *La fortaleza asediada. Diosas, héroes y mujeres poderosas en el mito griego,* Salamanca, Universidad.

ZEITLIN, F., 1996: *Playing the Other. Gender and Society in Classical Greek Literature,* Chicago-Londres, University of Chicago Press.